edition suhrkamp 2634

Sind Proteste wie die der sogenannten »Wutbürger« oder internationale Bewegungen wie Occupy Wall Street ein weiterer Beleg für die Krise der Demokratie? Oder doch eher für ihre Lebendigkeit? Ist »Krise« überhaupt das richtige Wort? Immerhin bezeichnet der Begriff einen vorübergehenden Zustand, aber über Politikverdrossenheit oder gar »Postdemokratie« wird nun schon seit Jahren diskutiert. Ingolfur Blühdorn schlägt eine andere Lesart vor: Wir erleben, so seine These, einen schleichenden Formwandel des Politischen, den Übergang zur »simulativen Demokratie«, in der demokratische Werte, demokratische Verfahren, ja sogar die Idee des demokratischen Souveräns selbst sich gewissermaßen überlebt haben, gleichzeitig aber mehr öffentliche Zustimmung finden denn je – und deshalb als »Simulationen« sorgfältig kultiviert werden.

Ingolfur Blühdorn, geboren 1964, ist Professor für Soziale Nachhaltigkeit an der Wirtschaftsuniversität Wien. Er befasst sich seit Jahren mit dem politischen Erbe der sozialen Bewegung der Siebziger und Achziger.

Ingolfur Blühdorn
Simulative Demokratie

Neue Politik nach der
postdemokratischen Wende

Suhrkamp

Klimaneutral
Druckprodukt
ClimatePartner.com/14438-2110-1001

3. Auflage 2024

Erste Auflage 2013
edition suhrkamp 2634
Originalausgabe

Satz: TypoForum GmbH, Seelbach
Druck: C. H. Beck, Nördlingen
Umschlag gestaltet nach einem Konzept von Willy Fleckhaus: Rolf Staudt
Printed in Germany
ISBN 978-3-518-12634-9

www.suhrkamp.de

Inhalt

für Annette

Ich bin der Burli;
Ich bin grün;
Mein Herz schlägt links;
Atomkraft? Nein Danke!

1. Demokratie in der (Dauer-)Krise

Könnte es eigentlich sein, dass das demokratische Projekt sich irgendwann erschöpft? Wäre es denkbar, dass die Demokratie einmal ihren progressiven Charakter verliert, ja vielleicht sogar reaktionär wird? Könnte der Schlachtruf »Mehr Demokratie wagen!« einmal seine Attraktivität einbüßen oder gar einen bedrohlichen Klang annehmen?

Längst ist in den westlichen Stammländern der Demokratie offensichtlich, dass die Versprechen, die in diesem Begriff liegen, wohl unerfüllt bleiben werden: Die Politik verliert gegenüber der Macht der Märkte dramatisch an Boden; vermeintlich demokratische Systeme sind fest in der Hand machtvoll organisierter Interessen und haben mit Volkssouveränität – wenn es die je irgendwo gab – immer weniger zu tun. Unaufhaltsam schreiten soziale Ungleichheit sowie die Entmündigung und Verdinglichung der Bürger als bloße Verwaltungsgegenstände oder *human resources* voran – wobei freilich jeder Schritt der Entmündigung als emanzipatorischer Gewinn kommuniziert wird.

Doch können wir uns vorstellen, dass auch *die Idee* der Demokratie, ebenso wie sie einst aus bestimmten historischen Bedingungen heraus entstanden ist, sich zu einem späteren Zeitpunkt wieder überlebt? Viel scheint einstweilen dagegen zu sprechen. In modernen Gesellschaften steht alles zur Diskussion, aber nicht die Demokratie. Sie ist über jeden Zweifel erhaben. Skeptische Fragen überhaupt nur zu stellen, widerspricht fundamental unseren etablierten Denkmustern und jeder politischen Korrektheit. Die normative Selbstverpflichtung der Politik- und Sozialwissenschaften scheint demokratiekritische Überlegungen grundsätzlich zu verbieten, da sie jenen in die Hände spielen könnten, die immer schon antidemokratische Interessen hegten – seien es diejenigen, die mit nicht zu überbietender Unverschämtheit auf Kosten der Ausgeschlossenen und »Überflüssigen« (Bude und Willisch 2008) immer mehr Reichtum anhäufen, oder die Anhänger nationalistischer, antilibertärer und neoautoritärer Populismen. Und doch müssen wir zur Kenntnis nehmen, dass derzeit so etwas wie eine *postdemokratische Wende* die Qualität der Demokratie und unser Verhältnis zu ihr gründlich verändert. Die bisher unumstößliche Annahme, dass die liberale Demokratie allen konkurrierenden Modellen überlegen sei und in alle Zukunft unsere bevorzugte Form der politischen Organisation und Kultur bleiben wird, ist ins Wanken geraten. Schlagworte wie *Demokratieversagen* (Shearman und Smith 2007), *Demokratieverdruss* (Embacher 2009) und *Postdemokratie* (Crouch 2008) haben Konjunktur. Jacques Rancière spricht gar vom *Hass der Demokratie* (Rancière 2011). Die entsprechenden Debatten werden flankiert von ebenfalls breit geführten Diskussionen um die *Entpolitisierung* (Serloth 2009; Hirsch 2010), das *Verschwinden der Politik* (Fach 2008) und die *Postpolitik* (Žižek 2010).

Tatsächlich steht die *Zukunftsfähigkeit der Demokratie* (vgl. Schmidt 2005; Höffe 2009) zur Diskussion: Erstens insofern, als bestimmte materielle und immaterielle Ressourcen zur Neige zu gehen scheinen, die die Demokratie zu ihrer eigenen Reproduktion unverzichtbar braucht; zweitens insofern, als unklar ist, ob die Demokratie überhaupt in der Lage ist, Zukunftsfragen wie den Klimawandel, die Begrenztheit natürlicher Rohstoffe, die Verschuldung der öffentlichen Haushalte oder die rasant wachsende soziale Ungleichheit zu bewältigen. Vor diesem Hintergrund ist es dringend geboten, auch solchen Fragestellungen gründlich nachzugehen, die zunächst provokativ oder riskant erscheinen. Sicher besteht die Gefahr, dabei auch auf Antworten zu stoßen, die dazu missbraucht werden könnten, die Profiteure der Entpolitisierung und Feinde der

Demokratie zu entlasten, entschuldigen oder gar zu rechtfertigen. Doch ist es, wie Danilo Zolo richtig anmerkt, die »wesentliche Aufgabe der politischen Philosophie [...], radikale Fragen zu stellen [...], auch die konsolidierten theoretisch-politischen Kategorien zu problematisieren, einschließlich derer, die der humanistischen und demokratischen Tradition des Westens und seinem Befreiungsprogramm angehören« (Zolo 1997, 213). Tatsächlich ist dies sogar die Bedingung dafür, dass die politische Philosophie sich nicht »auf eine redundante Apologie der existierenden Machtordnung reduziert« (ebd.).

Dass die Demokratie, ungeachtet der Vielzahl unterschiedlicher Formen, in denen sie in verschiedenen Ländern institutionalisiert ist, heute in einer tiefen Krise steckt, scheint jedenfalls ausgemacht. Die amerikanische Nichtregierungsorganisation Freedom House betitelte ihren Jahresbericht 2010 zur weltweiten Lage der Demokratie mit *Erosion of Freedom Intensifies*. In den Jahresberichten 2011 und 2012 ist vom längsten »multiyear spate of backsliding«, also der längsten Phase der Negativentwicklung, seit Anfang der siebziger Jahre die Rede.[1] Zu Beginn des ersten Jahrzehnts des neuen Jahrhunderts, heißt es dort, seien die Entwicklungsperspektiven für die Freiheit großartig gewesen, am Ende des Jahrzehnts habe sie dann enorm unter Druck gestanden (Freedom House 2010, 2011, 2012). Aber worin besteht diese viel beklagte Krise der Demokratie eigentlich? Was sind ihre Auslöser? Ist *Krise* überhaupt ein geeigneter Begriff zur Beschreibung des Phänomens? Welche Perspektiven für die weitere Entwicklung westlicher Wohlstandsdemokratien gibt es? Dies sind die zentralen Fragen, um die es im Folgenden gehen soll. Die beiden Kernbegriffe im Buchtitel, *postdemokratische Wende* und *simulative Demokratie*, sollen dabei zweierlei von Anfang an klarstellen: Von einem

1 Aus Gründen der besseren Lesbarkeit wurden englischsprachige Zitate hier und im gesamten Buch vom Autor ins Deutsche übertragen. Nur einige schwer zu übersetzende Fachbegriffe wurden im Original beibehalten.

Ende der Demokratie kann keine Rede sein; im Zuge der fortschreitenden Modernisierung verändert sie jedoch grundlegend ihre Qualität und entwickelt eine neue Erscheinungsform.

1.1 Wutbürger, Indignados und Occupy

Die von vielen Seiten diagnostizierte und in mittlerweile weitgehend ritualisierten Mustern beklagte Schwäche der Demokratie hat verschiedene Gesichter. Bis vor Kurzem noch war vor allem von einer *Partizipationskrise* die Rede. Sinkende Wahlbeteiligung, einbrechende Mitgliederzahlen bei den Parteien und ein gefühlt niedriges Niveau des politischen Engagements insgesamt wurden als Anzeichen eines sich ausbreitenden Desinteresses und der Apathie gewertet. Besonders bedrohlich erschien, dass sich gerade bei jungen Menschen das politische Interesse im Lauf der neunziger Jahre deutlich verminderte (Shell 2010) und dass ihre Wahlbeteiligung noch weit unter dem seinerseits sinkenden Bundesdurchschnitt liegt. Gemessen an den Standards der »partizipatorischen Revolution« (Kaase 1982, 1984) seit den frühen siebziger Jahren und den friedlichen Revolutionen seit 1989, schien der kontinuierliche Rückzug der Bürger aus der Politik geradewegs in eine *Legitimationskrise* zu führen. Die Aussicht, dass Regierungen ihr Mandat künftig von einem noch kleineren Anteil der Wahlberechtigten erhalten könnten, führte seitens der Politik und der Sozialwissenschaften zu angestrengten Überlegungen, wie man die Bürger wenigstens an Wahltagen wieder mobilisieren könnte. Gegenwärtig ist demgegenüber vor allem von einer *Repräsentationskrise* die Rede (Linden und Thaa 2009, 2011). Die Kluft zwischen den Bürgern und der Politik scheint zunehmend größer und unüberbrückbarer zu werden. Das Handeln der Politiker lässt sich immer weniger auf die artikulierten Interessen der Bürger zurückführen; stattdessen geht es über deren Köpfe hinweg – oftmals werden sogar eindeutige Mehrheiten ignoriert. Nicht nur in Deutschland, sondern viel radikaler noch in Griechenland, Irland, Italien, Spanien oder Großbritannien wurden drakonische Sparprogramme aufgelegt, die das Leben der Menschen tiefgreifend verändern, ohne dass dem vermeintlichen demokratischen Souverän überhaupt nur ein Mitspracherecht eingeräumt worden wäre. Statt repräsentativer Parlamente regieren auf EU-Ebene ebenso wie in vielen sogenannten Krisenländern Expertenkommissionen und Technokraten-Teams, die die Demokratie in den Stand-by-Modus schalten, um so das Vertrauen der Märkte zurückzugewinnen. Ihre vorrangige Sorge ist nicht, ob ihre jeweiligen Entscheidungen wohl dem Willen der Bürger entsprechen oder wie der demokratische Souverän reagiert, sondern vor allem die Frage: *Wie reagieren die Märkte?* Zudem lassen Politikverflechtung und die unkontrollierte Einflussnahme der Wirtschaftslobby das Vertrauen in die sogenannte politische Klasse, die Parteien und die demokratischen Institutionen immer weiter erodieren. Trotz gewaltiger PR-Anstrengungen scheitern die Politiker daran, ihre Beschlüsse den Bürgern zu vermitteln. Die haben umgekehrt nicht mehr den Eindruck, von den Politikern überhaupt noch gehört zu werden. Während die Ratingagenturen mit jeder Verlautbarung selbst die mächtigsten Präsidenten zum Erzittern bringen, scheint der nominelle Souverän kaum noch ernsthaften Einfluss auf die Politik zu haben. Denn die dreht sich vor allem um das sogenannte *Systemrelevante*, wozu die Bürger – dem Anspruch nach der demokratische Souverän – ganz offenbar immer weniger gehören.

Die Ohnmachtsgefühle und die Verärgerung der solchermaßen an den Rand gedrängten Bürger hat Dirk Kurbjuweit vor einiger Zeit mit dem Begriff »Wutbürger« zu fassen versucht (Kurbjuweit 2010), den die Gesellschaft für Deutsche

Sprache zum Wort des Jahres 2010 wählte. Im Juli 2010 hatte der Unmut dieser Wutbürger eine geplante Schulreform in Hamburg zu Fall gebracht. Im August und September desselben Jahres machte er sich in der Debatte um Thilo Sarrazins Buch *Deutschland schafft sich ab* Luft (Sarrazin 2010). Im Herbst demonstrierten die Wutbürger wochenlang gegen den Umbau des Stuttgarter Hauptbahnhofs, und im November »schotterten« sie im Wendland gegen Angela Merkels Versuch, den von der rot-grünen Regierung unter Kanzler Schröder beschlossenen Ausstieg aus der Atomenergie zu unterlaufen. Die Bürger, denen man eben noch wachsende Apathie nachgesagt hatte, waren plötzlich in unvorhergesehener und für die offizielle Politik durchaus lästiger Art und Weise mobilisiert und politisiert.

Nun ist das Wort *Wutbürger* eine journalistische Prägung, kein sozialwissenschaftlich haltbarer Begriff; und die verschiedenen Protestereignisse, die damit beschrieben wurden, lassen sich aus der Perspektive der politischen Soziologie auch kaum über einen Kamm scheren. Gemeinsam ist ihnen jedoch, dass sich in ihnen ein aufgestauter Unmut über gravierende Repräsentationsdefizite entlud, und das Empfinden der jeweiligen Aktivisten, dass die ursprünglichen Versprechen der Demokratie in der Realität immer weniger eingelöst werden. Dieses Phänomen ist dabei nicht auf Deutschland beschränkt. Gerade seit Anfang der Banken- und Schuldenkrise haben Wutbürger auch in Athen, Paris, London, Brüssel und vielen anderen Städten rebelliert. In Madrid entstand im Mai 2011 eruptionsartig die Bewegung der »Indignados«, einer ganzen Generation von Empörten und Verärgerten, die sich um ihre Rechte und Lebenschancen betrogen sahen. Mit ihrer Forderung »¡Democracia real YA!« (Echte Demokratie jetzt!) waren sie ein Vorbild für die Occupy-Bewegung, die im September 2011 den Zuccotti Park in New York besetzte und sich in rasantem Tempo auch in Europa ausbreitete. Gerade in den

USA erschien der antikapitalistische Occupy-Wall- Street-Aktivismus manchem wie ein linkes Gegenstück zu den rechtslibertären Wutbürgern der Tea Party, bei der sich schon seit 2009 beobachten lässt, wie das Gefühl der demokratischen Ohnmacht in offenen Hass und Verachtung für die sogenannte politische Klasse umschlagen kann. Schließlich wählte das Magazin *Time* »Den Demonstranten« zur Person des Jahres 2011 und sprach dabei – nicht zuletzt mit Blick auf den sogenannten Arabischen Frühling – von einem »weltweiten Höhepunkt der Frustration« über das Versagen der politischen Klasse und die Inkompetenz der Institutionen (Stengel 2011).

Gerne werden diese Proteste als eine kraftvolle (und internationale) Bewegung gefeiert, als ein Sturm, der erst noch im Heraufziehen ist, als der Beginn einer beispiellosen Mobilisierung von Bürgern, die sich endgültig »nicht mehr für dumm verkaufen lassen« (Wieczorek 2011). Geradezu sehnsuchtsvoll wurden die Wutbürger, Indignados und Occupy-Aktivisten in der Presse immer wieder mit 1968 verglichen und mit dem Anfang der demokratisierenden Kulturrevolution, die seit den siebziger Jahren die politische Kultur vieler westlicher Länder grundlegend verändert hat. *Der Spiegel* bezeichnete Occupy noch im Mai 2012 als »eine der wohl größten systemkritischen Bewegungen der Welt« (Schultz 2012). Der Chefredakteur des *Time Magazine* verglich 2011 mit den Revolutionsjahren 1848 und 1989. Tatsächlich mag die jüngere Rebellion der Bürger in mancherlei Hinsicht als eine Art Neuauflage der Protestbewegungen der siebziger und achtziger Jahre erscheinen. Schon damals hatten die »elitenkritischen« Bürgerproteste (Inglehart 2007) sich gegen die als bestenfalls formal demokratisch wahrgenommenen Strukturen gestellt und eine grundsätzlich »neue Politik« gefordert (Müller-Rommel und Poguntke 1995). Als »Anti-Parteien-Partei« (Kelly 1980) organisierten die Grünen seinerzeit die Forderungen der neuen sozialen Bewegungen.

Vorsichtig und geschickt machten sich die Bündnisgrünen auch 2011 wieder zum Sprachrohr der neuen Wutbürger – und erreichten damit Umfragewerte und Wahlergebnisse wie niemals zuvor. Doch die Hoffnung auf eine neue partizipatorische Revolution wird erstens dadurch getrübt, dass sich diese jüngsten Proteste nahtlos einreihen in eine lange Serie von Mobilisierungswellen, die immer wieder den emanzipatorischen Ausbruch aus dem herrschenden System sozialer, ökonomischer und politischer Ungleichheit angekündigt hatten – ohne je nennenswerten Erfolg zu haben. Erinnert sei nur an Attac (die Association for the Taxation of Financial Transactions for the Aid of Citizens), die legendäre »Battle of Seattle« (1999), das Weltsozialforum und natürlich an die Grünen selbst, deren wohlhabend-bürgerliche Anhänger sich inzwischen in Großstadtvierteln wie dem Prenzlauer Berg in Berlin ihren Wohlfühlraum geschaffen haben. Und zweitens hat die heutige Anti-Politik im Vergleich zum demokratischen Aufbruch der Siebziger eine fundamental andere Qualität. Zwar sind die Artikulations- und Partizipationsformen genau die, die die neuen sozialen Bewegungen damals einführten und die in der modernen »Bewegungsgesellschaft« (Neidhardt und Rucht 1993; Meyer und Tarrow 1998) für praktisch alle Gesellschaftsgruppen zum festen Bestand des politischen Aktionsrepertoires gehören. Doch wie viel transformatorische Energie steckt wirklich in diesen neuen Protestwellen? Während die Bewegungen früherer Jahrzehnte noch von einem tiefen demokratischen Optimismus getragen waren, ist der heutige Aufstand der Wutbürger wohl mindestens ebenso sehr Ausdruck einer tiefen demokratischen Desillusionierung, wie er auf mehr demokratische Offenheit und Repräsentation drängt.

Tatsächlich paart sich – oder muss man auch hier schon wieder im Präteritum sprechen? – im Phänomen der Wutbürger in merkwürdiger Weise die lautstarke Forderung nach einer anderen Politik mit der impliziten Einsicht, dass unter den Bedingungen moderner, hochkomplexer und international vernetzter Konsumgesellschaften eine wahrhaft demokratische »neue Politik« wohl überhaupt nicht mehr möglich ist – ja vielleicht nicht einmal mehr wünschenswert. Aufwendige Bürgerbeteiligungs- oder Schlichtungsverfahren wie beim Bahnhofsprojekt in Stuttgart können in hochpolitisierten Einzelfällen durchgeführt werden, sind aber als Regelverfahren einer authentisch demokratischen Politik kaum vorstellbar. Es geht auch längst nicht mehr nur um die (Schwäche der) Demokratie, sondern um die Ohnmacht der Politik überhaupt. Die politische Agenda wird in immer stärkerem Maße von internationalen Verträgen und unvorhergesehenen Krisen bestimmt. Die Politik hat immer weniger Handlungsfreiheit und vor allem immer weniger Spielraum, um *bottom-up* den Willen der Bürger zu repräsentieren. Unsere gewählten Vertreter sind zunehmend ausführende Organe, Getriebene von Sachzwängen und Imperativen, die jenseits ihrer Macht stehen. Entscheidungen müssen unter dem Druck der Märkte, der Ratingagenturen, der Spekulanten, der drohenden Staatspleiten in einem Tempo gefällt werden, das keine demokratischen Verfahren erlaubt. Dabei ist Politik doch eigentlich dadurch definiert, dass sie Alternativen formuliert, zwischen denen die Bürger oder ihre Repräsentanten wählen können. Heute beschränkt sich die institutionalisierte Politik jedoch immer häufiger auf das Implementieren von angeblich Alternativlosem. Das entscheidende Kriterium für dieses entpolitisierte »New Public Management« ist nicht länger, ob und in welchem Maße es demokratischen Normen und Erwartungen entspricht, sondern wie effektiv und effizient es das angeblich objektiv Notwendige umsetzt. Und dieser Logik der Alternativlosigkeit haben auch die neuen Bürgerbewegungen wenig entgegenzusetzen, selbst wenn sie immer selbstbewusster und versierter darin werden, ihrem Unmut Ausdruck zu verleihen.

Klimakrise, Bankenkrise, Schuldenkrise, Eurokrise, Terrorismuskrise, Energiekrise, Rohstoffkrise, Krise der internationalen ökonomischen Wettbewerbsfähigkeit, Krise der demografischen Entwicklung und so fort – all dies schafft Problemlagen und Handlungszwänge, die in ihrer Komplexität bei Weitem die Vorstellungs- und Urteilskraft der Bürger übersteigen und die in ihrer Dringlichkeit einen Zeit- und Handlungsdruck erzeugen, dem demokratische Verfahren nicht gewachsen sind. Die Politik befindet sich in einer permanenten Notstandslage, einem andauernden Verteidigungsfall. Aussichtsreiche Problemlösungsstrategien lassen sich, wenn überhaupt, nur auf internationaler Ebene entwickeln, doch dort gibt es nicht nur keinen Demos mit einem bürgerschaftlichen Zusammengehörigkeitsgefühl, sondern die Politikverflechtung in der Mehrebenenpolitik hebelt überdies systematisch das demokratische Gebot der Zurechenbarkeit und Verantwortlichkeit aus. Entsprechend stellte Danilo Zolo bereits Anfang der neunziger Jahre fest, »die Zunahme der Differenzierung des politischen Systems und der allgemeinen Komplexität« lasse die Demokratie »unwahrscheinlich werden«; postindustrielle Gesellschaften seien »mit demokratischen Mitteln nur schwer regierbar« (Zolo 1997, 87). Die inzwischen verbreitete Diagnose vom Ende bzw. Verschwinden der Politik (Boggs 2000; Fach 2008) oder vom Zeitalter der Postpolitik (Žižek 2010, 272-282) führt Zolos Beobachtungen nur einen Schritt weiter. Und Bewegungen wie Occupy können eigentlich nur noch feststellen, dass die Demokratie ausgehöhlt und erschöpft ist; Perspektiven zu ihrer Erneuerung und Alternativen zum Status Quo formulieren können sie im Gegensatz zu ihren Vorläufern in den siebziger und achtziger Jahren jedoch kaum noch. Occupy beschränkte sich daher auch weitgehend auf das *Besetzen.* Vermeintlich bedeutungsvolle Leerformeln wie »¡Democracia real YA!« oder »We are the 99 percent« treten an die Stelle einer konkreten politischen Programmatik und verweisen bestenfalls noch symbolisch auf die Möglichkeit einer Alternative. Ihre transformatorische Kraft übersteigt aber kaum die der diesem Buch als Leitspruch vorangestellten Bekenntnisse meines Wellensittichs. Noch weniger lassen sich in Unruhen, wie London sie im August 2011 erlebte, politische Botschaften erkennen. Hierbei handelt es sich nur noch um eruptionsartige Ausbrüche diffuser Gefühle von Machtlosigkeit und Exklusion.

So bringen Wutbürger, Indignados und Occupy, ohne dass sich die Aktivisten davon unbedingt Rechenschaft geben würden, den eklatanten Widerspruch zwischen dem gewachsenen politischen Selbstbewusstsein und bürgerlichen Selbstbestimmungsanspruch und dem stillen Bewusstsein der Leistungsgrenzen der Demokratie und Politik zum Ausdruck. Das beklagte Demokratiedefizit hat also zwei Seiten: *erstens* die defizitäre Implementierung demokratischer Normen, die gerade durch die neuen sozialen Bewegungen emphatisch revitalisiert worden waren; und *zweitens* die, am Entwicklungsstand heutiger Gesellschaften gemessen, offenbar defizitäre Funktionalität demokratischer Strukturen. Dabei ist durchaus abzusehen, dass diese Malaise der Demokratie sich weiter zuspitzen wird. Denn nationale Regierungen sind, wie gesagt, nicht nur in immer stärkerem Ausmaß in Sachzwänge und internationale Politikregimes eingebunden, die ihren Spielraum für Bürgerresponsivität erheblich einschränken, sondern sie stehen zugleich unter wachsendem Druck, Nachhaltigkeitsprobleme, die sich über Jahrzehnte aufgestaut haben und deren Lösung immer wieder aufgeschoben wurde, endlich in Angriff zu nehmen. Kosten, die bislang im Namen des Wirtschaftswachstums, der Aktionäre, der Konkurrenzfähigkeit, der Konsumgüterpreise und der Wählerstimmen mit allerlei Tricks externalisiert wurden, müssen nun doch wenigstens teilweise internalisiert werden. Gleichzeitig betreiben aber gerade die gesellschaftlichen Eliten mit aller Entschiedenheit die Akkumulation des privaten Reichtums und die fortgesetzte Externalisierung der öffentlichen Nebenkosten. Beide Dimensionen bedeuten eine erhebliche Herausforderung für die Demokratie, die entgegen dem Tenor der Jahresberichte von Freedom House keineswegs bloß von autoritären Regimen in nichtwestlichen Ländern ausgeht (Freedom House 2011, 2012). Vielmehr ist die mehrfache Nachhaltigkeitskrise (ökologisch, ökonomisch, sozial) eine hausgemachte und viel grundlegendere Herausforderung. Die gegenwärtige Schuldenkrise macht deutlich, dass sich eine Wende zu mehr Nachhaltigkeit kaum vermittels demokratischer Mehrheiten beschließen und umsetzen lassen wird. Denn die Demokratie ist zwar zur gerechteren Verteilung von Wohlstandszugewinnen geeignet, weit weniger jedoch zur gerechten Verteilung von Einschnitten – und vielleicht überhaupt nicht zur angemessenen Berücksichtigung der Zukunft. Aus gleich mehreren Gründen wird die Politik daher fast unausweichlich immer weniger demokratisch und responsiv im Sinne der Protestbewegungen. Und der Verfall dessen, was die Demokratietheorie mit Fritz Scharpf (1970) als Input-Legitimität bezeichnet, kann angesichts der Grenzen des Wachstums und der stetig steigenden gesellschaftlichen Komplexität auch immer weniger durch verbesserte Output-Legitimität ausgeglichen werden.

Die aktuelle Debatte um Postpolitik und die Krise der Demokratie geht also über ältere Diskussionen um die sogenannte Politikverdrossenheit (z.B. Arzheimer 2002) deutlich hinaus und spitzt diese in brisanter Weise zu. Embacher (2009) spricht denn auch nicht mehr von Politik- oder Parteienverdrossenheit, sondern explizit von »Demokratieverdruss«. Als die Gesellschaft für deutsche Sprache 1992 Politikverdrossenheit zum Wort des Jahres kürte, hatten die neuen sozialen Bewegungen der siebziger und achtziger Jahre zwar bereits spürbar an Dynamik verloren, doch steckte die optimistische Bewegung für eine andere, eine soziale, ökologische und gerechte Globalisierung noch in den Kinderschuhen. Attac wurde erst 1998 in Frankreich gegründet. Das erste Weltsozialforum fand erst 2001 statt (im brasilianischen Porto Alegre). Der Gedanke, dass auch unter Bedingungen der Globalisierung »eine andere Welt möglich« sei und mit der deliberativen Demokratie (Habermas 1996; Dryzek 2000) zudem ein durchaus geeignetes Mittel zur Verfügung stehen könnte, die neuen Unsicherheiten, Risiken und Komplexitäten der modernen Welt in verantwortlicher, effektiver und vor allem wahrhaft demokratischer Weise zu regieren, war erst ansatzweise entwickelt. Die Hoffnung auf eine globale Zivilgesellschaft und die Idee der kosmopolitischen Bürgerschaft oder *cosmopolitan democracy* (vgl. Beck 2004; Beck und Grande 2004; Held 1995, 2006) standen erst am Anfang ihrer Karriere.

Einen demokratieskeptischen Schatten warf aber bereits die Diskussion um den sogenannten »Reformstau« voraus (das Wort des Jahres 1997). Im Geiste des unter Bill Clinton und Tony Blair hegemonial gewordenen Neoliberalismus wurde hier offen die Leistungsfähigkeit demokratischer Strukturen infrage gestellt; Effizienz und Output rückten ins Zentrum des Interesses. Nirgendwo sonst, so hieß es nun, gebe es so viele demokratische Vetospieler wie in Deutschland. In keinem Land der Welt hätten »so viele Instanzen Verhinderungsgewalt« (Strohmeier 2003, 17). Ein Zuviel an bürgerlichen Einspruchs- und Mitspracherechten beeinträchtige nicht nur die Fähigkeit der Wirtschaft, im internationalen Standortwettbewerb mitzuhalten, sondern auch die der Politik, notwendige Reformen des Sozialstaates durchzusetzen. Gerhard Schröder trat an, um nach dem Vorbild des damaligen Briten-Premiers Blair auch Deutschland grundsätzlich zu modernisieren (vgl. Blühdorn und Jun 2007). Doch seine Agenda 2010 wurde insbesondere mit der Hartz-IV-Gesetzgebung zum Symbol einer Modernisierung, die nicht mehr die Menschen in den Mittelpunkt stellt und emanzipatorisch ist, sondern sich an systemischen Imperativen orientiert, einer Metaphysik der Effizienz huldigt und die Bürger zunehmend verunsichert, marginalisiert und bedroht.

Nicht nur am unteren Rand der Gesellschaft verkehrte sich demokratischer Optimismus so in tiefe Frustration. Wahlen erscheinen kaum noch als Möglichkeit, die Interessen der Bürger wieder in den Mittelpunkt zu rücken. Sie erwecken bestenfalls noch kurzfristige Aufbruchshoffnungen. Politiker können jedoch selten über die Dauer eines Wahlkampfes hinaus den Eindruck vermitteln, sie hätten ein klares Regierungsprogramm, geschweige denn eine klare Vorstellung, wie die überwältigenden Probleme zu bewältigen seien. Bereits nach dem Regierungswechsel 1998 verflog der enorme Optimismus, den der Regierungseintritt der Grünen ausgelöst hatte, binnen weniger Monate. 2005 verflüchtigte sich die Hoffnung, eine Große Koalition sei vielleicht am ehesten in der Lage, notwendige Reformen in einer Weise durchzuführen, die die breite Mehrheit der Bürger angemessen repräsentiert, sogar noch schneller. Und 2009 stand die schwarz-gelbe Koalition dann bereits von Anfang an in der Kritik, Klientelpolitik zu betreiben und inkompetent sowie »richtungslos« zu sein (ARD Deutschland-Trend September und Oktober 2010). Ähnliche Phänomene zeigten sich auch in anderen Ländern: In Spanien war der Sozialist José Zapatero 2004 der große Hoffnungsträger gerade der jüngeren Generationen gewesen; 2011 war seine Regierung die Hauptzielscheibe der Indignados. Und in den USA sind die beinahe messianischen Hoffnungen, die 2008 und 2009 in die Wahl von Barack Obama zum Präsidenten gesetzt worden waren, innerhalb kürzester Zeit verflogen. Die versprochene Neubelebung der Politik – und insbesondere der *demokratischen* Politik – für die bisher Marginalisierten blieb aus. Ebenso wie Schröder mit seiner Agenda 2010 die Bürger tief verunsicherte und enttäuschte, hat Obama die Rebellion der sich in der Tea-Party-Bewegung organisierenden Wutbürger erst richtig angefacht. Der im Wahlkampf groß inszenierte Optimismus des »Yes we can!«, das suggerierte, die anstehenden Probleme seien politisch steuer-, kontrollier- und lösbar, ist angesichts der Banken-, Finanz- und Schuldenkrise ins Bodenlose zusammengebrochen. Ihm steht die offene Machtübernahme der Märkte und Ratingagenturen gegenüber, eine stille, und natürlich mit Vehemenz bestrittene, Bankrotterklärung der Demokratie und der Politik überhaupt: »No we can't!« – »We have no choice!« – »There is no alternative!« Die Politik »ist in Frührente gegangen«, sagt Frank Furedi (Furedi 2004, xi); die Demokratie gilt als »überlastet, ausgehöhlt, verstopft« (Skelcher 2000). Und sie wird noch zusätzlich dadurch geschwächt, dass gerade dort, wo am lautesten von demokratischen Werten die Rede ist, nämlich in den USA, eine besonders aggressive Politik der Rohstoffsicherung, Terrorismusbekämpfung und sozialen Exklusion betrieben wird.

Überdeutlich ist also: Während sich Reichtum und Armut in modernen Gesellschaften schneller und stärker polarisieren denn je; während große Problemlagen (soziale Spaltung, Klimawandel, Eurokrise, Flüchtlingswellen, Ressourcen- und Religionskonflikte etc.) sich national und international verschärfen, ist die demokratische Politik immer weniger in der Lage, plausible Perspektiven zu bieten. Sowohl auf der Input- als auch auf der Output-Seite zeigt sie gravierende Schwächen, die sich wohl eher verstärken als vermindern werden. War noch vor Kurzem vom »demokratischen Phönix« (Norris 2002) die Rede, und glaubten sozialwissenschaftliche Beobachter noch jüngst, das erodierende Vertrauen in die politischen Eliten werde den Anstoß zu einer »neuen Politik« der informierten, selbstbewussten und artikulierten »critical citizens« geben (Norris 1999; vgl. auch Dalton 2008a, b oder Inglehart 2008), so zeugt der Aufstand der Wutbürger eher von tiefer demokratischer Ernüchterung. Die heutige Protestpolitik, meint Frank Furedi, richte sich nicht mehr bloß gegen die *etablierte* Politik, sondern sei vielmehr Ausdruck »einer tieferen Überzeugung, dass *Politik als solche* sinnlos sei« (Furedi 2005, 29; Hervorhebung hinzugefügt). Ganz anders als noch zu Beginn des neuen Jahrhunderts gelte heute: »Anti-Politik ist nicht in erster Linie ein Impuls der Ermächtigung, sondern vor allem eine Geste der Resignation.« (Ebd.) Jacques Rancière spricht explizit von einem »neuen antidemokratischen Gefühl« (Rancière 2011, 9). Gerade »Menschen, die sich von der Demokratie sozialen Fortschritt und materielle Sicherheit erhoffen oder erhofft haben, wenden sich ab und zeigen kein Interesse mehr am politischen Diskurs bzw. an politischen Wahlen« (Embacher 2009, 91). Demokratie bietet für sie kein Versprechen, keine Perspektive mehr (vgl. auch Neugebauer 2007, 137f.; Vester 2009, 54f.; Schäfer 2009). Und die Protest-Politik der bürgerlichen Mittelschichten beruft sich zwar auf demokratische Ideale der Freiheit, Gleichheit und Brüderlichkeit, mobilisiert in Wirklichkeit allerdings das ihr zur Verfügung stehende Kapital (Bildung, soziale Netzwerke, relative materielle Sicherheit, Zugang zu politischen Institutionen etc.) vor allem, um privilegierte und kaum nachhaltige Lebensformen und Selbstverständnisse zu verteidigen.

So liegt über modernen Konsumentendemokratien eine tiefe Verunsicherung. Die Trias der neuen Protestbewegungen, der Diskussion um die Zukunftsfähigkeit der Demokratie und der populären Rede von Postdemokratie und Postpolitik zeigt unmissverständlich an, dass im Verhältnis moderner Bürger zur Demokratie etwas Grundsätzliches in Bewegung geraten ist. Natürlich muss man sich daran erinnern, dass es *die* Demokratie eigentlich gar nicht gibt, sondern nur eine Vielzahl von Versuchen, bestimmte Verständnisse demokratischer Ideale zu institutionalisieren: parlamentarisch und präsidentiell, unitarisch und föderal, mehrheitswahlrechtlich oder mit Verhältniswahlrecht, ausschließlich repräsentativ oder mit direktdemokratischen Elementen, mit starker oder mit schwächerer Beteiligung zivilgesellschaftlicher Organisationen, mit Ein- oder mit Mehrkammersystem und so fort. Von *der Demokratie* kann man also eigentlich nur im Plural sprechen. Die sogenannte *Krise* der Demokratie betrifft jedoch die ganze Bandbreite ihrer verschiedenen Institutionalisierungsversuche. Demokratische Ernüchterung, *disaffection* oder *desencanto* gibt es überall, ebenso wie es auch überall Wutbürger, *aganaktismenoi*, *indignados* und *rioters* gibt. Und wer sich darauf einlässt, über den gesellschaftlichen Wandel und die ökologischen, sozialen, wirtschaftlichen und politischen Krisen in heutigen Wohlstandsdemokratien wirklich ernsthaft nachzudenken, wird sich zweierlei eingestehen müssen: *erstens*, dass angesichts sich zuspitzender Problemlagen fundamentale Umbrüche nicht nur nicht mehr vermeidbar, sondern bereits voll im Gange sind; und *zweitens*, dass Demokratie und Demokratisierung in dem Sinne, wie die partizipatorische Revolution sie noch emphatisch eingefordert hatte, bei den großen Zukunftsfragen heute kaum mehr plausible Auswege weisen.

1.2 Erfüllung einer Vorhersage?

Nun sind solche Zweifel an der Demokratie natürlich nicht neu. Vielmehr erfüllt sich heute möglicherweise bloß eine alte Vorhersage. Tatsächlich stand die Demokratie historisch ja in einem ganz überwiegend negativen Ruf, und ihre »Positivierung« (Buchstein und Jörke 2003, 472 f.) bis zu dem Punkt, wo politische Institutionen und Entscheidungen nur dann als legitim gelten, wenn sie sich auf demokratische Normen berufen können, und wo umgekehrt alles *Demokratische* – was immer das im Einzelnen heißt – über jeden Zweifel erhaben ist, ist ein relativ junges Phänomen. Bereits Platon hatte die Demokratie bekanntlich als eine der »untauglichen« Staatsformen angesehen, die mit ihren »irregeleiteten« Vorstellungen von Freiheit und Gleichheit zum Ideal der Philosophenherrschaft in maximaler Distanz stehe und geradewegs in die Selbstzerstörung des Gemeinwesens und in die Tyrannis führe (*Der Staat*, Buch VIII, 10-19). Für Aristoteles gehörte die Demokratie neben der Tyrannis und der Oligarchie zu den »verfehlten Staatsformen«, die statt dem Wohl der Polis-Gemeinschaft vor allem dem Eigennutz der Machthaber dienen – im Falle der Demokratie also der Mehrheit der Niederen, Armen und Ungebildeten, die im demokratischen Souverän dominieren würden (*Politik*, Buch VI, 2). Rousseau, der mit seiner Kritik am Fortschrittsglauben der Aufklärung, seiner Lehre von der unveräußerlichen Volkssouveränität, seiner Ablehnung des Repräsentationsprinzips und seiner Lehre vom Gesellschaftsvertrag die neuen sozialen Bewegungen inspirierte und vielen als Vordenker der radikalen Selbstbestimmung des Volkes gilt, hielt die Demokratie für eine Staatsform, die bestenfalls für wenig komplexe und relativ arme Kleinstaaten geeignet ist. Sein von der *volonté générale* gelenktes Gemeinwesen ist letztlich eine ebenso hypothetische Idee wie der dem Gesellschaftsvertrag vorhergehende »Naturzustand«, in dem die Menschen noch ihre volle Freiheit und Unabhängigkeit hatten. In seinem Buch vom *Gesellschaftsvertrag* sagt Rousseau, dass »ein Volk von Göttern« sich zwar sicher demokratisch regieren würde, dass für Menschen eine »so vollkommene Regierung« aber kaum tauglich sei (Buch III, 4).

Ebenso war Kant, dessen ganze Philosophie sich eigentlich um die Würde des Menschen und dessen Emanzipation aus der berühmten »selbstverschuldeten Unmündigkeit« dreht (Kant 1784a, 53), gleichwohl ein Gegner der Demokratie. Zu groß war seine Skepsis gegenüber der Schwäche und Unvernunft des Alltagsmenschen, zu gewiss war er sich, dass »die auf den Gebrauch seiner Vernunft abzielenden Naturanlagen« des Menschen sich bestenfalls »in der Gattung, nicht aber im Individuum vollständig entwickeln« (Kant 1784b, 35) und dass daher die demokratische Regierungsform wenig aussichtsreich sei. Für viele Demokratieskeptiker stand in der Tat seit je vor allem der Einwand im Mittelpunkt, dass die überwiegende Mehrheit der Menschen viel zu unbesonnen, ungebildet, kurzsichtig und selbstsüchtig sei, als dass man ihnen wichtige Entscheidungen und das Gemeinwohl anvertrauen könnte. Nur eine wirtschaftlich und gesellschaftlich unabhängige, gebildete und mit festen moralischen Prinzipien ausgestattete Elite, so glaubten sie, sei in der Lage, in unparteiischer, verantwortungsvoller und weitsichtiger Weise das wahre Gemeinwohl zu erkennen, zu verkörpern und zu vertreten. In der klassischen Demokratietheorie ist daher von einem allgemeinen und gleichen Wahlrecht nirgends die Rede. Vielmehr war klar, dass die Herrschaft der armen und ungebildeten Mehrheit nicht nur zulasten der gesellschaftlichen Eliten geht, sondern durch die übermäßige Verteilung und Umverteilung gesellschaftlicher Reichtümer auch bedrohliche Instabilität schaffen würde. Als völlig irrig galt die Idee, dass das Wohl der Allgemeinheit und des Staates etwa aus den aggregierten Willensbekundungen der Einzelnen abgelesen werden könne. Repräsentation bedeutete vielmehr ganz selbstverständlich, etwas zur Vorstellung und Darstellung zu bringen, was im gemeinen Volk eben gerade nicht aufzuspüren war, sondern sich nur weisen, erfahrenen und moralisch überlegenen Staatsmännern erschließt. Noch John Stuart Mill, der sich sehr für die Ausdehnung des Wahlrechtes auf Frauen starkmachte, favorisierte ein Pluralstimmenrecht und wollte nur qualifizierte Staatsbürger mit dem Wahlrecht ausstatten. Die Vorstellung einer Herrschaft des ungebildeten Volkes, die »Tyrannei der Mehrheit«, hielt auch er für mitunter bedrohlicher als andere Formen der politischen Unterdrückung (Mill 1986 [1859]). Friedrich Nietzsche schließlich erklärte in der *Götzen-Dämmerung*, der »Demokratismus« sei »jederzeit die Niedergangs-Form der organisierenden Kraft« gewesen und »die moderne Demokratie« sei die »Verfallsform des Staats« (Nietzsche 1954, 1016).

In der modernen Demokratietheorie setzten sich diese Bedenken fort. Zunächst äußerten Max Weber und Joseph Schumpeter erhebliche Zweifel an dieser Staatsform. Weber plädierte in den Jahren vor und nach dem Ersten Weltkrieg zwar für die Demokratisierung Deutschlands und für ein allgemeines und gleiches Wahlrecht, aber viel Vertrauen in die Vernunft des Demos hatte er nicht. Vielmehr glaubte er, die Menge könne kaum über den Tag hinaus denken und sei »stets der aktuellen, rein emotionalen und irrationalen Beeinflussung ausgesetzt« (Weber 1984, 549). Das von ihm favorisierte Modell der »plebiszitären Führerdemokratie« (Weber 1976, 157) zielte daher vor allem auf die rigorose Auswahl der besten politischen Führungskräfte, keineswegs aber auf die Erfüllung von Idealen der Freiheit, Gleichheit und Selbstbestimmung, wie sie heute mit der Demokratie assoziiert werden. Aus der Perspektive der Wettbewerbs- und Selbstbehauptungsfähigkeit des Nationalstaates erschien ihm die Verfügbarkeit einer starken Führungselite als zentral. Die Demokratie hielt er nur deshalb für überlegen, weil sie offener und wettbewerbsorientierter sei als andere Staatsformen, weil sie sich schneller auf innere und äußere Veränderungen einstellen könne und das demokratische Verfahren der Elitenauswahl eine breite Folgebereitschaft des Volkes gewährleiste. Allerdings sah er diese Performanzvorteile ausschließlich bei der »Führerdemokratie«, in der das Volk dem von ihm einmal gewählten »charismatischen Führer« – zumindest bis zur nächsten Wahl – willig und stillschweigend folgt. Für die »führerlose Demokratie« (Weber 1992, 224), wie sie heutigen Vorstellungen von breit gefächerter Partizipation und demokratischer Selbstbestimmung wesentlich näherkommt, hatte Weber demgegenüber hauptsächlich Verachtung übrig. Heftig kritisierte er die politischen Parteien seiner Zeit dafür, dass sie lediglich der Mittelmäßigkeit Vorschub leisteten und unfähig seien, die gesamtstaatlichen Führungsaufgaben kompetent und verantwortlich zu regeln. Die

Herrschaft der profillosen Berufspolitiker und Bürokraten sei verantwortlich für eine insgesamt stümperhafte, dilettantische und ineffektive Politik. Natürlich sind die Institutionen, Parteien und Politiker, wie Weber sie kannte, nicht unmittelbar mit den heutigen zu vergleichen, doch mit seiner Kritik an der »führerlosen Demokratie« nahm er viel von dem vorweg, was dem Politikbetrieb aktuell vorgeworfen wird. Und die gleichen Bedenken, die Weber bereits zu seinem Modell der Führerdemokratie brachten, nämlich die Sorge um Effizienzverlust und sinkende Wettbewerbsfähigkeit, die Angst vor der Irrationalität und Eigendynamik des bürokratischen Apparates, vor der Entfremdung und Sinnentleerung der säkularisierten Gesellschaft, vor dem Komplexitätsinfarkt und der demokratischen Sklerose, stehen auch heute hinter der auffälligen Rehabilitierung der *Führung* als politischer Kategorie (vgl. APUZ 2010).

Wesentlich skeptischer noch als Webers Einschätzung, ja geradezu zynisch, waren Schumpeters Ansichten. Schumpeter ruft zunächst in Erinnerung, dass »jene Forscher, die sich mit Fragen der politischen Organisation beschäftigt haben, schon seit je Zweifel hinsichtlich der administrativen Leistungsfähigkeit der Demokratie in großen und komplexen Gesellschaften geäußert« hatten (Schumpeter 1947, 454). Ausgehend von der Überzeugung, dass all das, worauf die klassische Demokratietheorie normativ beruhte, völlig idealisiert sei, bemüht er sich um eine *realistische* Demokratietheorie, die deskriptiv-analytisch darauf zielt, die Schwächen dieser Staatsform aufzuzeigen. Insbesondere ist sich Schumpeter sicher, dass es so etwas wie ein Gemeinwohl, »über das sich das ganze Volk kraft rationaler Argumente einig wäre oder zur Einigkeit gebracht werden könnte« (399), nicht gibt. Vielmehr ist er sich sicher, dass in vielen Belangen grundsätzliche Differenzen nicht durch rationale Argumente überwunden werden können, »weil die letzten Werte – unsere Auffassung von dem, was das Leben und was die Gesellschaft sein sollte – jenseits des Bereiches reiner Logik liegen« (ebd.). Entsprechend sieht auch er in der Demokratie lediglich eine Methode zur Auswahl der Herrscher. Während es in der klassischen Demokratietheorie darum gegangen sei, »der Wählerschaft die Macht des politischen Entscheidens zu verleihen« (427), sieht Schumpeters Modell die Rolle des Volkes nur darin, »eine Regierung hervorzubringen, [...] die ihrerseits eine nationale Exekutive [...] hervorbringt« (ebd.). Die Demokratie ist nicht die Herrschaft des Volkes, sondern »bedeutet nur, dass das Volk die Möglichkeit hat, die Männer, die es beherrschen sollen, zu akzeptieren oder abzulehnen« (452). Die Herrschaft des Volkes hielt Schumpeter ohnedies für wenig wünschenswert, weil die Bürger in politischen Fragen »schlechte und sogar korrumpierte Richter« und »schlechte Kenner ihrer eigenen langfristigen Interessen« seien (414). In allen Angelegenheiten, bei »denen eine unmittelbare und unmißverständliche Verbindung mit ihren privaten Belangen« fehle, gehe den Bürgern jeder »Sinn für die Wirklichkeit völlig verloren« (ebd.). Neben einem »reduzierten Wirklichkeitssinn« bescheinigt Schumpeter ihnen zudem ein »reduziertes Verantwortungsgefühl«, einen »Mangel an wirksamer Willensäußerung«, einen »Mangel an Urteilsvermögen« und weitgehende »Unwissenheit« (415 f.).

Wegen ihrer in vielen Punkten überraschenden Aktualität lohnt es sich, Schumpeters Gedanken zur Demokratie noch etwas weiter zu verfolgen. So behauptet er zum Beispiel, »Informationsmöglichkeiten« seien für die Bürger zwar »reichlich vorhanden und leicht zugänglich«, politisch aber mache dies »überhaupt keinen Unterschied« (416). Der typische Bürger könne die Vielfalt der zur Verfügung stehenden Informationen nämlich gar nicht verarbeiten, sondern falle vielmehr »auf eine tiefere Stufe der gedanklichen Leistung, sobald er das politische Gebiet betritt«. Er werde »wieder zum Primitiven«, der rein assoziativ und affektmäßig denkt und handelt (416 f.).

Umgekehrt seien die Politiker in demokratischen Gesellschaften »durch den fortwährenden Kampf« um den Erwerb und Erhalt der Macht ernsthaft eingeschränkt (454). »Nur Männer mit ganz ungewöhnlicher Kraft« könnten »unter solchen Umständen noch Energie für die laufende administrative Arbeit an Gesetzesvorlagen usw. übrig haben« (ebd.). Im Normalfall aber könnten sie »mit einem Reiter verglichen werden, der durch den Versuch, sich im Sattel zu halten, so völlig in Anspruch genommen wird, dass er keinen Plan für seinen Ritt aufstellen kann« (456f.). Erschwerend komme hinzu, dass die »demokratische Methode« systematisch inkompetente Berufspolitiker hervorbringe, denen »alle Kenntnisse fehlen, die für die Lösung der ihnen gestellten Aufgaben notwendig wären« (458). Die intellektuellen und charakterlichen Eigenschaften, die einen im Wahlkampf erfolgreichen Kandidaten ausmachen, seien nämlich »nicht unbedingt jene, die einen guten Verwaltungsmann ausmachen, und so benachteilige die »Auswahl vermittels des Wahlerfolges« tendenziell solche Kandidaten, die »in der Leitung der Geschäfte erfolgreich wären« (ebd.). Schließlich zwinge die Demokratie die Politiker überdies, »alles von einem kurzfristigen Standpunkt aus zu betrachten«, und sie mache es ihnen »außerordentlich schwierig, solchen langfristigen Interessen der Nation zu dienen, die beständige Arbeit für fernliegende Ziele erfordern« (456). Zu den »Vorbedingungen für einen Erfolg der Demokratie« zählte Schumpeter daher unter anderem, »dass der wirksame Bereich politischer Entscheidungen nicht allzu weit ausgedehnt wird« (463). Weiter sei eine gewisse »demokratische Selbstkontrolle« (467) unverzichtbar, womit er »sehr viel freiwillige Unterordnung« von Seiten der Bürger meinte (ebd.). Die Wähler müssten die »Arbeitsteilung zwischen ihnen selbst und den von ihnen gewählten Politikern respektieren« (468) und sich der Versuchung des »Hineinregierens enthalten« (469). Die von den Idealisten der Demokratie vertretene Ansicht, »die Politik solle kein Beruf sein und die Demokratie entarte, sobald die Politik zum Beruf werde«, hielt er für »reine Ideologie« (452).

Schumpeter benannte damit eine ganze Reihe von Aspekten, die später in den Krisentheorien der siebziger Jahre eine zentrale Rolle spielen sollten. Im Gegensatz zu Weber und Schumpeter konnten die Kommentatoren sich zu diesem Zeitpunkt auf reichhaltige empirische Erfahrungen mit real existierenden demokratischen Systemen und mit der modernen Gesellschaft stützen. Konservative Beobachter befürchteten jetzt, eine schleichende Anspruchsinflation auf Seiten der Bürger und die Spirale der sich gegenseitig überbietenden Wohlfahrtsversprechen von Seiten der Politik würden unvermeidbar in eine Krise der Staatsüberlastung führen (King 1975). Eine solche Überlastung drohte nach ihrer Analyse zum einen in finanzieller Hinsicht angesichts des fortschreitenden Ausbaus des Sozialsystems, zum anderen in politischer Hinsicht aufgrund der Tendenz des Staates, seinen Verantwortungsbereich immer weiter in Gebiete auszudehnen, in denen er sich traditionell nicht engagiert hatte. Beides, glaubten sie, führe unvermeidlich zur Enttäuschung der Wähler. Zudem sahen die Krisentheoretiker der Siebziger die neuen sozialen Bewegungen der Zeit als den Ausdruck einer bedrohlichen Differenzierung von sozialen Identitäten und Interessen, welche die politischen Parteien immer weniger zu bündeln vermochten. Gerade diese Vervielfachung der Interessengruppen und Bewegungsorganisationen führe letztlich in einen Zustand der »Unregierbarkeit« (Crozier et al. 1975; vgl. auch Hennis et al. 1977). Der gesellschaftliche Wertewandel, den die emanzipatorischen Bewegungen nicht nur anzeigten, sondern auch selbst beschleunigten, zerstöre die unverzichtbaren kulturellen Grundlagen (etablierte soziale Wertepräferenzen, Normen und Verhaltensmuster), auf denen der Kapitalismus ebenso wie die Demokratie beruhten (Brittan 1975; Bell 1976).

Zu in der Substanz durchaus ähnlichen Diagnosen kamen

erstaunlicherweise auch Beobachter aus dem entgegengesetzten politischen Lager, die die festgestellte Krise der Demokratie letztlich allerdings auf andere Ursachen zurückführten. Für Jürgen Habermas (1973) und Claus Offe (1972) etwa basierte die Stabilität der kapitalistischen Gesellschaft ganz wesentlich darauf, dass die Politik entgegen der Tendenz des Marktes, die Akkumulation von Reichtum und soziale Ausgrenzung zu befördern, für soziale Gerechtigkeit, gleichberechtigte politische Partizipation und gesamtgesellschaftliche Inklusion sorgt. Den Wohlfahrtsstaat sahen sie als die zentrale Institution der demokratischen Legitimationsbeschaffung, und im gleichen Maße wie die Erwartungen an den Wohlfahrtsstaat wüchsen, während dieser von Seiten ökonomischer Interessen unter Druck geriete, drohte nach ihrer Analyse das kapitalistisch-demokratische System in eine Legitimationskrise zu stürzen. Zwar unterschieden sich ihre Erklärungsansätze und Lösungsperspektiven also von denen der konservativen Krisentheoretiker, in der Konsequenz liefen jedoch auch die Analysen von Habermas und Offe auf die These hinaus, dass das liberal-demokratische kapitalistische System innere Widersprüchlichkeiten aufweise, an denen es letztlich zerbrechen müsse. In kultureller wie in materieller Hinsicht beruhe dieses System auf Ressourcen, die es schrittweise auszehre – bis zu dem Punkt des unvermeidlichen Zusammenbruches. Mitte der siebziger Jahre schrieb Samuel Brittan, die »liberale repräsentative Demokratie« leide »an inneren Widersprüchen, die sich mit der Zeit wahrscheinlich noch verstärken werden«. Betrachte man die »aktuellen Indikatoren«, sei damit zu rechnen, »dass bereits die heute Erwachsenen, das Ende dieses Systems noch erleben werden« (Brittan 1975, 129). Und der britische Ökonom Peter Jay kam zu dem Schluss: »Die Demokratie hat sich beim Schwanz gepackt und frisst sich nun sehr schnell selbst auf.« (Jay 1977, 181)

Zumindest insofern, als ein Zusammenbruch der Demokratie in modernen westlichen Wohlstandsgesellschaften bisher nirgendwo abzusehen oder gar eingetreten ist – wie immer weit sich Länder wie Italien, Griechenland oder die USA von Normen wie der sozialen Gerechtigkeit oder der Volkssouveränität entfernt haben mögen, bezeichnen sie sich doch weiter als Demokratien –, haben sich diese Prophezeiungen einstweilen nicht bewahrheitet. Vielmehr verbreiteten in den siebziger und achtziger Jahren die partizipatorische Revolution und dann die deliberative Demokratietheorie (z. B. Habermas 1996; Dryzek 2000; Elstub 2010) zunächst erheblichen Optimismus. Die Politikwissenschaft pries die hohe Innovations-, Anpassungs- und Fehlerkorrekturfähigkeit der Demokratie und erarbeitete vielfältige Vorschläge zu ihrer modernisierenden Weiterentwicklung. In der einschlägigen Literatur bildete sich ein Konsens heraus, dass die Leistungsbilanz demokratischer Systeme, ihre »politische Produktivität« (Almond und Powell 1996) und ihre »politische Effektivität« (Roller 2005), derjenigen autokratischer Systeme deutlich überlegen sei (Kaase und Newton 1995). Doch die Befürchtung, dass die fortschreitende gesellschaftliche Entwicklung die Grundlagen der Demokratie zerstören könnte (vgl. auch Almond und Verba 1963; Putnam 2000; Fukuyama 2000), ließ sich nicht entkräften, und die Diskussion um die »broken society«, die zum Beispiel in Großbritannien geführt wurde, brachte ein weiteres Mal auf verwirrende Weise konservative und linke Analysen zur Deckung (vgl. Blond 2010; Norman 2010; Hutton 2011). Dabei wird, wie bereits angedeutet, in jüngster Zeit nicht nur die mangelnde *demokratische Performanz* der politischen Institutionen wieder verstärkt diskutiert, also das die Wutbürger so empörende Maß, in dem die Institutionen dem normativen Gehalt der Idee der Demokratie tatsächlich nicht entsprechen, sondern auch ihre *systemische Performanz* (vgl. Dahl 1989; Fuchs 1998), das heißt der Grad, in dem diese Institutionen Funktionen erfüllen oder Leistungen erbringen, die gegebenenfalls auch auf nicht demokratische Art und Weise erbracht werden könnten (Wohlstand, Gerechtigkeit, sozialer Frieden, Gesundheit, saubere Umwelt etc.). Michael Greven fragte daher zu Recht, ob »die nach einhelligem [...] Urteil normativ ausgezeichnetste, von nicht wenigen normativ als unübertrefflich eingeschätzte Regimeform« sich wohl »als anachronistisch erweisen könnte« (Greven 2009a, 67). Tatsächlich wird gerade an den Grenzen des ökonomischen Wachstums, im Zeichen der zunehmenden Transnationalisierung und angesichts der immer größeren Bedeutung von Zukunfts- und Nachhaltigkeitsfragen vorsichtig eingestanden: Die Überlegenheit der Demokratie wird häufig überschätzt (Kielmannsegg 2003, 591; Schmidt 2003, 272). Und gerade wenn die Frage nicht mehr lautet, ob andere Systeme noch schlechter abschneiden, sondern ob und wie lange die Demokratie den Bedingungen moderner Gesellschaften überhaupt standhalten kann, erscheinen die lange bestehenden Zweifel an dieser Staatsform in einem neuen Licht.

1.3 Das demokratische Paradox

Die Rückerinnerung an diese lange Tradition skeptischer Einschätzungen ist hilfreich, um die normative Selbstfesselung der heutigen Demokratietheorie und die etablierten sozialwissenschaftlichen Denkverbote zu durchbrechen und so zu einer kritischen Perspektive zu finden, die sich von ideologischen Verherrlichungen und Vereinnahmungen der Demokratie möglichst fernhält. Allerdings gibt es trotz der langen Tradition fundamentaler Zweifel an dieser Staatsform, die sich gegenwärtig offenbar zuspitzen, gleichzeitig auch ein sich weiterverbreitendes und vertiefendes Bekenntnis zu Werten wie Freiheit, Gleichheit und Selbstbestimmung; international kommt dies beispielsweise in den neuen Demokratisierungsbewegungen in der arabischen Welt zum Ausdruck. Doch auch innerhalb etablierter westlicher Wohlstandsdemokratien stellt die empirische Forschung regelmäßig fest, dass die Zustimmung zu demokratischen Werten immer noch wächst und die Ansprüche hinsichtlich Partizipation, Repräsentation und Legitimation kontinuierlich steigen. Diese Feststellung relativiert die Diagnose der Krise der Demokratie. »Die demokratische Stabilität des Landes«, so stellte die Bertelsmann-Stiftung in der Studie *Politische Partizipation in Deutschland* fest, »gerät [...] nicht unmittelbar ins Wanken, nur weil Parteien und Politiker unabhängig von ihrer Couleur mit besonders starkem Negativimage auffallen« (Bertelsmann 2004, 16). »Fast 60 Jahre nach dem Ende des Zweiten Weltkriegs und 15 Jahre nach dem Fall der Mauer«, hieß es in der Untersuchung weiter, sei »die Stabilität der deutschen Demokratie nicht in Gefahr«. (131) Die Shell-Jugendstudie 2010 sprach gar noch im Wutbürgerjahr von einem Anstieg der Demokratiezufriedenheit in allen sozialen Schichten (Shell 2010, 136f.). Doch genau hier liegt wohl das distinktive Merkmal moderner Wohlstandsgesellschaften: Sie unterscheiden sich von früheren Entwicklungsstufen der Demokratie in der paradoxen Gleichzeitigkeit von sich radikalisierenden demokratischen Erwartungen und Positiveinstellungen einerseits und wachsender Desillusionierung und Distanz, das heißt dem zunehmenden Bewusstsein für die Leistungs- und Entwicklungsgrenzen der Demokratie andererseits. Wir haben es hier mit einem *demokratischen Paradox* zu tun, das der genaueren Untersuchung bedarf. Insbesondere stellt sich die Frage, wie moderne demokratische Systeme diese Spannung zwischen wachsenden normativen Erwartungen und praktischer Ernüchterung alltagspolitisch verarbeiten und bewältigen.

Der Begriff des demokratischen Paradoxes ist zuweilen in unscharfer Weise verwendet worden. Robert Dahl zum Beispiel benutzt ihn, um damit den Widerspruch zu fassen zwischen der spärlichen Unterstützung für demokratische Institutionen und dem starken Bekenntnis zu demokratischen Werten: »In vielen der ältesten und stabilsten Demokratien«, so führt Dahl aus, »haben die Bürger wenig Vertrauen in einige zentrale demokratische Institutionen«; gleichzeitig würden jedoch »die meisten Bürger nach wie vor an die Attraktivität der Demokratie« glauben (Dahl 2000, 35). Anders als die oben besprochenen Thesen vom Demokratieverdruss nahelegen, geht nach Dahls Einschätzung der Vertrauensverlust in die politischen Institutionen also nicht mit einer Erosion demokratischer Wertorientierungen einher. Vielmehr sei es so, dass »die Bürger nach wie vor große Zustimmung zur Demokratie als System zum Ausdruck bringen, obwohl sie einige politische Schlüsselinstitutionen dieses Systems geringschätzen« (36). Russell Dalton, der ganz ähnlich argumentiert, scheint sogar davon auszugehen, dass es einen kausalen Zusammenhang gibt zwischen der wachsenden Zustimmung zur Demokratie und der gewachsenen Sensibilität für die Defizite bei ihrer praktischen Umsetzung: »Die meisten Menschen bekennen sich immer noch zum demokratischen Ideal; wenn wir überhaupt eine Veränderung feststellen können, dann dass diese Gefühle sich offenkundig sogar noch verstärkt haben, während die Zufriedenheit mit dem tatsächlichen Zustand der demokratischen Politik abgenommen hat.« (Dalton 2004, 47)

Die hier zu beobachtende Verwendung des Begriffs demokratisches Paradox (vgl. auch Zürn 2009) ist bei näherem Hinsehen unangemessen, denn das, was Dahl und andere als Paradox werten, ist in Wahrheit keines. Umgekehrt wird das, was tatsächlich paradox ist, von diesem gängigen Verständnis nicht erfasst. Dahl findet denn auch eine Erklärung für das Phänomen: Er formuliert den vermeintlichen Widerspruch um in ein *value-action gap*, indem er zwei Dimensionen unterscheidet – Rechte *haben* und Rechte *ausüben* – und zwischen ihnen eine Hierarchie annimmt. Die Tatsache, so argumentiert er, dass die

Bürger ihre demokratischen Rechte in der Praxis nur unvollständig in Anspruch nehmen, bedeute keineswegs, dass sie indifferent wären gegenüber dem theoretischen Besitz dieser Rechte. Und es sei auch durchaus nicht widersprüchlich, so Dahl, wenn die Mehrheit der Bürger es zwar als weder sehr dringend noch als sehr lohnend betrachte, sich aktiv in die Politik einzumischen, gleichwohl aber die demokratischen Defizite der politischen Institutionen kritisiere und die Einhaltung demokratischer Normen fordere (Dahl 2000, 39). Damit ist für ihn die vermeintliche Widersprüchlichkeit bereinigt. Doch Dahls Analyse greift zu kurz; das eigentliche Paradox erfasst sie nicht; das Spezifikum moderner Wohlfahrtsdemokratien bekommt sie gar nicht in den Blick. Dieses liegt nämlich darin, dass sowohl die Praxis des modernen Regierens wie auch die Erwartungshaltung der Bürger im Spannungsfeld von sich radikalisierenden demokratischen und gleichzeitig zunehmend nichtdemokratischen Normen stehen. Anders als bei dem von Dahl, Dalton oder Zürn beschriebenen Phänomen handelt es sich hier tatsächlich um ein Paradox im engeren Sinne, um eine genuine Widersprüchlichkeit, eine Gleichzeitigkeit sich eigentlich ausschließender Werthaltungen, die sich nicht in ein *value-action gap* auflösen lässt.

Diese Widersprüchlichkeit ergibt sich daraus, dass sich im modernisierungsbedingten Prozess der Individualisierung, Emanzipation und Subjektivierung die Freiheits-, Selbstbestimmungs- und Selbstverwirklichungsansprüche – und entsprechend die Demokratieforderungen – der Bürger immer weiter aufblähen, während die »reflexive Modernisierung« (Beck 1993; Beck et al. 1994; Beck et al. 2003) gleichzeitig entscheidende Voraussetzungen der Demokratie fortschreitend zersetzt. Zum Beispiel machen Prozesse der internationalen Vernetzung einerseits und der immer feineren gesellschaftlichen Differenzierung andererseits demokratische Verfahren zunehmend impraktikabel und sogar kontraproduktiv. Auf

Seiten der Politik bedeuten Transnationalisierung und Differenzierung, dass die Bürger im Interesse der Handlungsfähigkeit, Effizienz und erhofften Output-Legitimität zunehmend von Verhandlungs- und Entscheidungsprozessen ausgeschlossen werden müssen. Sofern partizipativ-demokratische Strukturen überhaupt vorhanden waren – gerade auf der internationalen Ebene war das freilich nie der Fall –, gewinnen Strategien der Entpolitisierung (z. B. Expertenkommissionen, unabhängige Regulierungsbehörden, Gerichtsentscheide) erheblich an Bedeutung. Im Bereich der lebensweltlichen Alltagspraxis bedeutet die reflexive Modernisierung, dass demokratische Wertorientierungen und Verfahren für das Management der vielschichtigen persönlichen Interessen und Bedürfnisse immer weniger angemessen erscheinen. Vor dem Hintergrund steigender Ansprüche und Anforderungen und sich gleichzeitig verknappender Möglichkeiten und Ressourcen werden demokratische Vorstellungen der Gleichheit zur Belastung. Der Konflikt zwischen den demokratischen Idealen der (individualistisch gedachten) Freiheit und der kollektiven Gleichheit, der immer nur vermittels des Wachstums besänftigt werden konnte, bricht auf und wird virulent. Tradierte Ideale der Solidarität (Redistribution) verlieren im Zeichen sozialer Differenzierung ihre Integrationskraft. Zeitaufwendige und kompromissorientierte Verhandlungsverfahren widersprechen dem Gebot der Schnelligkeit und blockieren die Verwirklichung individueller Potenziale. Je höher der Druck wird, persönliche Ressourcenvorteile voll auszunutzen, desto mehr scheinen nichtdemokratische Verfahren als allein zielführend.

So besteht sowohl im Bereich der Politik als auch in dem des lebensweltlichen Alltagsmanagements ein eklatanter Widerspruch zwischen sich radikalisierenden Werten der Freiheit und Selbstbestimmung, die sich traditionell in Forderungen nach mehr Demokratie niederschlagen, und deutlich demokratiekritischen Präferenzen, die den Bedingungen erhöhter

Komplexität und des sich verschärfenden Wettbewerbs geschuldet sind. Die Politik muss die Bürger gleichzeitig einschließen und ausschließen; die Bürger zeigen gleichzeitig demokratische und antidemokratische Wertorientierungen. Die Feststellung dieses Paradoxes eröffnet die Perspektive auf eine radikal neue Forschungsagenda. Zwar ist die Spannung zwischen der Forderung nach mehr Demokratie und der Angst vor demokratischer Selbstlähmung keineswegs neu. Wir haben ja bereits gesehen, dass die Demokratietheorie sich seit je mit diesem Thema befasst, und die jüngere Politikwissenschaft diskutiert explizit das Verhältnis zwischen *Demokratie* und *Effizienz* (vgl. Steffani 1973; Okun 1975; Dahl 1994; Blühdorn 2007a) oder eben zwischen *demokratischer* und *systemischer* Performanz (Dahl 1989; Fuchs 1998). In modernen Wohlstandsdemokratien verändert diese Spannung aber ihre Qualität und spitzt sich in neuartiger Art und Weise zu. Tatsächlich kann daher – später wird das noch im Detail ausgeführt (vgl. Kapitel 3) – das neu formulierte demokratische Paradox als ein distinktives Merkmal moderner Wohlstandsdemokratien betrachtet werden. Es wirft die Frage auf, wie moderne Gesellschaften mit diesem Widerspruch umgehen. Wie bewältigen sie die politischen und lebensweltlichen Dilemmata, die sich aus ihm ergeben? Wie gestaltet sich Demokratie im Zeichen dieses Paradoxes um? Wie verändert sich die Interpretation etablierter Normen der demokratischen Partizipation, Repräsentation oder Legitimation?

Weil nicht zuletzt angesichts des sich weiter verbreitenden und vertiefenden Bekenntnisses zu demokratischen Werten ein bevorstehendes Ende der Demokratie nicht wirklich abzusehen ist, soll bei der folgenden Erörterung dieser Fragen auch nicht mehr von einer *Krise* der Demokratie gesprochen werden, sondern von einem *Formwandel*, dessen Dimensionen es näher zu untersuchen gilt. Ohnehin ist in Bezug auf Krisendiagnosen stets Vorsicht geboten, denn bei solchen Diagnosen und dem entsprechenden Vokabular handelt es sich grundsätzlich um politische Kampfbegriffe. Sie beruhen auf normativen Annahmen, auf deren Grundlage empirisch beobachtbare Veränderungen als pathologisch interpretiert werden, und sie propagieren eine normative Vorstellung von einem gesunden, intakten Zustand, der vorübergehend aus der Ordnung geraten und vermittels der unterbreiteten Therapievorschläge wiederherzustellen sei. Solche Diagnosen lassen jedoch außer Acht, dass Demokratie immer schon ein grundlegend umstrittener Begriff und ein historisch offenes Projekt gewesen ist. Demokratische Normen sind veränderlich, und die Erscheinungsformen der Demokratie waren stets im Wandel begriffen.

Um den sich derzeit vollziehenden Formwandel angemessen beschreiben zu können, ist es daher entscheidend, aus den festgefahrenen Fragestellungen und Denkmustern auszubrechen, die von der Literatur wieder und wieder bestätigt werden. Tatsächlich ist die Demokratietheorie gleich von mehreren Seiten normativ blockiert: Erstens reproduziert der Vergleich demokratischer mit totalitären Systemen beständig den Glauben an die herausragende Leistungsfähigkeit der Demokratie. Zweitens mündet die Kritik am sozial und ökologisch rücksichtslosen Gebaren der herrschenden Eliten immer wieder in die Behauptung, dass in der Umverteilung der Macht an die Bürger und die Zivilgesellschaft die Lösung aller Probleme liege. Drittens werden die Demokratisierungsbewegungen in nichtdemokratischen Ländern immer erneut zum Beweis dafür genommen, dass die liberale Demokratie objektiv der Fluchtpunkt aller gesellschaftlichen Entwicklung sei. Viertens ist der immer offensichtlicher von seinen Geldgebern fremdbestimmte Wissenschaftsbetrieb zunehmend auf Aufgabenstellungen festgelegt, die bestimmte Denkrichtungen und Forschungslinien von vorneherein ausschalten. Fünftens bleiben wesentliche Teile der Literatur in vereinfachenden Binarismen befangen, die immer nur *demokratisch* und *autoritär* gegeneinanderstellen. All dies ist dem Verständnis des Formwandels der Demokratie aber nicht eben förderlich. Es ist daher an der Zeit, diese Blockierungen zu lockern. Um die Charakteristika der Demokratie gerade in modernen Wohlstandsgesellschaften angemessen erfassen zu können, muss die kritische Demokratietheorie sich verstärkt den Ermüdungserscheinungen und Leistungsgrenzen der Demokratie zuwenden. Sie muss sich der Möglichkeit öffnen, dass das ritualisierte Beschwören von demokratischen Normen vielleicht vor allem verschleiert, dass diese Normen gerade in etablierten Wohlstandsdemokratien tatsächlich längst ihre soziokulturelle Verankerung verloren und sich wohlmöglich ideologisch verkehrt haben: Vielleicht dienen diese Beschwörungsrituale in erster Linie der Sicherung privilegierter Gesellschaftsformen und Lebensstile, die gerade im Zeichen des Klimawandels und sich verschärfender sozialer Ungleichheiten weder ökologisch noch sozial nachhaltig sind. Die Demokratietheorie muss also ihre eigenen normativen Positionen überdenken, darf sich nicht mehr einfach als Fürsprecherin des als uneingeschränkt positiv verstandenen demokratischen Projektes verstehen. Sie muss die gleichermaßen fundamentalistische und ideologische Gleichsetzung von *demokratisch* und *gut* hinter sich lassen, die ideologische Vereinnahmung der Bezeichnung *demokratisch* als Legitimationsformel für ganz konkrete Interessen reflektieren und sehr viel stärker als bisher eine deskriptiv-analytische Perspektive einnehmen. Vor dem Hintergrund der überwältigend positiven Leistungsbilanz des Demokratisierungsprozesses seit dem Zweiten Weltkrieg bedeutet all dies freilich eine erhebliche Herausforderung.

Die zentrale These, die in den folgenden Kapiteln genauer ausgeführt werden soll, lautet also, dass die Demokratie in modernen Wohlstandsgesellschaften einen grundlegenden Formwandel erfährt. Anders als die Rede vom Demokratieverdruss es nahelegt, hat das demokratische Projekt sich zwar keineswegs erschöpft, wir können aber beobachten, wie es sich grundlegend neu konfiguriert. Greven spricht von einem »Wandel der Demokratie zu etwas Neuem, bisher nur unzureichend auf den Begriff zu Bringendem« (Greven 2009a, 68). Erforderlich, meint er, sei der »gedankliche Abschied von der vertrauten Idee der Demokratie, statt ihrer permanenten Anpassung an die Realität, die sich ihrer nicht mehr fügen will« (Greven 2009a, 73). In ähnlichem Sinne forderte Zolo bereits Anfang der neunziger Jahre, eine »realistische Demokratietheorie« dürfe moderne Demokratien nicht länger als solche bezeichnen, sondern besser als »liberale Oligarchien« (Zolo 1997, 171 f, 220). Die Bezeichnung Demokratie vernebele, dass moderne Bürger faktisch längst keinerlei Kontrolle und Gestaltungskraft mehr haben hinsichtlich der gesellschaftlichen Bedingungen, unter denen sie leben. Greven und Zolo benennen den Kern dessen, worum es hier geht. Doch will die im Folgenden entwickelte Theorie sich weder gänzlich vom Begriff der Demokratie verabschieden noch eine »neue normative Idee von historisch ähnlicher Prägekraft« vorstellen (Greven 2009a, 73). Vielmehr geht sie davon aus, dass eine neue normative Idee wohl in der Tat kaum »über den akademischen Bereich hinaus Interesse erregen und Bedeutung erlangen« könnte (Zolo 1997, 214), dass aber der etablierte Demokratiebegriff durchaus in der Lage ist, seinen normativen Gehalt so zu verändern, dass er den Bedürfnissen, Realitäten und Herausforderungen fortgeschritten moderner Gesellschaften voll entspricht.

Aus dieser These ergeben sich die Zielsetzungen für die weitere Analyse: *Erstens* soll der behauptete Formwandel der Demokratie begrifflich gefasst werden, wobei die bereits angesprochenen Krisenbegriffe ausdrücklich vermieden werden sollen. Stattdessen werden zur Beschreibung des Wandlungsprozesses und der sich neu herausbildenden Erscheinungsform der Demokratie die Begriffe der *postdemokratischen Wende* und der *simulativen Demokratie* eingeführt. Ersterer versucht, einen Prozess zu fassen, in dem sich demokratische Ernüchterung sowie eine Tendenz zu nichtdemokratischen Wert- und Handlungspräferenzen breitmachen, demokratische Ansprüche und Erwartungen sich gleichzeitig aber auch radikalisieren. Damit ist sofort klargestellt, dass die Politik nach der postdemokratischen Wende keineswegs nichtdemokratisch oder gar antidemokratisch ist. Ähnlich wie der Begriff der *Postmoderne* nie als Abschied von der Moderne verstanden werden durfte oder Ingleharts Begriff des *Postmaterialismus* nie eine Abkehr von materiellen Bedürfnissen und Interessen behaupten wollte, ist für den Begriff der postdemokratischen Wende gerade die paradoxe Gleichzeitigkeit von Erosion und Radikalisierung demokratischer Wertvorstellungen zentral. Der Begriff der *simulativen Demokratie* zielt demgegenüber auf den zentralen Mechanismus zur Bewältigung dieser Spannung. Was bedeutet es praktisch, wenn sich das demokratische Projekt einerseits erschöpft hat, andererseits aber radikalisiert; wenn es einerseits also aufgegeben werden müsste, andererseits aber nicht aufgegeben werden kann; wenn demokratische Normen einerseits verschärft, gleichzeitig aber auch ausgesetzt werden? *Simulation* – nicht zu verwechseln mit vorsätzlicher Täuschung oder bloßer *Symbolik* – bietet eine Perspektive zur Bewältigung dieses Paradoxes. Dabei wird Simulation – Kapitel 4 führt das im Detail aus – verstanden als eine Vielzahl gesellschaftlicher Praktiken, die die Gleichzeitigkeit von Widersprüchlichem ermöglichen, die also darauf zielen, an demokratischen Wertorientierungen festzuhalten, sie auszuleben, erlebbar zu machen, sich gleichzeitig aber auch von ihnen abzusetzen.

Zweitens soll untersucht werden, wie es zu dem behaupteten Formwandel der Demokratie gekommen ist. Was ist der Grund dafür, dass der enorme demokratische Optimismus, der für die neuen sozialen Bewegungen noch charakteristisch war, sich schrittweise erschöpft hat? Was sind die Auslöser für die postdemokratische Wende? Hier lautet die These, dass derselbe Prozess, nämlich der fortlaufende Prozess der Modernisierung, der an der Schwelle von der *ersten* zur *zweiten* Moderne (Beck), also am Übergang von der industriellen zur postindustriellen Gesellschaft oder von der Moderne zur Postmoderne, den *postmaterialistischen* Wertewandel (Inglehart) ausgelöst und damit der partizipatorischen Revolution den Weg gebahnt hat, in seinem weiteren Verlauf einen erneuten Wertewandel bewirkt, der eben zur postdemokratischen Wende und zur simulativen Demokratie führt. Damit verbunden soll *drittens* das Erbe der neuen sozialen Bewegungen und ihres Projektes der »neuen Politik« thematisiert werden. *Neue Politik nach der postdemokratischen Wende*, wie der Untertitel dieses Buches lautet, heißt also zweierlei: Einerseits geht es um die Frage, was für eine neue Form der Demokratie mit oder nach der postdemokratischen Wende entsteht; andererseits darum, was im Zuge des modernisierungsbedingt fortlaufenden Werte- und Kulturwandels aus dem Projekt der »neuen Politik« geworden ist, das einst aus einer früheren Phase des Wertewandels hervorgegangen war und das umzusetzen die neuen sozialen Bewegungen sich vorgenommen hatten. Wie konfiguriert sich die »neue Politik«, also die Protestpolitik, die Anti-Politik, im Zeichen der fortschreitenden Moderne neu?

Viertens schließlich soll es um die Zukunftsfähigkeit der Demokratie gehen, womit einerseits die Nachhaltigkeit der Demokratie selbst, das heißt ihre Abhängigkeit von möglicherweise zur Neige gehenden kulturellen und materiellen

Ressourcen, angesprochen ist und andererseits die Fähigkeit der Demokratie, die großen Zukunftsfragen von der Rohstoffknappheit über die Finanz- und Schuldenkrise bis hin zur Klima- und Generationengerechtigkeit zu bewältigen. Bereits die »neue Politik« der sozialen Bewegungen hatte das Ökologie- bzw. Nachhaltigkeits- und das Demokratiethema eng miteinander verbunden. Darauf aufbauend, wird die Frage nach der Zukunftsfähigkeit der Demokratie hier als eine dreidimensionale verstanden: Was bedeutet die postdemokratische Wende für die Nachhaltigkeit der Demokratie? Was bedeutet die postdemokratische Wende für die Ökologie bzw. für den gesellschaftlichen Umgang mit Nachhaltigkeitsfragen im weiteren Sinne? Und in welchem Verhältnis steht die postdemokratisch gewendete Demokratie, das heißt die simulative Demokratie, zur modernen Politik der Nachhaltigkeit – die ihrerseits natürlich vom fortlaufenden Wertewandel nicht unberührt geblieben ist? Hatten die neuen sozialen Bewegungen Demokratie und Demokratisierung noch als die große Lösung für die von ihnen wahrgenommene Umwelt-, Wirtschafts- und Gesellschaftskrise dargestellt, wird hier – insbesondere in Kapitel 5 – der Überlegung nachgegangen, dass demokratische Verfahren vielleicht nicht nur ungeeignet sind, die großen Zukunftsfragen zu bewältigen, sondern dass die postdemokratisch gewendete Demokratie möglicherweise sogar zum entscheidenden Instrument einer neuen *Politik der Nicht-Nachhaltigkeit* werden könnte.

Es geht also nicht darum, sich, wie Greven es fordert, von der Idee der Demokratie zu verabschieden und sie als ein »Relikt der Vormoderne« (2009a, 73) zu beschreiben; ebenso wenig soll einfach nur normativ über die von der *Postdemokratie* gebrochenen demokratischen Versprechen und die entsprechenden Defizite geklagt werden. Weiter zielt das Folgende auch nicht darauf, die Demokratie der Globalisierung anzupassen oder bessere Formen der Repräsentation von Pluralität zu finden. All dies sind legitime und wichtige Ansätze, aber hier soll zunächst einmal sehr viel nüchterner gefragt werden, wie und warum die moderne Demokratie sich verändert hat, welche Funktionen sie in heutigen Wohlstandsgesellschaften übernimmt, auf welche Bedürfnisse sie zugeschnitten ist. Die im Gegensatz zu den Defizitdiskursen des Mainstream stehende These lautet gewissermaßen: Die heutige Form der Demokratie ist durchaus angemessen, entspricht durchaus den Bedürfnislagen und Herausforderungen moderner Konsumgesellschaften. Das scheint hegelianisch-konservativ, erstens insofern hier Hegels berühmtes Diktum nachhallt, nach dem, was vernünftig ist, wirklich sei, und was wirklich ist, auch vernünftig. Zweitens geht es hier entgegen der (post)marxistischen linken Tradition explizit nicht darum, den politischen Status Quo *zu verändern*, sondern zunächst einmal hegelianisch darum, ihn adäquat *zu verstehen*. Trotzdem ist die hier entwickelte Theorie der postdemokratischen Wende keineswegs als Apologie der bestehenden Ordnung aufzufassen, und das Konzept der simulativen Demokratie ist auf gar keinen Fall eine normative Leitidee.

Der bei alldem zentrale Begriff der Postdemokratie ist in jüngerer Zeit viel und nicht immer in erhellender Weise verwendet worden (z. B. Buchstein und Nullmeier 2006; Crouch 2008; APUZ 2011; Nordmann et al.). Er ist zum populären Schlagwort avanciert, aus der Perspektive der Gesellschafts- und der Demokratietheorie mangelt es ihm jedoch an Schärfe und Aussagekraft. An späterer Stelle (vgl. Kapitel 3) werde ich mich mit diesem Terminus näher befassen, doch bereits hier möchte ich den von mir verwendeten Begriff der *postdemokratischen Wende* von dem populären Schlagwort deutlich abgrenzen. Ich habe meinen Begriff in Analogie zu meinem sehr viel älteren Konzept des *post-ecologist turn* gebildet – ein Begriff, der sich nicht ohne Weiteres übersetzen lässt, weil das Deutsche kein Äquivalent zu dem Adjektiv *ecologist* kennt (vgl. Blühdorn 1997, 2000, 2004b, 2007c; siehe auch Kapitel 5.2 in diesem Buch). Genau genommen, hatte ich in früheren Publikationen zunächst von einer *post-democratic revolution* gesprochen, um den Kontrast zur vorangegangenen *partizipatorischen Revolution* herauszustellen (vgl. Blühdorn 2004a, 2007b, 2007c). Dabei hatte ich den *post-ecologist turn* und die *post-democratic revolution* als zwei Manifestationsweisen des modernisierungsbedingten gesellschaftlichen Wertewandels verstanden. In Anlehnung an Ingleharts auf die Industrieländer der sechziger und siebziger Jahre bezogenen Begriff der »stillen Revolution« (Inglehart 1977) sollten beide zusammen eine Art *silent counter-revolution* seit den späten achtziger Jahren beschreiben (vgl. Blühdorn 2004b, 2007b, 2007c; zu dem Begriff vgl. auch Ignazi 1992). Ging es beim Begriff des *post-ecologism* darum, dass der modernisierungsbedingte Wertewandel seit den achtziger Jahren die normativen Grundlagen ökopolitischen Denkens fundamental verändert hat, so zielte der Begriff der *post-democratic revolution* auf die Auswirkungen desselben Modernisierungsprozesses im Bereich von Demokratie und Demokratisierung. Beide Dimensionen verdienen gleiche Aufmerksamkeit, denn Ökologie und Demokratie waren, wie gesagt, im Projekt der »neuen Politik« stets untrennbar miteinander verbunden. Und sowohl in Bezug auf die Ökologie als auch auf die Demokratie hat der fortlaufende modernisierungsbedingte Wertewandel die normativen Grundlagen in umfassender Weise neu konfiguriert.

Methodologisch steht die folgende Analyse also in der Tradition der Modernisierungstheorie. Ich nehme die These auf, dass die Demokratie, ebenso wie das Denken der politischen Ökologie, auf gewissermaßen *vormodernen* – im Sinne von *nicht zur Diskussion stehenden* – Grundlagen und Annahmen beruht, die der fortlaufende Modernisierungsprozess schrittweise auszehrt oder zersprengt. Dazu gehören die Norm des freien und selbstbestimmten Individuums, die nationalstaatliche Autonomie (der souveräne Nationalstaat), der nach außen begrenzte und nach innen integrierte Demos, das Prinzip der Volkssouveränität sowie das Kongruenzprinzip, nach dem die von einer politischen Entscheidung Betroffenen am Prozess der Entscheidungsfindung zu beteiligen sind. Ebenso wie das Denken der politischen Ökologie (*ecologism*) beruht auch die Demokratie also auf Grundlagen, die sie voraussetzt und selbst nicht (re)produzieren kann (vgl. Böckenförde 1967, 112). Genau diese Voraussetzungen aber werden vom Prozess der Modernisierung zersetzt. Die »Prozesslogik der gesellschaftlichen Moderne«, heißt es bei Greven, setzt sich »gegen die bisher als modern geltende Demokratie« durch, indem sie »die restmetaphysischen Aprioris« der Demokratie zerstört (Greven 2009a, 68). Dabei wird deutlich, dass zumindest die traditionell verstandene Demokratie entgegen ihrem eigenen Anspruch in Wahrheit nie wirklich modern gewesen ist und dass eine der vollentfalteten Moderne entsprechende Form der gesellschaftlichen Organisation erst noch gefunden werden muss. Genau dies ist die zentrale Denkfigur, die ich in etlichen früheren Arbeiten in Bezug auf die politische Ökologie ausgeführt habe.

So ist die in den folgenden Kapitel zu entfaltende Analyse also das demokratietheoretische Gegenstück zu dem, was ich an anderen Stellen zur ökologischen Theorie und Umweltpolitik vorgetragen habe. Den Begriff der *stillen Gegenrevolution* habe ich, weil er missverstanden werden könnte, inzwischen aufgegeben, und an die Stelle der *post-democratic revolution* habe ich den leiseren Begriff der postdemokratischen *Wende* gesetzt (vgl. Blühdorn 2006a, 2010b, 2011b, c). Die zugrunde liegende These bleibt jedoch unverändert: Heutige Konsumgesellschaften sind im Zuge des fortschreitenden Modernisierungsprozesses in eine neue Phase der Moderne eingetreten, die nicht nur im Hinblick auf den Umgang mit Themen der Ökologie, sondern auch hinsichtlich der Demokratie grundlegende Veränderungen mit sich bringt. Worin genau diese Veränderungen liegen, haben die Sozialwissenschaften einstweilen erst unzureichend erfasst – nicht zuletzt, weil sie in aller Regel von einem zu einfachen modernisierungstheoretischen Modell ausgehen. Tatsächlich sind die Sozialwissenschaften angesichts der gesellschaftlichen Differenzierung und der gleichzeitigen Expansion sozialer Systeme über alle territorialen Grenzen hinweg mit gesellschaftstheoretischen Beschreibungs- und Analyseansätzen überhaupt sehr vorsichtig geworden. Die Komplexität, Fragmentierung und Beschleunigung heutiger Gesellschaften legt es nahe, umfassende Gesellschafts- und Zeitdiagnosen dem Journalismus zu überlassen und sich stattdessen in pragmatischer Art und Weise auf die Untersuchung eng definierter und empirischen Methoden zugänglicher Fragestellungen zu konzentrieren. Ohnehin verlangt es so auch der Strukturwandel der Wissenschaftslandschaft, der von den Sozialwissenschaften Problemlösungsfähigkeit im Dienst ihrer Geldgeber verlangt. Sofern aber die Sozialwissenschaften überhaupt noch einen explizit gesellschafts- und modernisierungstheoretischen Ansatz verfolgen, werden gängigerweise zwei Phasen der Moderne unterschieden: In Anlehnung an Daniel Bell (1973) wird die *industrielle* der *postindustriellen* Gesellschaft gegenübergestellt; mit Ulrich Beck oder Anthony Giddens (Beck 1993; Beck et al. 1994) wird die *traditionelle* (erste, lineare) von der *reflexiven* (zweiten) Moderne unterschieden; oder mit Lyotard (1987, 2009) oder Welsch (1987) einfach die *Moderne* von der *Postmoderne*. Auch Ingleharts Unterscheidungen zwischen *Materialismus* und *Postmaterialismus*, *Sicherheitsorientierungen* und *Selbstverwirklichungsorientierungen* oder *traditioneller* und *neuer* Politik fügen sich in dieses Muster binärer Unterscheidungen.

Um den spezifischen Charakter demokratischer und ökologischer Politik in heutigen Wohlstandsdemokratien – gerade im Unterschied zum Projekt der neuen sozialen Bewegungen –

zu erfassen, ist es aber sinnvoll, von einem dreistufigen Modell der Modernisierung auszugehen. Die erste Phase wäre hierbei die traditionelle oder industrielle Moderne, in der Säkularisierung, das Aufblühen der Naturwissenschaften, die Entfaltung der industriellen Wirtschaft und der Aufbau leistungsfähiger Verwaltungsinstitutionen im Zentrum standen. Die zweite ist die postindustrielle Moderne, in der emanzipative und elitenkritische Orientierungen sowie expressive und identitätsbezogene Werte der Selbstbestimmung und Selbstverwirklichung herausragende Bedeutung bekamen. Die dritte und heute bestimmende Phase ist die systemzentrierte Moderne, in der nicht mehr das in der zweiten Moderne zu Zentralität gelangte Subjekt, sondern vor allem systemische Imperative und die sogenannten *systemrelevanten* Faktoren den Ton angeben. Auf der Grundlage dieser Dreiteilung kann man dann festhalten: Bei der *simulativen Politik* geht es konkret um Ökologie und Demokratie in der dritten Moderne. In der ersten Moderne waren in Bezug auf Natur und Umwelt die fortschreitende wissenschaftliche und technologische Herrschaft über die Naturgewalten und die industrielle Ausnutzung natürlicher Ressourcen bestimmend. Politisch bedeutete die erste Moderne den Durchbruch für die Demokratie (gegenüber dem Feudalismus), die allerdings noch deutlich elitenzentriert und autoritätsbezogen blieb. In der zweiten Moderne traten die Nebenwirkungen und Risiken der Ausbeutung der Natur verstärkt ins öffentliche Bewusstsein. Die Befreiung und der Schutz der verwalteten und überbeanspruchten Natur wurden zum zentralen Gegenstand der Umweltbewegung; die Emanzipation und Selbstverwirklichung des dem modernistischen Anspruch nach autonomen, tatsächlich aber als zunehmend entfremdet erlebten Individuums wurde zum Projekt der partizipatorischen Revolution. Für die dritte Moderne ist demgegenüber bezeichnend, dass sich die zuvor vorwiegend als einheitliche Entität und Gegenstück zur Zivilisation verstandene

Natur ausdifferenziert hat in eine Vielzahl sozial vermittelter Vorstellungen des Natürlichen, während sich die vorherrschenden Normen von Subjektivität und Identität über die nun zunehmend als unterkomplex und unflexibel empfundenen bürgerlichen Ideale des autonomen Subjekts und der einheitlichen und stabilen Identität hinausentwickelt haben. Für die Ökologie bedeutet der Zerfall des einheitlichen Naturbegriffs und kategorischer ökologischer Imperative, dass das Projekt der politischen Ökologie seine normative Grundlage verliert und umweltpolitisches Denken und Handeln sich grundsätzlich neu orientieren muss (*post-ecologist turn*). Für die Demokratie hingegen bedeutet das Aufweichen der bürgerlichen Vorstellung von Subjektivität und Identität, dass sich der eigentliche Bezugspunkt des demokratischen Projekts, seine normative Grundlage, verflüssigt. Auch die Demokratie verändert damit grundsätzlich ihren Charakter. Das modernisierungstheoretische Dreiphasenmodell lässt sich also schematisch wie in Schaubild 1.1 dargestellt zusammenfassen. Dabei ist natürlich mitzudenken, dass die vermeintlich sauber gegeneinander abgegrenzten Phasen tatsächlich ineinanderfließen.

Anders als in den Sozialwissenschaften heute üblich wird hier also bewusst ein gesellschaftstheoretischer Ansatz verfolgt, denn wenn die Sozialwissenschaften unter dem Druck der vielen zu lösenden Einzelprobleme und der von ihren Geldgebern gestellten Bedingungen das Feld der sinnstiftenden übergreifenden Erzählungen unbestellt lassen, werden sich dort schnell andere einfinden, die das Bedürfnis nach Orientierung auf ihre Weise bedienen. In der modernisierungstheoretischen Tradition von Lipset (1960) und Inglehart (1977, 1997) gehe ich zudem davon aus, dass die fortlaufende gesellschaftliche Entwicklung – gerade im Zeitalter der globalen Vernetzung – jenseits der individualistisch oder milieuspezifisch ausdifferenzierten Wertorientierungen und Interessenlagen übergeordnete Problemkonstellationen sowie Denk- und

Schaubild 1.1: Drei Phasen der Moderne

	erste Moderne	zweite Moderne	dritte Moderne
Ökologie	fortschreitende wissenschaftliche und technologische Herrschaft über die Naturgewalten; ökonomische Ausbeutung natürlicher Ressourcen	Beherrschung und Ausbeutung der Natur zeigt unerwartete Nebenwirkungen und erzeugt neue Risiken; Befreiung und Integrität der Natur werden gesellschaftlich wichtig; Umweltbewegung	Pluralisierung der Naturbegriffe und Ablösung der Natur durch das Naturalisierte zersetzen die normative Grundlage der radikalen Ökologie; *post-ecologist turn*
Demokratie	elitenzentrierter Aufbau von Verwaltung und Bürokratie; wissenschaftliche, technologische und wirtschaftliche Herrschafts-/Beherrschungsapparate; soziale Kontrolle, restriktive Normen	Beherrschung und fortschreitende Einengung des Individuums löst Selbstbestimmungs-/Selbstverwirklichungsforderungen aus; partizipatorische Revolution betont Autonomie und Emanzipation von Autoritäten	Flexibilisierung, Verflüchtigung des bürgerlichen identitären Subjekts zersetzt normative Grundlage der repräsentativen Demokratie; postdemokratische Wende
	Herrschaftspolitik; Autonomie für Eliten	**emanzipatorische Revolution; demokratisierte Autonomie**	**simulative Politik; simulierte Autonomie**

Handlungsmuster hervorbringt, die für die jeweilige Phase der Moderne charakteristisch sind – und zwar nicht nur in einzelnen Ländern, sondern in Gesellschaften des entsprechenden Modernisierungsstandes überhaupt. Modernisierungstheoretisch betrachtet, kann die »neue Politik« der sozialen Bewegungen dann als ein Phänomen der zweiten Moderne gesehen werden. Der *post-ecologist turn* und die postdemokratische Wende markieren demgegenüber den Übergang zur dritten Moderne, die sowohl in der Umweltpolitik als auch in der Demokratie Erscheinungsformen der *simulativen Politik* hervorbringt.

Die Besonderheit der gegenwärtigen Moderne und der für sie charakteristischen Politik könnte man nun noch deutlicher hervorheben, indem man speziell aus der Perspektive des »autonomen Subjekts« denkt, jener Norm also, die sich in der ersten Moderne herausgebildet hat und die in der zweiten dann mit Nachdruck politisch und lebensweltlich durchgesetzt werden sollte. Diese spezifisch modernistische Idee ist letztlich der normative Bezugspunkt sowohl der radikalen Ökologie, die der Natur den gleichen Autonomie- und Integritätsstatus zuerkennen will, wie das bürgerliche Individuum ihn für sich in Anspruch nimmt (vgl. Blühdorn 2000), als auch der radikalen Demokratie, die schließlich nie ein eigenwertiges Ziel, sondern immer nur Mittel zum Zweck der Verwirklichung ebendieses autonomen Subjektes war. Aus dieser engeren Perspektive könnte man das dargestellte Dreiphasenmodell dann in ein binäres Modell zurückübersetzen, in dem unterschieden wird zwischen der emanzipatorischen subjektzentrierten Moderne, die die ersten beiden Phasen des Dreistufenmodells umfasst, und der systemzentrierten, effizienzorientierten Moderne, die der dritten Phase entspricht (vgl. Blühdorn 2004a, 2007a). In der subjektzentrierten emanzipatorischen Moderne wurden und waren das Ideal des bürgerlichen Subjekts und die zugehörige Vorstellung von Identität politisch bestimmend. In der systemzentrierten und effizienzorientierten Moderne sind demgegenüber die systemischen Imperative und die bereits angesprochenen systemrelevanten Faktoren dominant. In der subjektzentrierten emanzipatorischen Moderne ging es ganz wesentlich um »demokratische Performanz«, die am Maßstab des autonomen Subjektes gemessenen wurde. In der systemzentrierten effizienten Moderne geht es vor allem – aber, wie in Kapitel 3 ausgeführt wird, keineswegs ausschließlich – um »systemische Performanz«, die am Maßstab der verselbständigten Effizienzidee bzw. der internationalen Wettbewerbsfähigkeit gemessen wird und der sowohl die demokratische Selbstbestimmung als auch das subjektive Bedürfnis nach Schutz und Sicherheit im Zweifelsfalle untergeordnet werden.

Der hier verfolgte gesellschaftstheoretische Ansatz kann also nicht nur als ein modernisierungstheoretischer, sondern noch enger als ein *subjekttheoretischer* Ansatz bestimmt werden. Was der Übergang von der subjektzentrierten Moderne zur systemzentrierten Moderne für die Ökologie bedeutet, habe ich, wie gesagt, an anderer Stelle ausführlich dargelegt: nämlich dass entscheidende normative Annahmen zerfallen, die vor allem in den Argumentationsmustern der radikalen politischen Ökologie sichtbar waren, die darüber hinaus aber auch in viel moderateren Strömungen der Umweltbewegung implizit geteilt wurden (Blühdorn 2000, 2004b, 2007c). Die nach dem *post-ecologist turn* hegemonial werdenden ökopolitischen Denk- und Handlungsmuster, die ich zunächst negativ als »post-ecologist politics« bezeichnet hatte, habe ich später positiv als die »politics of unsustainability«, das heißt als Politik der Nicht-Nachhaltigkeit (Blühdorn und Welsh 2008; Blühdorn 2011a, 2013), zu bestimmen versucht. Im gleichen Sinne geht es hier jetzt um die Transformation der Demokratie nach der Ablösung der subjektzentrierten Moderne. Was in negativen Begriffen zunächst als Postdemokratie beschrieben werden könnte, soll in positiven Begriffen als *New Politics 2.0* und vor allem als simulative Demokratie bezeichnet werden. Ebenso wie *ecologism* auf der modernistischen Idee des identischen Subjekts aufbaute und mit dem Übergang zur systemzentrierten Moderne von neuen Wert-, Denk- und Handlungsmustern verdrängt wurde, trifft dies nämlich auch für den von den sozialen Bewegungen emphatisch erneuerten Begriff der (Basis-)Demokratie (»neue Politik«) zu. So wie »post-ecologist politics« eigentlich nur als schwacher Zwischenbegriff taugt, gilt dies auch für den Begriff der Postdemokratie. Und so wie für die Politik der Nicht-Nachhaltigkeit die Inszenierung (simulative Reproduktion) von »ecologist«-Normen charakteristisch ist, ist auch für die simulative Demokratie die performatorische Stabilisierung demokratischer Normen und Handlungsmuster kennzeichnend. Das Feld der hier zueinander in Beziehung gesetzten Hauptbegriffe wird in Schaubild 1.2 schematisch dargestellt.

Schaubild 1.2: Begriffliches Instrumentarium

<table>
<tr><td rowspan="5">progressiv-emanzipatorisch</td><td colspan="2">subjektzentrierte emanzipatorische Moderne</td><td colspan="2">systemzentrierte effiziente Moderne</td><td rowspan="5">reaktionär-repressiv</td></tr>
<tr><td>Ausgangsbegriff</td><td>Transformation, Metamorphose</td><td>schwacher Zwischenbegriff</td><td>Neubestimmung durch Zentralmerkmal</td></tr>
<tr><td>politische Ökologie (ecologism)</td><td>post-ecologist turn</td><td>post-ecologism</td><td>politics of unsustainability</td></tr>
<tr><td>Basisdemokratie</td><td>postdemokratische Wende</td><td>Postdemokratie</td><td>simulative Demokratie</td></tr>
<tr><td colspan="4">⟶ Modernisierung ⟶</td></tr>
</table>

1.5 Fahrplan

Die folgenden Kapitel fügen also erstmalig zusammen und führen systematisch aus, was ich an verschiedenen Stellen zu Einzelaspekten der modernen Umweltpolitik, der umweltpolitischen Theorie, zu Entwicklungstendenzen der emanzipatorischen »neuen Politik«, sowie zur Demokratietheorie angesprochen habe. Dabei geht es nicht darum, dies sei noch einmal betont, in das Klagelied über den vielerseits empfundenen Verfall der Demokratie einzustimmen, die Erinnerung an ein vermeintliches Goldenes Zeitalter der partizipatorischen Revolution zu beschwören und normativ die Einlösung demokratischer Versprechen einzufordern. Bereits bei der Analyse der *post-ecologist politics* hatte ich einen Ansatz verfolgt, der die normativen Grundlagen der in der kritisch-linken Tradition stehenden Umweltliteratur zwar heimlich teilt, aber doch metakritisch unter die Lupe nimmt. Dieses Verfahren behalte ich hier bei. Ebenso wie mir die Ansätze der umweltbewegten Literatur zwar politisch sympathisch, gesellschaftstheoretisch aber wenig plausibel erschienen, gilt dies auch für die Ansätze der Vorkämpfer für mehr Demokratie. Zwar teile ich grundsätzlich ihre politischen Werte, doch hege ich den Verdacht, dass auch im demokratiepolitischen Bereich die Klage über große Versäumnisse, das Bekenntnis zu den bisher nicht eingelösten Normen und die Artikulation von entschiedenem Veränderungswillen den Status Quo, gegen den sie sich empört aussprechen, möglicherweise eher befestigen, als dass sie ihn wirklich verändern. Was ich mit dem Begriff der simulativen Demokratie biete, ist also keine normative Leitidee, die an die Stelle eines erschöpften Demokratieverständnisses treten könnte oder soll, sondern eine im Sinne von Weber, Schumpeter, Bobbio oder Zolo *realistische* Demokratietheorie, die mit einem analytisch-deskriptiven Ansatz versucht, *zu fassen, was ist*, nicht *zu sagen, was sein soll.*

In der drittmittelabhängigen sozialwissenschaftlichen Forschung gibt es einen fatalen Zwang, konkrete Politikvorschläge anzubieten. Solche Vorschläge tragen nicht nur zur Rechtfertigung (und Finanzierung) der Wissenschaft bei, sondern sie erzeugen vor allem das gute Gefühl, dass die festgestellten drängenden Probleme ernst genommen werden und lösbar sind – ein Gefühl, das sich staatliche und private Drittmittelgeber durchaus einiges kosten lassen. Auf Therapievorschläge wird hier jedoch weitgehend verzichtet, denn erstens gehe ich davon aus, dass es an Rettungsvorschlägen und -versuchen (ebenso wie in der modernen Umweltpolitik) nicht fehlt – wobei die Demokratie ohnehin nicht *per se* vor dem Untergang steht. Zweitens gilt weiterhin, was Claus Offe bereits Ende der siebziger Jahre bemerkte, dass nämlich »von irgendwelcher theoretisch begründeter Gewissheit«, dass sich die in der einschlägigen Literatur benannten »Krisenursachen in den Griff bekommen ließen bzw. die angebotenen Abhilfen als kausale Therapien erweisen würden«, keine Rede sein kann (Offe 1979, 311). Drittens bringen »viele Vorschläge zur Demokratiereform«, wie Arthur Benz richtig bemerkt, tatsächlich »mehr Schaden als Nutzen«, »statt einfacher Reformmodelle wird zunächst eine Aufklärung der Demokratietheorie« benötigt (Benz 2010, 65). »Vorschnelle Antworten und Aktionismus«, heißt es auch in der bereits zitierten Studie der Bertelsmann-Stiftung, »sind hier fehl am Platz.« Vielmehr erscheint es dringend angebracht, »zunächst eine sorgfältige Diagnose des Zustands unserer Demokratie durchzuführen« (Bertelsmann 2004, 8). Genau das ist es, worum es hier geht. Der strategische Verzicht auf Therapievorschläge bedeutet allerdings ausdrücklich weder eine normative Anerkennung der bestehenden Verhältnisse noch impliziert er, dass die festgestellten Entwicklungstendenzen grundsätzlich unveränderbar wären.

Der Begriff der postdemokratischen Wende wird in Kapitel 3 weiter entfaltet. Dabei wird zunächst der sowohl in der Literatur als auch in der öffentlichen Diskussion gängige Begriff der Postdemokratie, wie Colin Crouch ihn populär gemacht hat, kritisch beleuchtet, dann das soziologisch sehr viel stärkere Konzept der postdemokratischen Wende entwickelt und schließlich das bereits angesprochene demokratische Paradox speziell aus dieser Perspektive als *postdemokratisches*

Paradox neu bestimmt. Darauf aufbauend, entwickelt Kapitel 4 den Begriff der »neuen Politik« für die postdemokratische Konstellation: *New Politics 2.0*. Nach einer Abgrenzung dieser als *simulative Demokratie* bezeichneten Politik gegen den bereits seit den sechziger Jahren in kritischer Absicht verwendeten Begriff der *symbolischen Politik* wird untersucht, wie im Licht der postdemokratischen Wende zentrale Kategorien der Demokratie – Partizipation, Repräsentation, Legitimation – ihre Bedeutung verändern und wie diese Normen entsprechend den spezifisch postdemokratischen Bedingungen neu konfiguriert werden. Die dreidimensionale Frage nach der Zukunftsfähigkeit der Demokratie wird im Schlusskapitel wieder aufgenommen, wobei vor allem der These, die Demokratie könne zum zentralen Mittel einer Politik der Nicht-Nachhaltigkeit mutieren, besondere Aufmerksamkeit gilt. Im nun unmittelbar folgenden Kapitel soll aber zunächst die Gegenposition zur einführend besprochenen Feststellung von der Krise der Demokratie zu Wort kommen. Immerhin gibt es nicht nur von Seiten der Politik und im öffentlichen Diskurs, sondern auch in der einschlägigen sozialwissenschaftlichen Literatur zahlreiche Stimmen, die das verbreitete Lamento über eine grundlegende Krise der Demokratie für unbegründet halten. Bei diesen Beobachtern bestimmt nach wie vor demokratischer Optimismus den Ton, und es besteht weiterhin tiefes Vertrauen in die progressive Kraft der Demokratisierung.

2. Die Gegenposition: Demokratischer Optimismus

Die im einleitenden Kapitel nachgezeichnete Diagnose der Krise und Erschöpfung der Demokratie ist verbreitet und besorgniserregend, aber keineswegs unumstritten. Negativbotschaften haben stets höheren Aufregungswert und bessere Vermarktungsperspektiven als vorsichtige und differenziertere Beurteilungen. Schon allein um die Dramatisierungsfalle zu vermeiden, ist es daher ratsam, der Darstellung und Diskussion der Gegenperspektive breiten Raum zu geben. Darüber hinaus werden aber auch die Notwendigkeit und der Nutzen einer grundsätzlich neuen Theoretisierung der Demokratie in fortgeschritten modernen Wohlstandsgesellschaften erst dann richtig deutlich, wenn die Grenzen sowohl der Erzählung von der Krise der Demokratie als auch die des gegenteiligen Narrativs von ihrer Lebendigkeit und Innovationskraft voll ausgeleuchtet werden. Tatsächlich kann der Aufstand der *Wutbürger* ja auch als positives Zeichen für die Demokratie gewertet werden: So viel Beteiligung und Engagement war schon lange nicht mehr! Die Renaissance der Protestbewegungen scheint die Klagen über Entpolitisierung und Bürgerapathie unmittelbar zu widerlegen. Die Menschen scheinen sich um sich und ihre Zukunft sehr wohl zu sorgen und sich entsprechend zu engagieren. War noch Anfang der nuller Jahre verbreitet vom bevorstehenden Ende der grünen Protest- und Bewegungspartei die Rede (z.B. Ditfurth 2000; Raschke 2001; Fuchs 2005; Richter et al. 2007), scheint die elektorale Entwicklung der Grünen – und auch der zwischenzeitliche Erfolg der Piraten – in die entgegengesetzte Richtung zu zeigen, auf die Erschöpfung der »neuen Politik« jedenfalls nicht. Im Gegenteil: Direktdemokratische Mittel wie Volksbegehren und Volksentscheide werden immer populärer und sind, zumindest in Deutschland, inzwischen flächendeckend in allen Landesverfassungen verankert. Die wiedererstarkte Anti-Atomkraftbewegung erzwang eine Kehrtwende in Merkels Atompolitik. In Baden-Württemberg regiert seit dem Frühjahr 2011 der erste grüne Ministerpräsident. Und die Gründungsforderung von Attac, die Finanztransaktionssteuer (Tobin-Steuer), wird auf EU-Ebene mittlerweile von vielen Seiten befürwortet.

Bereits die älteren Debatten um die sogenannte Politik-, Politiker- und Parteienverdrossenheit wurden in Teilen der Sozialwissenschaften mit einiger Skepsis betrachtet, ließen diese eher journalistischen Begriffe doch unklar, was genau sie eigentlich bezeichnen, auf welche sozialen Gruppen sie sich beziehen, was die Ursachen der entsprechenden Phänomene sind und welche Interessen diejenigen verfolgen, die solche Begriffe verwenden. Was für die Medien einigen Aufregungswert hatte, erschien manchem Sozialwissenschaftler eher als eine zu erwartende Normalisierung. Die Vertreter dieser Normalisierungstheorie gehen davon aus, dass »bei stabilen Verhältnissen über einen längeren Zeitraum, bei Vertrauen in das politische System und seine Institutionen und einer allgemeinen Zufriedenheit mit der Funktionsweise des Systems« (Roth und Hoffmann-Jaberg 1994, 133 f.) ein relativ niedriges Niveau der Wahlbeteiligung und sonstigen politischen Aktivität völlig normal, zu erwarten und unbedenklich ist. Bereits in den fünfziger Jahren hatten einige Beobachter gesagt, ein gewisses Maß an politischer Apathie sei sogar durchaus nützlich und wirke systemstabilisierend, da es den politischen Verantwortungsträgern erlaube, ihre Aufgaben ungestörter und zielgerichteter zu erledigen (z. B. Berelson et al. 1954, 316). Wie im ersten Kapitel ausgeführt, hielt ja bereits Schumpeter eine gewisse »demokratische Selbstkontrolle« und eine Enthaltung von der Versuchung des »Hineinregierens« sogar für eine »Vorbedingung für einen Erfolg der Demokratie«.

Ähnliche Skepsis ist von einigen Seiten daher auch der neueren Diskussion um die angebliche Repräsentationskrise und Demokratieverdrossenheit entgegengebracht worden. Von einer solchen Krise, behaupten zum Beispiel Bernhard Weßels oder Ulrich Sarcinelli, könne überhaupt keine Rede sein (vgl. Weßels 2009; Sarcinelli 2011). »Der *Wutbürger* à la Kurbjuweit«; die These, die Bürger hätten das Vertrauen in die Demokratie und darüber hinaus vielleicht sogar in die Politik überhaupt verloren, sei »eine Chimäre« (Stürmer 2011, 13). Solche skeptischen Aussagen können sich durchaus auf empirische Untersuchungen stützen: Laut der bereits erwähnten Bertelsmann-Studie bekundeten mehr als die Hälfte der Befragten starkes oder sogar sehr starkes Interesse an der Politik, und deutlich mehr als zwei Drittel halten die Demokratie für die beste Staatsform. Dem »Unmut über Parteien, politische Akteure und sonstige Führungskräfte sowie der Unzufriedenheit mit dem aktuellen Politikoutput« stehe ein »hohes Politikinteresse, eine generell hohe Systemakzeptanz« gegenüber (Bertelsmann 2004, 13). »Selbst wenn die aktuelle politische Stimmung von heftiger Kritik an politischen Institutionen, den Leistungsträgern und am gesamten Systemoutput überlagert wird«, impliziere dieser verbreitete Unmut »keinesfalls generelle Distanz gegenüber dem politischen System oder gar eine Entfremdung zwischen Staat und Bürgergesellschaft« (15). Trotz aller Klagen über demokratische Defizite werde »die Demokratie als optimale Staatsform nicht in Frage gestellt« (ebd.). Sogar bei den jungen Menschen im Alter von 15 bis 24 Jahren, deren Einstellungen oftmals als Indikator für sich abzeichnende gesamtgesellschaftliche Entwicklungstrends verstanden werden, habe sich das Interesse an Politik seit einem Tiefpunkt Anfang der nuller Jahre inzwischen wieder deutlich erhöht. Etwa 40 Prozent der Befragten bezeichneten 2010 ihre Bereitschaft zur Beteiligung an politischen Aktivitäten als hoch oder sehr hoch. Und über 80 Prozent hielten die Demokratie für eine gute Staatsform (Shell 2010, 129-164).

Gestützt auf solche Befunde, stellen viele Beobachter fest, dass nicht nur in Deutschland, sondern »in vielen westlichen Demokratien« das Interesse an politischen Fragen in den letzten Jahrzehnten »deutlich zugenommen« habe und ein genereller Trend der Politikverdrossenheit »nicht diagnostiziert werden« könne (Schaal 2010, 6). Bereits in den neunziger Jahren hatten Ulrich Beck oder auch Chantal Mouffe daher von der *Erfindung des Politischen* (Beck 1997) oder vom *Return of the Political* (Mouffe 1993) gesprochen, nicht von dessen *Ende* (Boggs 2000) oder *Verschwinden* (Fach 2008). In den frühen nuller Jahren war dann bei Lipset und Lakin von einem heraufziehenden »demokratischen Jahrhundert« die Rede (Lipset und Lakin 2004). Und der sogenannte »Arabische Frühling« ist in den Medien immer wieder als Zeichen dafür gewertet worden, dass die Zeit der Entwicklungsdiktaturen nun auch im arabischen Raum ihrem Ende zuneige. Nach der »dritten Welle« der Demokratisierung (Huntington 1991), die zunächst Südeuropa, dann Lateinamerika und schließlich Osteuropa erfasst hatte, scheint nunmehr eine vierte Welle angerollt zu sein. Zwar stellte Freedom House weltweit einen leichten Rückgang der Zahl demokratisch verfasster Länder fest (2011 waren es 45 Prozent aller Staaten, 2007 noch 47 Prozent) und beobachtet in mehr Staaten einen Abbau demokratischer Rechte und Freiheiten als einen Zugewinn (26 gegenüber 12), aber selbst angesichts der Finanz- und Schuldenkrise blieb die Organisation 2011 und 2012 optimistisch: Sogar in den Ländern, die am stärksten betroffen waren, habe die Krise »keine Trendwende in Bezug auf die Einstellungen gegenüber den demokratischen Institutionen ausgelöst« (Freedom House 2011, 10). Und auch in autoritär regierten Ländern hätte die andauernde Repression es nicht geschafft, den »Geist des demokratischen Widerstands« zu zerstören (ebd.).

Gesellschaftstheoretische Schützenhilfe erhalten solche Positionen des demokratischen Optimismus vor allem von den Vertretern der klassischen Modernisierungstheorie, nach der Modernisierung und Demokratisierung fest miteinander verbunden sind und der gesellschaftliche Fortschritt die Bedingungen für die Demokratie kontinuierlich verbessert. Bereits Ende der fünfziger Jahre hatte Lipset in einem epochemachenden Aufsatz die These aufgestellt: »[J]e besser es einer Nation ökonomisch geht, desto größer ist die Wahrscheinlichkeit, dass die Demokratie dort dauerhaft Fuß fasst« (Lipset 1959, 75). Lipset verstand Modernisierung vor allem aus der ökonomischen Perspektive. Die mit der wirtschaftlichen Entwicklung einhergehende Industrialisierung, Urbanisierung, Bildungsexpansion etc., so sein Argument, veränderten die sozialen Bedingungen in einer Weise, die insgesamt der Demokratie förderlich sei. Zudem mache die Modernisierung die Gesellschaft empfänglicher für Normen und Werte der Toleranz, der friedlichen Konfliktlösung und der ideologischen Mäßigung (83 f.). Überdies verringere die wirtschaftliche Entwicklung die Einkommensunterschiede, begünstige die Herausbildung einer starken Mittelklasse und mäßige soziale Spannungen. Zusammen bildeten diese verschiedenen Dimensionen der Modernisierung für Lipset »einen wesentlichen Faktor, dessen politisches Korrelat die Demokratie« sei (Lipset 1960, 41).

Ronald Inglehart und andere entwickelten diese noch vor allem auf die wirtschaftliche Entwicklung fokussierte Modernisierungstheorie weiter zu einer Theorie des kulturellen Wandels. In noch eher ökonomisch orientierter Art und Weise sprach Inglehart zunächst vom »postmaterialistischen Wertewandel«, der vom Modernisierungsprozess ausgelöst werde und die Demokratisierung kontinuierlich voranbringe (Inglehart 1971, 1977, 1997). Nicht zuletzt um das Missverständnis auszuräumen, dass moderne Gesellschaften nicht mehr materialistisch wären, sprach er in jüngerer Zeit dann eher von einer Verschiebung der gesellschaftlichen Prioritäten von den sogenannten »survival values«, zu denen er die verschiedenen Aspekte der materiellen Grundversorgung zählt, zu den »values of self-expression«, die um die Emanzipation des Individuums und die Verwirklichung seiner Identität kreisen (Inglehart und Welzel 2005; Inglehart 2007, 2008). Anders als bei Lipset ist für Inglehart also nicht primär die wirtschaftliche Entwicklung, sondern vielmehr der *Kulturwandel* in modernen Gesellschaften entscheidend für die nachhaltige Demokratisierung. In einem Aufsatz aus dem Jahre 1988 betont er: »Ökonomische Faktoren sind ohne Frage von politischer Bedeutung, aber sie sind nur ein Teil der Geschichte« (Inglehart 1988, 1203). Zwar hält auch Inglehart die materielle Absicherung der Bürger – gerade auch durch den zunehmend ausgebauten Wohlfahrtsstaat – gegen die Risiken der Krankheit, des Alters, der Arbeitslosigkeit etc. für eine wichtige Vorbedingung einer florierenden Demokratie. Am Ende sind es für ihn aber erst die neuen Wertorientierungen, die sich auf der Grundlage dieser Sicherheit herausbilden, die eine nachhaltige Demokratie ermöglichen. Sie bedeuten einen umfassenden Kulturwandel und schaffen das soziale Kapital und die kulturellen Ressourcen, ohne die Demokratie nicht dauerhaft funktionieren kann (vgl. auch Almond und Verba 1963).

Wie bereits Lipset hebt auch Inglehart den Ausbau des Bildungssystems, die verbesserte Verfügbarkeit von Information, die Verbreitung neuer Kommunikationstechnologien und das Entstehen einer breiten Mittelklasse als weitere demokratierelevante Faktoren hervor. Von herausragender Bedeutung für die Entwicklung der Demokratie sind nach seiner Analyse allerdings gerade der *postindustrielle* Strukturwandel und die *Postmodernisierung* moderner Gesellschaften. Dieses Phänomen, das Daniel Bell Anfang der Siebziger theoretisch aufgearbeitet hatte (Bell 1973), war für Lipset noch nicht klar erkennbar gewesen. Erst der Strukturwandel zur postindustriellen Gesellschaft, so Inglehart, brachte mit dem raschen Wachstum des Dienstleistungssektors sowohl die Bildungsrevolution als auch den Übergang zur Informations- und Kommunikationsgesellschaft richtig in Schwung. Mit der Postindustrialisierung wurden die Bürger intellektuell unabhängiger und selbstbewusster. Ihre Fähigkeiten zur Informationsbeschaffung, Artikulation und Organisation verbesserten sich schnell. Gleichzeitig rückte die Postmodernisierung die Selbstbestimmung des Individuums immer bedingungsloser ins Zentrum des Interesses. Während die industrielle Moderne noch eliten- und autoritätsorientiert war und auf Zentralisierung und fordistische Standardisierung setzte, schaffe die weiter ausdifferenzierte und auf individuelle Selbstverwirklichung drängende postindustriell-postmoderne Gesellschaft noch viel günstigere Bedingungen für die Demokratie. Traditionelle Wertorientierungen, die auf Ordnung, Sicherheit, Autorität, die Einhaltung von Konventionen und Konformität geachtet hatten, würden, so Inglehart, von neuen Orientierungen abgelöst, die persönliche Unabhängigkeit und Eigenständigkeit betonen. Vorgegebene gesellschaftliche Normen wichen selbstgewählten Lebensstilen und selbstbestimmten Formen der Identität (Inglehart 1997, 15, 28). Speziell im Bereich des Politischen führe diese Postmodernisierung dazu, dass Politiker es mit erheblich selbstbewussteren und anspruchsvolleren Bürgern zu tun hätten und sich an wesentlich strengeren Maßstäben messen lassen müssten (297f.). Insgesamt erhöhe die fortschreitende Modernisierung die Wahrscheinlichkeit, »dass die Demokratie sich dort durchsetzt, wo sie heute noch nicht Fuß gefasst hat, und dass sie dort, wo sie bereits existiert, stärker und direkter wird« (Inglehart und Welzel 2005, 15).

Mit ihrer Theorie des demokratischen Kulturwandels stellen sich die Vertreter der Modernisierungstheorie also direkt gegen die Prognosen eines unabwendbaren Endes der Demokratie (vgl. Zolo 1992; Guéhenno 1993; Keane 2009) und auch gegen all diejenigen, die in der Tradition von Rousseau und Marx über Weber und Adorno bis hin zu Zygmunt Bauman behaupten, die fortschreitende Modernisierung werde nicht Freiheit und Selbstbestimmung, sondern stattdessen immer mehr Verdinglichung, Verwaltung und Kontrolle mit sich bringen. Diese modernisierungskritischen Autoren haben seit je befürchtet, die moderne Bürokratie, der Staat, die Wirtschaft und die Technologie würden die Menschen immer vollständiger und auswegloser in einen *eisernen Käfig* (Weber) einschließen. Der sogenannte Fortschritt entfremde die Menschen in Wahrheit immer weiter vom modernistischen Ideal des freien und selbstbestimmten Subjekts und zerstöre am Ende vollständig jede Individualität. Jenseits des Niedergangs des Individuums sagt diese kritische Tradition auch den Zerfall des sozialen Zusammenhalts schon seit Langem vorher. Die Modernisierung löse traditionelle Werte und soziale Bindungen auf, führe zu Vereinzelung und Sinnverlust und kulminiere letztlich unvermeidbar im Ende der Demokratie. Robert Putnam, zum Beispiel, hat in *Bowling Alone* (Putnam 2000) die Auszehrung des sozialen Kapitals beschrieben, das die unverzichtbare Grundlage jeder funktionierenden Demokratie sei. Niedrige Wahlbeteiligung und sinkende Mitgliederzahlen bei politischen Parteien waren für ihn nur die sichtbarsten Anzeichen einer viel tiefer greifenden »Absetzbewegung vom Leben in gemeinschaftlichen Zusammenhängen« (Putnam 2000, 35). Der Rückzug aus Kirchen und Vereinen zerstöre die soziale Bindungsfähigkeit der Menschen, ihr Gemeinschaftsbewusstsein und die gesamtgesellschaftliche Solidarität. Vielfältige Formen des antisozialen Verhaltens seien die unvermeidbare Folge der Erosion des Vertrauens in gesellschaftliche Institutionen (vgl. auch Fukuyama 2000; Boggs 2000). Nach dem Ende der Demokratie bleibt aus dieser Sicht letztlich nur die autoritäre Herrschaft technokratischer Eliten, die entweder vermeintlich alternativlose Systemzwänge zu implementieren behaupten oder einfach ganz offen ihre ökonomischen Privatinteressen durchsetzen (vgl. Wolin 2008).

All dies jedoch weisen die Theoretiker des demokratischen Kulturwandels entschieden zurück. Das Sozialkapital verfalle nicht, argumentieren Inglehart und Welzel, sondern es bildeten sich lediglich *neue Formen* von Sozialkapital heraus (Inglehart und Welzel 2005, 116). Statt technokratisch-autoritärer Herrschaftsformen entfalte sich im Zuge des modernisierungsbedingten Strukturwandels die nicht aufzuhaltende »human development sequence« oder sogar das »human development *syndrome*« (4; Hervorhebung hinzugefügt), das demokratische Strukturen immer weiter vertiefe und verfestige. Der fortschreitende Wertewandel in postindustriellen Gesellschaften mache die Demokratie eben immer »stärker und direkter« (15). Statt einer lediglich »elektoralen Demokratie« bilde sich schrittweise eine Demokratie heraus, »die wirklich auf die Interessen der Menschen eingeht« (21). Die Bürger würden immer informierter, artikulationsfähiger und organisationsfähiger, die Zivilgesellschaft immer stärker und handlungsfähiger und die Politik immer partizipativer, so dass sie »immer weniger nur ein exklusives Spiel von Eliten sei, die sich nur in Wahlkampfzeiten für die Belange der Menschen interessieren« (ebd.). Das traditionelle Bürgerschaftsverständnis, das die Menschen zur Einhaltung ihrer Bürgerpflichten ermahnt – »duty-based citizenship« –, so argumentiert auch Russell Dalton, sei bereits weitgehend abgelöst worden von der moderneren Form der »engaged citizenship« (Dalton 2008a). Die Bürger entschieden jetzt selbst, wo und wie sie sich einsetzen. Und gerade weil die Formen der politischen Artikulation und Partizipation nicht mehr von Traditionen, sozialer Schichtzugehörigkeit, Konfession, Ideologien oder etablierten Organisationen vorgegeben sind, sei das bürgerschaftliche Engagement heute authentischer, intensiver und wirkungsvoller denn je. Die Bürger engagierten sich unmittelbar für ihre eigenen Werte und nach Maßgabe ihrer eigenen kritischen Überlegung. Dabei bildeten sich völlig neuartige Konfliktlinien und Akteursallianzen heraus. Insgesamt werde die Politik dadurch produktiver, responsiver und demokratischer. In Schaubild 2.1 werden wesentliche Merkmale der neuen *postfordistischen* Politik, die sich nach Ansicht der Modernisierungstheoretiker im Zuge der Postmodernisierung und Postindustrialisierung entfaltet, festgehalten und der älteren, für die industrielle Moderne charakteristischen *fordistischen* Demokratie gegenübergestellt.

Schaubild 2.1: Modernisierung und Demokratisierung

industrielle Moderne fordistische Politik	**postindustrielle Moderne** postfordistische Politik
repräsentative Demokratie	direkte(re) Demokratie
hierarchisch	partizipatorisch
zentralisiert	dezentralisiert
elitenbestimmt	zivilgesellschaftlich bestimmt
ideologisch	themenzentriert
angebotsorientiert	nachfrageorientiert
organisiert über die Parteien	organisiert über flexible Akteursnetzwerke
materialistisch/sicherheitsorientiert	postmaterialistisch/identitätsorientiert
Beherrschung/Verwaltung des Bürgers als Objekt	Ermächtigung/Selbstbestimmung des Bürgers als Subjekt

Der entscheidende Wandel, der sich in der Politik derzeit vollzieht, ist nach dieser Lesart also der von der bloß repräsentativen zu einer authentischen und direkten Demokratie. Im Zuge der fortschreitenden gesellschaftlichen Modernisierung und der Entwicklung neuer Wertorientierungen verwandelt sich die bisher bestenfalls formal demokratische Ordnung – mit Robert Dahl (1972) könnte man auch sagen: die bisherige *Polyarchie* – aus dieser Perspektive schrittweise in eine echte Demokratie. *Government* wird zu *governance*. Moderne Bürger, schrieb Richard Morris schon Ende der neunziger Jahre, »wollen den Laden selbst schmeißen und haben wenig Geduld für die vielseitigen Vermittlungsprozesse, die zwischen ihren persönlichen Ansichten und der offiziellen Politik stehen« (Morris 1999, 1). Moderne Gesellschaften kommen damit dem Ideal der Demokratie angeblich immer näher. Die Moderne selbst, so die Überlegung, hat das Ideal des freien und selbstbestimmten Bürgers installiert, der Anspruch darauf erhebt, ein für sich selbst entscheidendes Subjekt zu sein, nicht bloß ein Objekt fremder Entscheidungen. Der Prozess der Modernisierung war dann stets ein Prozess der schrittweisen Verwirklichung dieses Ideals, und die Demokratisierung war immer das zentrale politische Mittel im Kampf für die Emanzipation des Subjekts. Auf diese Verbindung zwischen Modernisierung, Emanzipation und Demokratisierung war, so die Vertreter der Modernisierungstheorie, bis heute stets Verlass. Gerade der Strukturwandel zur postindustriellen Gesellschaft habe der Demokratisierung erneut erheblichen Schwung verliehen, und da der Trend zur Postindustrialisierung und Postmodernisierung ungebrochen anhalte, gebe es auch keinen Grund zu der Befürchtung, dass das »human development syndrome« etwa an Kraft oder Dynamik verlieren könnte.

2.2 Nachhaltige Demokratie

Empirische Erhebungen scheinen diese Auffassung zu bestätigen. Sie zeigen, wie oben bereits angedeutet, immer wieder, dass demokratische Werte sich trotz aller Unzufriedenheit mit dem realen Funktionieren der bestehenden politischen Institutionen nach wie vor wachsender gesellschaftlicher Zustimmung erfreuen (vgl. auch Dalton 2004, 191). Als wichtiger Indikator dafür, dass sich die Bedingungen für eine authentische und nachhaltige Demokratie auch in Zukunft weiter verbessern werden, gilt den Modernisierungstheoretikern, dass sich in den zurückliegenden Jahrzehnten das Spektrum der politischen Beteiligungsformen kontinuierlich erweitert hat. Die Behauptung der Politik- oder gar Demokratieverdrossenheit ist für sie nicht nur dadurch widerlegt, dass laut empirischen Umfragen das Interesse der Bürger an Politik deutlich zugenommen hat, sondern vor allem dadurch, dass sich jenseits der traditionellen Partizipationsformen wie Parteimitgliedschaft oder der Beteiligung an Wahlen eine Vielfalt neuer Artikulationsformen herausgebildet hat. Gleichzeitig sei das politische System in westlichen Demokratien deutlich offener geworden, so dass die neu entstehenden Beteiligungsformen auch eine spürbare Wirkung entfalten könnten. Institutionelle Reformen, betont zum Beispiel Dalton, hätten den heutigen Bürgern erheblich mehr Zugang zum politischen Prozess und mehr Partizipationsmöglichkeiten verschafft, als frühere Generationen sie je gehabt hätten (Dalton et al. 2003, 256). Anfang der nuller Jahre schätzten laut der Bertelsmann-Studie von 2004 die Bundesbürger »ihre Möglichkeiten, sich politisch einzubringen, im Vergleich fast doppelt so hoch ein wie noch 1994« (Bertelsmann 2004, 132). Zwar sehe »immer noch eine klare Mehrheit nur schwache oder mäßige Beteiligungsmöglichkeiten« (ebd.), aber gerade die Bandbreite der informellen Formen der Partizipation sei größer denn je, und »die Potenziale der aktiven Gestaltung demokratisch verfasster Gesellschaften« seien »noch lange nicht erschöpft« (27f.).

Wer über politische Apathie und Demokratieverdrossenheit klagt, unterschätzt nach Ansicht der demokratischen Optimisten also die Bedeutung neuer informeller Beteiligungsformen. Ende der siebziger Jahre bereits hatten Samuel Barnes und Max Kaase (1979) in einer vergleichenden Studie festgestellt, dass Formen der unkonventionellen politischen Partizipation sich in westlichen Demokratien schnell verbreiten. Inzwischen gehören die neuen Beteiligungsformen in praktisch allen Teilen der Gesellschaft zum normalen Repertoire der politischen Artikulation (Dalton 2008a). Zwar ist die Bedeutung traditioneller Formen der Beteiligung ebenso wie die Bereitschaft der Bürger, ein politisches Amt zu übernehmen, seit Langem rückläufig, aber alternative Formen der Beteiligung, so das Argument, gleichen diesen Trend problemlos aus. Und wenn man die neuen Formen der sozialen Interaktion und des bürgerschaftlichen Engagements angemessen berücksichtige, so könne weder von politischer Apathie noch von einer Erosion des Sozialkapitals oder einer Krise der Demokratie die Rede sein. Im Gegenteil seien diese quantitativen und qualitativen Verschiebungen in den gängigen Partizipationsmustern ein starker Beweis für die »große Flexibilität demokratischer Systeme« und für ihre Fähigkeit, »sich an sich wandelnde gesellschaftliche Bedingungen anzupassen« (Dalton und Klingemann 2007, 14 f.).

Tatsächlich deuten die demokratischen Optimisten sogar sonst oftmals als Krisensymptome interpretierte Phänomene wie die abnehmende Parteienidentifikation oder das sinkende Institutionenvertrauen noch als Ausdruck einer Stärkung der Demokratie. Denn neue Beteiligungsformen in Bürgerinitiativen, Bewegungen, Selbsthilfegruppen, Umweltverbänden, Menschenrechtsorganisationen etc., so ihr Argument, erweitern nicht nur das Repertoire politischer Artikulation, sondern verändern auch die Qualität der Demokratie. Während die traditionellen Partizipationsformen der repräsentativen Demokratie im Wesentlichen noch zentralistisch und elitenorientiert waren und vorgegebenen Mustern folgten, seien die heutigen

Formen sehr viel selbstbestimmter, »intrinsisch motiviert, expressiv und elitenkritisch« (Inglehart und Welzel 2005, 116). Sie seien Anzeichen der Emanzipation der Bürger von den etablierten Autoritäten und ein Beweis für die sinkende Herrschaftsgläubigkeit: »Die neue Form der Bürgerbeteiligung gibt den Menschen mehr Kontrolle über politische Aktivitäten, während sie zugleich den öffentlichen Druck auf politische Eliten erhöht.« (Dalton und Klingemann 2007, 14f.) Gerade im Zusammenspiel mit den neuen Informations- und Kommunikationstechnologien, so betonen die demokratischen Optimisten, eröffneten sie den Bürgern ganz neue Möglichkeiten der politischen Mobilisierung und Aktion. Sie bahnen den Weg für soziale Netzwerke und Solidaritäten, die bisherige Konfliktlinien und Grenzen überbrücken. Sie ermächtigen die Bürger, gerade weil sie frei gewählt, oftmals spontan organisiert und insgesamt für die Eliten sehr viel weniger kalkulierbar und kontrollierbar seien. Für Inglehart und Welzel sind sie denn auch der Kern einer authentischen Form der Demokratie, bei der »die Menschen im Mittelpunkt stehen« (Inglehart und Welzel 2005, 44). Die Autoren der Bertelsmann-Studie behaupten im gleichen Sinne, die »Bürgergesellschaft, die sich zwischen der privaten Familienwelt und staatlichen Organisationen ansiedelt«, verspreche »eine Weiterentwicklung und Konsolidierung demokratischer Regeln und Verfahren«. Das Sozialkapital, das sich hier aufbaut, sei die »Fähigkeit, sich mit anderen gemeinsam für öffentliche Angelegenheiten zu interessieren, sie anzugehen und sich zu organisieren« (Bertelsmann 2004, 24f.). Übertragen in den Jargon der modernen Nachhaltigkeitspolitik könnte man sagen, diese zivilgesellschaftliche Bürgerdemokratie schafft ein höheres Maß an *Resilienz*, also eine verbesserte Fähigkeit, mit den Herausforderungen der Globalisierung, des Klimawandels oder auch neuer Verteilungskonflikte an den Grenzen des Wachstums zurechtzukommen.

Damit ist eine sehr wichtige zweite Dimension demokratischer Nachhaltigkeit angesprochen: In der Tat ist die Demokratie wohl nur dann stabil und zukunftsfähig, wenn sie in der Lage ist, die immer deutlicher hervortretende Nachhaltigkeitskrise zu bewältigen. Mit dem Klimawandel, dem Kampf um sich verknappende Ressourcen, der wachsenden sozialen Ungleichheit, der Überlastung der öffentlichen Haushalte, den Problemen der Migration und den vielen anderen Facetten der Nachhaltigkeitskrise stehen moderne Gesellschaften vor Herausforderungen, die für die Demokratie zum bisher härtesten Belastungstest werden könnten. Der erbitterte Widerstand, mit dem sich Bürger in etlichen Ländern gegen die drastischen Sparprogramme der jeweiligen Regierung wenden, die Erosion der Solidarität mit wirtschaftlich schwächer gestellten sozialen Gruppen oder Mitgliedern der internationalen Gemeinschaft sowie der Aufschwung nationalistischer und rechtsextremer Parteien fast überall in Europa geben von den zu erwartenden Herausforderungen einen klaren Vorgeschmack. Die demokratischen Optimisten gehen jedoch davon aus, dass das verbreiterte Spektrum der politischen Artikulations- und Partizipationsformen sowie die Öffnung der Institutionen für erweiterte Bürgerbeteiligung die Bedingungen für eine effektive Nachhaltigkeitspolitik deutlich verbessern. Gerade wenn gesellschaftliche Grundwerte und -strukturen zur Debatte stehen, sei im Interesse der Qualität, Legitimität und Implementierbarkeit beschlossener Maßnahmen ein möglichst hohes Maß an Partizipation unbedingt nötig und wünschenswert. Eine belastbare Legitimationsgrundlage für einschneidende Maßnahmen der Nachhaltigkeitspolitik lasse sich überhaupt nur über eine breite demokratische Beteiligung aller betroffenen Gruppen schaffen (vgl. z.B. Gutmann 1996, 344; Phillips 1995, 13; Newig und Fritsch 2009).

Darüber hinaus gehen die demokratischen Optimisten auch davon aus, dass die sich zuspitzende Nachhaltigkeitskrise der

Demokratie insofern neue Kraft verleiht, als sie basisdemokratisch-emanzipatorische Bewegungen hervorbringt, angefangen bei lokalen Protesten gegen Tierfabriken, Kohlekraftwerke oder Flughafenerweiterungen bis hin zu internationalen Bewegungen für verbesserte ökologische und soziale Standards in der Konsumgüterproduktion, für Umwelt- und Generationengerechtigkeit oder für massive westliche Hilfsleistungen an die bevölkerungsreichen Länder des Südens. Die vielfältigen Bewegungen der *transition towns* (Städte im Nachhaltigkeitswandel), der Globalisierungsgegner oder des Weltsozialforums sehen sie bloß als den Anfang einer breiten, die Demokratie erneuernden Mobilisierung (vgl. z.B. Waterman 2001; Klein 2003; Tarrow 2005; Brunnengräber et al. 2005). »Stürmische Zeiten« zögen herauf; »die neue Protestwelle wächst« (Wieczorek 2011, 283 ff.). Colin Crouch spricht vom »Gegenangriff« der egalitären Demokraten auf das angloamerikanische Modell des neoliberalen Shareholder-Kapitalismus (Crouch 2008, 137). Er erwartet eine »massive Eskalation des Protests und des Widerstands«, die den globalen Unternehmen »Angst um ihre Gewinne einjagen« und sie »an den Verhandlungstisch zwingen« werde. Kinderarbeit, Sozialdumping, der Schadstoffausstoß der Industrie, der verschwenderische Einsatz nicht erneuerbarer Ressourcen und wachsende Ungleichheit, national und international, seien »die Fragen, die heute die Gesundheit der Demokratie am massivsten bedrohen« (157), und als aussichtsreiches Subjekt einer radikalen Gegenbewegung sieht er die wachsende Gruppe derer, die als *postindustrielles Service-Proletariat* (Crouch selbst verwendet diesen Begriff nicht) ihren Lebensunterhalt unter Bedingungen verdienen müssen, die denen der »alten Dienstbotengesellschaft« vergleichbar seien (86). In ähnlicher Weise argumentiert Clive Hamilton, die Klimakrise sei entstanden, weil die Interessenpolitik der Reichen und Mächtigen die Demokratie unterwandert und die staatlichen Institutionen vereinnahmt habe. Entsprechend bestehe der einzig aussichtsreiche Weg, dem Klimawandel zu begegnen, darin, dass die Menschen versuchen, die Demokratie für sich zurückzuerobern (Hamilton 2005, 209-226). Angesichts der Gefahr, dass die globalen Wohlstandseliten ihren Reichtum, ihren Lebensstil und ihre Ansprüche auf weitere Wohlstandszuwächse auch in Zeiten der Nachhaltigkeitskrise mit allen zur Verfügung stehenden Mitteln verteidigen werden, hält er es für das Gebot der Stunde, unsere »Überlebensfähigkeit zu demokratisieren«. Erforderlich sei ein »Radikalismus, der sich nicht in kurzfristige elektorale Kompromisse hineinziehen lässt, sondern vielmehr darauf abzielt, die Grundlagen politischer Prozesse selbst zu verändern« (224f.). Im gleichen Sinne schreibt etwa auch Daniel Hausknost: »In Ermangelung der Fähigkeit des Staates, radikalen Wandel einzuleiten, liegt es an der Zivilgesellschaft, die politische und gesellschaftliche Vorstellungskraft zu mobilisieren, um echte Alternativen zum derzeitigen Kurs denk- und greifbar zu machen.« (Hausknost 2011, 133)

Bei Crouch, Hamilton, Hausknost und vielen anderen, die ähnlich argumentieren, werden basisdemokratische Denkmuster wieder aufgenommen, die von den Vordenkern der politischen Ökologie aus den frühen achtziger Jahren bestens bekannt sind. Inwieweit sie dabei bloß normative Forderungen vortragen oder ihre Szenarien der strukturverändernden Massenmobilisierung tatsächlich als soziologisch und politisch plausible Perspektive sehen, bleibt oftmals ungeklärt. Zahlreiche Beobachter behaupten aber auch ausdrücklich, dass der Werte- und Kulturwandel, der einen nachhaltigen Strukturwandel unverzichtbar begleiten und untermauern müsse, bereits deutlich erkennbar sei. Gerade in den sozialen Bewegungen, so ihre These, bildeten sich neue Wertorientierungen und Lebensstile heraus, die einen demokratischen Übergang zur Nachhaltigkeit ermöglichen. Neben der Bewegung der »politischen Konsumenten« (vgl. z.B. Micheletti 2003; Stolle et al.

2005; Busse 2008; Unfried 2008) gelten vor allem Suffizienzbewegungen (neue Bescheidenheits- und Selbstversorgungstrends), und der sogenannte »alternative Hedonismus« (Soper 2007, 2008), das heißt die Entkoppelung von Selbstverwirklichung und Konsum, als Beweis dafür, dass die Demokratie vor den großen Zukunftsfragen und der Nachhaltigkeitskrise mitnichten kapitulieren müsse. Solche Bewegungen, argumentiert Kate Soper, zögen ihre Kraft aus der sich ausbreitenden Enttäuschung über die nicht erfüllten Verheißungen der Konsumindustrie (Soper 2007, 205; 2008, 567ff.). Immer mehr Menschen lehnten die etablierten Konsummuster ab, weil sie modernen Vorstellungen vom guten Leben einfach nicht mehr entsprächen. Insofern als der konsumorientierte Lebensstil unvermeidbar mit »verschiedenen Formen des Missbehagens« (Soper 2008, 567) verbunden sei (z.B. Stress, Umweltbelastung, Krankheit) und den wirklich erfüllenden Lebensformen im Wege stehe (Soper 2007, 205), sei er sogar »hedonistisch repressiv« (Soper 2007, 221; 2008, 579). Entsprechend beschreibt Soper den alternativen Hedonismus als eine emanzipatorische Bewegung.

Im Hinblick auf die im nächsten Kapitel angestellten Überlegungen zu modernen Identitätsidealen und Selbstverwirklichungsmustern lohnt es sich, Sopers Thesen hier noch etwas gründlicher nachzugehen: Im Unterschied zu politisch oder ethisch motivierten Konsumverweigerern, die sich im Dienste des Gemeinwohls aufopferungsvoll persönliche Entbehrungen auferlegen, sieht Soper die entscheidende Neuerung des alternativen Hedonismus gerade in Formen des Konsumverzichts, die ausdrücklich egozentrisch motiviert seien, die sich also vor allem auf Selbstinteresse und Eigennutz stützten. Explizit spricht sie von der »neuen Vorstellung davon, was das gute Leben ausmacht« (2007, 212), und von Formen der Konsumfreiheit, bei denen es um die eigennützige Umsetzung postkonsumptorischer Lebensideale und Glücksvorstellungen gehe (2007, 205; 2008, 567). Das Potenzial dieses *alternativen* Hedonismus, tatsächlich einen Strukturwandel zu bewirken, erwachse gerade daraus, dass die neuen Lebensstile jenseits des Konsums eben nicht mehr aus ideologischen oder moralischen Gründen gewählt würden, sondern vor allem aus schlichtem Selbstinteresse. Dadurch werde der alternative Hedonismus zum Hoffnungsträger für die demokratische Regelung von Umweltkonflikten und für den demokratisch legitimierten Übergang zur Nachhaltigkeit. Die linken Kapitalismus- und Konsumkritiker, argumentiert Soper, seien stets elitär und antidemokratisch gewesen, insofern sie den Bürgern unterstellt hätten, von der Konsumindustrie in einem solchen Maße manipuliert und verblendet zu sein, dass sie ihre wahren Bedürfnisse und ihre wahre Erfüllung ohne den Beistand aufgeklärter Intellektueller kaum noch erkennen könnten (2007, 218; 2008, 576). Auch die heutigen Technokraten und Marktliberalen würden die Bürger in gewisser Weise entmündigen, weil sie das Aushandeln von Bedürfnissen, Lebensformen und gesellschaftlichen Entwicklungszielen eben nicht den Bürgern überließen, sondern diese entweder administrativ verordneten oder aber den Verhandlungsprozess in einer Flut von Konsumangeboten erstickten und so jede rational abwägende, sozialorientierte, folgenbewusste und bürgerbestimmte Politik blockierten. Der alternative Hedonismus hingegen habe gerade deswegen besondere Kraft, weil er genuin demokratisch sei, auf der Entscheidungsfreiheit und Eigenständigkeit der Bürger beruhe und von der gesellschaftlichen Basis her sein »wachsendes subversive Potenzial« entfalte (Soper 2008, 569). Er bewirke einen tiefen Werte- und Kulturwandel, der letztlich einen umfassenden gesellschaftlichen Strukturwandel nach sich ziehen werde. Tatsächlich spricht Soper ausdrücklich von einer »Dialektik des alternativen Hedonismus« (Soper 2007, 218 ff.). Sie impliziert also, dass der traditionelle Konsumismus aus sich selbst heraus die Gegenkraft erzeugt, die letztlich zu seinem unvermeidlichen Untergang führen wird. Die eigentliche Stärke des alternativen Hedonismus liegt für Soper darin, dass er einen gesellschaftlichen Strukturwandel bewirke, ohne sich dabei auf übersteigerten Idealismus oder »undemocratic forms of patronage« (ebd.) verlassen zu müssen. Stattdessen baue er auf empirisch bereits vorhandenen Wertverschiebungen auf (ebd.; Soper 2008, 576), und im gleichen Maße, wie diese Verschiebungen sich verbreiten, werde die Legitimationsgrundlage der etablierten Wachstums- und Konsumpolitik zersetzt und eine wirklich demokratische Legitimation für einen tatsächlich nachhaltigen Strukturwandel geschaffen (Soper 2007, 220). Dieser Nachhaltigkeitswandel sei auch gefeit gegen alle Vorwürfe der antimodernistischen Rückschrittlichkeit oder moralisierenden Askese, denn er beruhe auf einer avantgardistischen, emanzipatorischen Agenda, der es um die Befreiung von »den eher puritanischen und hässlicheren Aspekten einer Lebensweise« gehe, die »von materiellen Belangen belastet« sei und »sich in erster Linie um die Arbeit drehe« (Soper 2008, 578).

2.3 Demokratische Innovationen

Aus dieser Perspektive ist also sowohl die Nachhaltigkeit der Demokratie selbst gesichert (wofür das gesteigerte Politikinteresse der Bürger sowie die vielfältigen neuen Partizipationsformen als Beweis dienen) als auch die Fähigkeit der Demokratie, mit den drängender werdenden Zukunftsfragen zurechtzukommen (was sich wiederum an der Verbreitung alternativer Wertorientierungen und postkonsumptorischer Lebensstile zeige). Zudem gilt den demokratischen Optimisten die Vielzahl *demokratischer Innovationen* als Bestätigung für die Leistungs-, Entwicklungs- und Anpassungsfähigkeit der Demokratie und insbesondere auch für ihre Fähigkeit, Antworten auf den Verlust an öffentlichem Vertrauen in Politiker, Parteien und demokratische Institutionen zu finden. Mit demokratischen Innovationen (Goodin 2008; Smith 2009) sind dabei gezielte Anstrengungen gemeint, die demokratische Performanz von Systemen zu erhöhen, die zumindest nominell bereits demokratisch sind, deren wahrgenommene Defizite aber als Ursache von verbreiteter Politiker-, Parteien- oder Politikverdrossenheit angesehen werden. Solche Anstrengungen zur *Demokratisierung der Demokratie* (Offe 2003) richten sich vor allem darauf, die Beteiligung der Bürger quantitativ zu erhöhen und qualitativ zu vertiefen, die Distanz zwischen Bürgern und Politik zu vermindern und die Qualität und Legitimität von politischen Entscheidungen zu verbessern. Angesprochen werden insbesondere gesellschaftliche Gruppen, die bisher von der Politik ausgeschlossen waren, oder Menschen, die sich enttäuscht von allen Formen der Beteiligung zurückgezogen haben. Vor dem Hintergrund der zunehmenden Politikverflechtung und der Komplexität der zur Entscheidung stehenden Fragen geht es darum, »mehr Verantwortungsklarheit und Entscheidungsfähigkeit im Staatsaufbau« herzustellen, »die Identifikation mit demokratischen Institutionen zu stärken, das soziale Kapital in der Gesellschaft zu mehren und die vorhandenen Potenziale für eine qualifizierte politische Führung besser auszuschöpfen« (Bertelsmann 2004, 131 ff.). Demokratische Innovationen werden als ein Weg gesehen, »um sicherzustellen, dass Regierungen empfänglicher werden für ein breiteres Spektrum politischer Forderungen«. Sie sollen dafür sorgen, dass diese »Forderungen seitens der Regierungen die angemessene Aufmerksamkeit bekommen« und die Fähigkeit der Regierenden verbessern, »sich um alle sozialen Bedürfnisse zu kümmern« (Dalton 2008b, 255). Insgesamt zielen demokratische Innovationen also darauf, das Machtgefälle zwischen den Bürgern und den politischen Entscheidungsträgern zu vermindern und so eine weitere Annäherung an die demokratische Norm der Volkssouveränität zu erreichen.

Grundsätzlich zu unterscheiden sind hierbei diejenigen Ansätze, die die Tiefenstrukturen des institutionalisierten Systems der liberalen, repräsentativen Demokratie thematisieren, politisieren und neu aushandeln wollen, und solche, die auf Nachbesserungen an den Oberflächenstrukturen (institutionelle Details) zielen, ohne dabei auf grundsätzliche Veränderungen aus zu sein. Die radikaleren Ansätze gründen in der Regel auf einer eigenen Theorie der Demokratie. Sie fordern eine umfassend erneuerte politische Kultur, die das Verständnis von demokratischen Kernbegriffen wie Repräsentation, Partizipation, Legitimation oder Staatsbürgerschaft (*citizenship*) neu bestimmt und letztlich die gesamte Denkweise und moralische Gesinnung der Bürger verändert. Diese Ansätze verfolgen eine stark transformatorische Agenda. Bildung, Erziehung und Entwicklung spielen eine zentrale Rolle, aber angesichts des grundsätzlichen Wandels von Wertorientierungen und der politischen Kultur, der hier angestrebt wird, beschäftigen sich diese Ansätze meist nur am Rande mit der konkreten Gestaltung der entsprechenden politischen Institutionen. Den Gegenpol bilden eher reformistische Ansätze, die gerade dort das größte Potenzial sehen. In Analogie zum technologie- und managementorientierten Paradigma der »ökologischen Modernisierung« in der Umweltpolitik könnten diese Ansätze als »demokratische Modernisierung« in einem engeren Sinne bezeichnet werden. Sie lassen die Grundstrukturen der liberalen und repräsentativen Demokratie ebenso wie die etablierten Denkweisen und Wertorientierungen der Bürger weitgehend unberührt. Die Neuverhandlung von demokratischen Normen spielt eine untergeordnete Rolle. Stattdessen konzentrieren sich diese Ansätze auf institutionelle Reformen, die die Demokratie dem Fortgang der wirtschaftlichen, technologischen und kulturellen Modernisierung anpassen sollen. In diesem Sinne beschreibt Graham Smith demokratische Innovation explizit als den Versuch, »neue Institutionen der Bürgerbeteiligung zu designen« (Smith 2009); andere sprechen mit kritischem Unterton von »engineering democracy« (Blaug 2002) oder »participatory engineering« (Zittel und Fuchs 2007).

Was die Fähigkeit zu grundsätzlicher, struktureller Innovation angeht, sind den demokratischen Optimisten zunächst die basisdemokratischen Bewegungen seit den siebziger Jahren und die ebenfalls aus dieser Zeit stammenden radikaldemokratischen Theorien ein schlagkräftiger Beweis. In der Tat hatten die vielfältigen Bürgerinitiativen und Bewegungsstränge gezielt für eine Demokratisierung der Demokratie gestritten. Sie hatten genau die strukturelle Verantwortungslosigkeit diagnostiziert, die bis heute das Vertrauen der Bürger in Politiker, politische Institutionen und die Politik überhaupt unterminiert. Jenseits der Themenschwerpunkte der jeweiligen Initiativgruppen oder Bewegungsteile artikulierte die partizipatorische Revolution eine grundsätzliche Kritik an einer vermeintlich demokratischen Praxis, in der politische Entscheidungen und gesellschaftliche Zustände nicht mehr auf konkrete Politiker zurechenbar sind, so dass die Bürger niemanden mehr persönlich zur Verantwortung ziehen können. Ulrich Beck (1988) beschrieb diesen Zustand auch als *organisierte Unverantwortlichkeit* – ein Begriff, der nicht nur erfasst, dass in der vielschichtigen Politik moderner Industriegesellschaften das demokratische Prinzip der Zurechenbarkeit und Verantwortlichkeit weitgehend ausgehebelt ist, sondern darüber hinaus noch zwei weitere Aspekte hervorhebt: *erstens*, dass heutige Demokratien zu Entscheidungen oder Zuständen führen, die nach allen moralischen Maßstäben gegenüber wachsenden Teilen der (internationalen) Gesellschaft, der Natur und zukünftigen Generationen vollständig unverantwortlich sind; und *zweitens*, dass es zumindest in Teilen der Gesellschaft durchaus ein organisiertes Interesse an diesem Zustand der Unverantwortlichkeit gibt (hierzu genauer in Kapitel 5).

Inspiriert von Rousseaus radikaler Kritik am Repräsentationsprinzip sowie seiner Lehre von der nicht delegierbaren Volkssouveränität, forderten die basisdemokratischen Bewegungen genau das, was Schumpeter 1947 verächtlich als »reine Ideologie« abgetan hatte (vgl. Kapitel 1). »Viele Exponenten der demokratischen Lehre«, hatte Schumpeter gesagt, »haben sich sehr darum bemüht, die politische Aktivität jeder beruflichen Nebenbedeutung zu entkleiden«, und »vertraten energisch, oft leidenschaftlich, die Ansicht, die Politik solle kein Beruf sein und die Demokratie entarte, sobald Politik zum Beruf werde« (Schumpeter 1947, 452). Schumpeter hatte demgegenüber die Professionalisierung der Politik für unbedingt erforderlich gehalten, nicht zuletzt weil er im politischen Wettbewerb um Machtgewinn und Machterhalt den eigentlichen Sinn der Demokratie sah (443). Gerade dieses Verständnis von demokratischer Politik als »Spiel« (ebd.) um die Macht war jedoch für die sozialen Bewegungen – zumindest für wesentliche Teile von ihnen – der hauptsächliche Stein des Anstoßes und Motor ihres Protests. Sie verstanden Demokratie als »Lebensform« (Barber 1984) und gingen davon aus, dass die Politisierung möglichst aller Themen und Lebensbereiche und die Beteiligung möglichst aller Bürger an möglichst allen Entscheidungen unbedingt erstrebenswert sei. Radikale zivilgesellschaftliche Selbstbestimmung – »government of the people, by the people, for the people«, wie Abraham Lincoln es in der berühmten Gettysburg-Rede formuliert hatte – hielten sie für den einzig zielführenden Weg zu verständigungsorientierter und vernünftiger Konfliktbewältigung. Vor allem sahen sie die Zivilgesellschaft als den Ort der wahren Vernunft, da allein sie die profit- und wachstumssüchtige Wirtschaft einerseits und die machtsüchtigen Politiker sowie den machtvergessenen Staat andererseits zur Räson bringen könne.

In genau diesem Sinne erwarteten auch die neuen *partizipatorischen* Demokratietheorien (z. B. Pateman 1970; Vilmar 1973; Macpherson 1977; Barber 1984), die sich von der liberalen Repräsentativdemokratie ebenso abwandten wie von älteren Elitentheorien oder Anthony Downs' ökonomischer Demokratietheorie, von der Basisdemokratie eine bessere Ausrichtung der Politik auf die tatsächlichen Bedürfnisse der Bürger sowie eine höhere Problemlösungsfähigkeit, als sie denen zugetraut wurde, die die Gesellschaft in den Wahnsinn des Rüstungswettlaufs und in die Krise der Umweltzerstörung geführt hatten. Zudem sollte sie die Emanzipation *von der* Fremdbestimmung durch Staat und Wirtschaft sowie die Emanzipation *zur* Verwirklichung des freien Selbst, der authentischen Identität und des wahrhaften Subjekt- und Bürgerstatus befördern. Dabei geht die partizipative Demokratie(-theorie) davon aus, dass die Bürger ihre Identität, ihre Freiheit, ihre Interessen und ihr bürgerschaftliches Subjekt – als *citoyen*, nicht bloß *bourgeois* – überhaupt erst im Beteiligungsprozess herausbilden können. Partizipation wird nicht primär als Mittel zum Zweck, sondern vor allem als Selbstzweck verstanden. Ihr primärer Sinn – und der der Demokratie überhaupt – ist nicht, vorpolitische Interessen und individualistische Werte zu organisieren und politisch durchzusetzen, sondern im partizipativen Prozess den Status der bloßen Privatperson zugunsten des Subjekt- und Bürgerstatus zu überwinden (Habermas 1969). Entsprechend liegt für die partizipatorische Demokratietheorie der entscheidende Mangel der Repräsentation nicht darin, dass gewählte Repräsentanten die ihnen zugedachte Aufgabe möglicherweise nur unzureichend erfüllen, sondern darin, dass das Prinzip der Repräsentation die Bürger grundsätzlich von der nur im politischen Prozess möglichen Selbst- und Freiheitsverwirklichung abschneidet. »Aus der Perspektive der partizipatorischen Demokratietheorie«, schreibt Carole Pateman darüber hinaus, »hat die Bürgerbeteiligung vor allem eine pädagogische Funktion, wobei der Begriff pädagogisch hier in einem sehr weiten Sinn zu verstehen ist, der sowohl psychologische Aspekte als auch den Erwerb praktischer demokratischer Fähigkeiten und die Vertrautheit mit politischen Prozeduren umfasst« (Pateman 1970, 42f.). »Im Zuge der Partizipation«, glaubt Pateman, »werden jene Eigenschaften entwickelt und gefördert, die für die Beteiligung selbst notwendig sind; je häufiger Individuen mitmachen, desto besser sind sie in der Lage, genau das zu tun.« (Ebd.)

Ein weiterer Beweis für die Fähigkeit der Demokratie zu grundsätzlicher, struktureller Innovation sind den demokratischen Optimisten zudem die Theorien der *deliberativen Demokratie*, die in den achtziger Jahren aufkamen und im darauf folgenden Jahrzehnt beachtliche Breitenwirkungen entfalteten (vgl. Habermas 1981, 1992, 1996; Fishkin 1991; Dryzek 2000; Gutmann und Thompson 2004; Elstub 2010). Anders als die partizipatorischen Demokratietheorien, die sich in wechselseitiger Befruchtung mit den emanzipatorischen Protestbewegungen herausgebildet hatten, waren die deliberativen Theorien zwar eher ein Projekt intellektueller Eliten, doch auch von ihnen gingen Impulse für die konkrete Modernisierung demokratischer Institutionen aus. In vielerlei Hinsicht sind die deliberativen Demokratietheorien nicht radikal anders als die partizipatorischen, sondern eher deren Weiterentwicklung. Im Vergleich zu den beteiligungsorientierten Ansätzen verschiebt sich bei den Theorien der deliberativen Demokratie die Aufmerksamkeit von der *Öffnung* des politischen Prozesses zu seiner *Organisation*. Ging es den partizipativen, basisdemokratischen Theorien noch primär darum, die Macht von Wirtschaft, Staat und Eliten zurückzudrängen und möglichst viele und möglichst vieles zu politisieren, das heißt, sowohl hinsichtlich der Beteiligten als auch der Themen möglichst inklusiv zu sein, konzentriert sich die deliberative Demokratietheorie eher auf die Frage, wie der zivilgesellschaftliche Verhandlungsprozess selbst so organisiert werden kann, dass erstens demokratische Freiheit, Gleichheit und Gerechtigkeit herrschen und zweitens qualitativ hochwertige Politikergebnisse erzielt werden. Sie geht also aus von der Einsicht, dass massenhafte Beteiligung und mehrheitliche Direktabstimmung ebenso wenig unmittelbar ein Garant für eine moralisch und substanziell gute Politik sind wie gewählte Repräsentanten oder die Fachkompetenz von Experten. Vielmehr, so die Annahme, sind Qualität und Legitimität der Politik nur durch öffentliche, inklusive, gleichberechtigte und rationale Deliberation zu gewährleisten, in der alle manipulativen Faktoren, die in traditioneller politischer Kommunikation von den Akteuren bewusst eingesetzt und machtstrategisch ausgenutzt werden, ausgeschaltet sein sollen. Angestrebt wird ein herrschaftsfreier Diskurs, in dem Informationsasymmetrien, Unterschiede in der kommunikativen Kompetenz, emotionale und andere nichtrationale Faktoren in ihrer Wirkung minimiert werden, so dass sich die Kraft der besten Argumente ungehindert entfalten und zum ausschlaggebenden Kriterium werden kann. Politische Legitimität wird durch die Inklusivität des Deliberationsprozesses, die Ausschaltung von Ungleichheiten und die Intersubjektivität der Rationalität im öffentlichen Begründungsprozess gesichert. »Die legitime Ausübung politischer Autorität«, heißt es bei Amy Gutmann, »setzt voraus, dass man sich gegenüber jenen Menschen rechtfertigt, für die die entsprechenden Maßnahmen und Entscheidungen bindend sind; und deliberative Prozeduren der Entscheidungsfindung unter freien und gleichen Bürgen sind die überzeugendste Form der Rechtfertigung, die wir zur Verfügung haben, wo es darum geht, Auseinandersetzungen um kontroverse Themen vorläufig beizulegen« (Gutmann 1996, 344).

Im Gegensatz zur Orientierung auf möglichst breite Beteiligung richtet die Theorie der deliberativen Demokratie die

Aufmerksamkeit also auf die prozessuale Qualität des politischen Diskurses einerseits und die substanzielle Qualität des Verhandlungsergebnisses andererseits. Während radikal partizipatorische Ansätze auf möglichst breite Politisierung zielen und die Berücksichtigung nicht reduzierbarer Pluralität einklagen, setzen deliberative Theorien eher auf die *Entpolitisierung* (Pettit 2004) durch *Kognitivierung* (Thaa 2007) von Entscheidungsprozessen. Ziel ist nicht Wettbewerb um Machtgewinn, sondern erörternde Beratschlagung – nach Möglichkeit Konsens. Instrumentelle oder strategische Kommunikation soll entsprechend durch verständigungsorientierte Kommunikation ersetzt werden. Dabei legt auch die Theorie der deliberativen Demokratie erheblichen Wert auf die transformatorische Kraft des demokratischen Prozesses. Die Lern- und Bildungseffekte sind wesentlich. Die kognitiven und moralischen Kapazitäten der Bürger sollen entwickelt werden. Der in der Tradition des Liberalismus begründete Individualismus, der in der repräsentativen und bloß aggregativen Demokratie unangetastet bleibt, soll überwunden werden. Stärker noch als die partizipatorischen Theorien betonen die deliberativen, dass es in der Demokratie nicht darum gehen kann, vorpolitische und bereits verfestigte Interessen oder Identitäten zu artikulieren, sondern darum, diese im Zuge öffentlicher Rechtfertigung und rationaler Diskussion überhaupt erst zu bilden oder gegebenenfalls zu verfeinern. John Dryzek legte den »definite deliberative turn« in der Demokratietheorie auf das Jahr 1990 fest (Dryzek 2000, 1). Kritiker sprachen zwar schon vor Ende der neunziger Jahre vom »Altern« der deliberativen Demokratie (Bohman 1998) und argumentierten explizit »against deliberation« (Sanders 1997; Shapiro 1999). Nicht zuletzt das Schlichtungsverfahren, das im Falle des Stuttgarter Bahnhofsprojekts die verfeindeten Lager versöhnen und aus den gegensätzlichen Standpunkten eine breit legitimierte und den Ausgangspositionen qualitativ überlegene Politikoption schmieden sollte, zeigt aber, dass die Ansätze der deliberativen Demokratie in der politischen Praxis durchaus einige Relevanz gewonnen haben.

Weniger grundsätzlich, jedoch für viele Beobachter – gerade deswegen – noch vielversprechender sind schließlich die vielen ganz konkreten Innovationsvorschläge der im obigen Sinne bestimmten reformistischen »demokratischen Modernisierung«. Im Vergleich zu den Forderungen nach einer neuen politischen Kultur lassen sie sich sehr viel leichter umsetzen. Sie reichen von Maßnahmen zur verbesserten Zugänglichkeit von Informationen oder Programmen zur staatsbürgerlichen Bildung über strengere Regeln zur Korruptionsbekämpfung und Parteienfinanzierung bis hin zu Änderungen des Wahlsystems bzw. Wahlrechts (z.B. Wahlalter, Wahlpflicht, Wahlentgelt). Weiter gehört die Einführung von Quotenregelungen (bessere deskriptive Repräsentation), regionalen Parlamenten und direktdemokratischen Elementen (z.B. Vorwahlen zur Kandidatenaufstellung, Direktwahl der Exekutivspitze, Bürgerentscheide; vgl. Decker 2011; Geißel 2011) zu den regelmäßig wiederkehrenden Innovationsvorschlägen. Schon in den frühen achtziger Jahren wurden ferner Amtszeitverkürzungen für Abgeordnete und Minister diskutiert, die Aufhebung des Fraktionszwangs bei Parlamentsabstimmungen oder Vorschläge zur besseren Repräsentation von Minderjährigen, zukünftigen Generationen, der Natur oder von Menschen, die zwar jenseits der nationalen Grenzen leben, aber gleichwohl von den Entscheidungen des nationalen Parlaments betroffen sind. Große Beachtung hat in den vergangenen Jahren auch das Potenzial neuer Informations- und Kommunikationstechnologien gefunden. Mit diesen Technologien (*e-democracy*) verbinden sich bei vielen hohe Erwartungen für die Überwindung von Politikverdrossenheit und eine Neubelebung der Demokratie. Die Online-Verfügbarkeit von Informationen und das Angebot von Online-Dienstleistungen bei Parteien, Organisationen und Verwaltungsbehörden sollen helfen, die Politik transparenter und bürgernäher zu machen (*e-government*). Elektronische Medien sollen den direkten Kontakt und vor allem den Austausch zwischen Bürgern und Politikern bzw. Bürgern und Verwaltungsbehörden ermöglichen. E-Mail, Twitter, Facebook, soziale Netzwerkplattformen befähigen die Bürger, sich sehr viel spontaner, flexibler, effektiver und von staatlichen Behörden unkontrollierbarer zu organisieren und politisch zu artikulieren. Die ortsunabhängige elektronische Stimmabgabe (*e-voting*) soll die Wahlbeteiligung erhöhen und Bürgerbefragungen oder plebiszitäre Entscheidungen vereinfachen. Insgesamt wird erwartet, dass die neuen Kommunikationstechnologien und -medien die öffentliche Arena politischer Diskussion erweitern und beleben, die allgemeine Zugänglichkeit von Informationen verbessern, die Distanz zwischen Bürgern und Politik interaktiv überbrücken und die Bürger insgesamt zu mehr politischem Einfluss und mehr Kontrolle ermächtigen (*democratic empowerment*) (Smith 2009, 142 ff.). Dabei besteht das Ziel darin, die etablierten politischen Institutionen den Verhältnissen und Ansprüchen der modernen Gesellschaft anzupassen und sie ausdrücklicher zu *Dienstleistern* (Agenten) der Bürger zu machen, die ihrerseits (als Prinzipale) mehr in den Mittelpunkt der Politik treten sollen. Es geht um den Umbau der Institutionen von »Organen der Loyalität« in »Organe der bewussten Entscheidung« (Norris 2002, 222).

2.4 Überzogene Erwartungen?

Für eine Vielzahl von Beobachtern kann also keine Rede davon sein, dass die Demokratie in der Krise wäre oder das demokratische Projekt an Begeisterungsfähigkeit, Mobilisierungskraft und Innovationspotenzial verloren hätte. Die Aussichten für die weitere Entwicklung der Demokratie sehen sie überwiegend positiv, sowohl hinsichtlich ihrer Ausbreitung auf bisher nicht demokratisch verfasste Länder als auch hinsichtlich ihrer weiteren Vertiefung in den Ländern, wo sie wenigstens formal längst etabliert ist. Allerdings hat sich – im ersten Kapitel wurde das gründlich ausgeführt – diesen optimistischen Bewertungen zum Trotz das Gefühl der politischen Entmächtigung und Hilflosigkeit sowie die Erfahrung demokratischer Defizite rasant ausgebreitet. Tatsächlich sind demokratische Systeme angesichts der Globalisierung einerseits und der gesellschaftlichen Differenzierung andererseits längst hoffnungslos überfordert. Im Namen der Effizienz, also der systemischen Performanz, wird der Bereich des politisch und demokratisch Verhandelbaren immer enger definiert. Immer mehr Politikbereiche werden *entpolitisiert*, das heißt der politischen Verhandelbarkeit entzogen und an nicht demokratisch legitimierte Körperschaften (z. B. Regulierungsbehörden, Nichtregierungsorganisationen, Expertenkommissionen, Forschungseinrichtungen, Gerichte) delegiert. Beschleunigungs- und Planungsvereinfachungsgesetze verringern die Mitsprache- und Einspruchsrechte der Bürger. Neue Sicherheitsgesetze schränken bürgerliche Freiheiten ein und verstärken die Rechte staatlicher Exekutivorgane. Public-Private-Partnerships verwässern durch die Vermischung von öffentlichem und privatem Interesse die Verpflichtung der Politik auf das Gemeinwohl. Immer weniger versteht sich der moderne Staat als Verkörperung der artikulierten Bürgerinteressen und des Gemeinwohls (Wohlfahrtsstaat); immer mehr ist er stattdessen vor allem Zuarbeiter des Marktes (Wettbewerbsstaat) und Agent internationaler Konzerne, deren Macht er wenig entgegenzusetzen hat. Informelles Regieren in Netzwerken, Konsensrunden oder Bündnisgesprächen bietet zwar neue Beteiligungsmöglichkeiten für allerlei zivilgesellschaftliche Akteure, vermindert aber noch weiter die demokratische Transparenz, die Zurechenbarkeit von Entscheidungen und die Verantwortlichkeit der Politiker. Soziale Ungleichheit und die Exklusion von Prekären und Überflüssigen sind überall auf dem Vormarsch. Wenn demokratische Performanz gemessen wird an den Kriterien, (a) wie umfassend der Bereich der gesellschaftlichen Belange ist, die zur demokratischen Verhandlung und Entscheidung anstehen, (b) wie effektiv die demokratische Selbstbestimmung der Bürger (Volkssouveränität) tatsächlich ist und (c) in welchem Maße das Prinzip der Gleichheit umgesetzt ist, dann ist die jüngere Entwicklung in den etablierten Demokratien eindeutig negativ. Die Analysen der Modernisierungstheoretiker, die Hoffnungen auf eine in beiden Verständnissen des Begriffes *nachhaltige Demokratie* und der Glaube an den Demokratisierungseffekt von institutionellen Innovationen bedürfen also der kritischen Prüfung. Dabei kommen zahlreiche Einzelpunkte wieder in den Blick, die oben bereits angesprochen wurden.

In Bezug auf die modernisierungstheoretische These, dass sich im Zuge der gesellschaftlichen Fortentwicklung die Bedingungen für die Entfaltung der Demokratie beinahe automatisch stetig verbessern, ist zunächst kritisch festzuhalten, dass die Modernisierung kontinuierlich die Komplexität moderner Gesellschaften steigert, ohne dass die Fähigkeiten zur demokratischen Bewältigung dieser Komplexität entsprechend mitwachsen würden. Sowohl auf der Seite der Bürger als auch auf der der politischen Institutionen wird damit die Demokratie systematisch geschwächt, nicht gestärkt. Für die Bürger führt die zunehmende Komplexität in einen Zustand der Überforderung, der sie entgegen allen Versprechen der Ermächtigung de facto fortschreitend entmündigt. Claus Offe spricht von einer »kognitiven Notlage beim bürgerlichen Freiheitsgebrauch«, die »durch eine motivationale potenziert« werde (Offe 2003, 13). Für die politischen Institutionen führt die gleiche Komplexität und Überforderung zu den bereits angesprochenen Strategien der Entpolitisierung. Auch jenseits der vermeintlichen Desavouierung des Marktliberalismus, der die internationale Banken- und Finanzkrise offenbar unbeschadet überstanden hat, werden die Politik und die sogenannte politische Klasse weiter gezielt diskreditiert. Der öffentliche Sektor und alles öffentlich Kontrollierte werden – am unverhohlensten in den angelsächsischen Ländern – systematisch als unfähig, korrupt, parasitär und als eine nicht tragbare Belastung für den Steuerzahler beschimpft. Beharrlich wird die Entpolitisierung möglichst aller öffentlichen Belange (Gesundheit, Bildung, Altersversorgung, Energieversorgung, Umwelt- und Klimaschutz etc.), das heißt ihre Übertragung an den privaten Sektor, propagiert. Diese bewusst betriebene Erosion des Vertrauens in die (demokratische) Politik beschleunigt sich noch weiter dadurch, dass ein wachsender Teil der heutigen Großprobleme (Finanzkrise, Eurokrise, Schuldenkrise, Arbeitslosigkeit, Klimawandel, Rohstoffknappheit, Migration, Artenvielfalt, Terrorismus, Pandemien, Cyber-Attacken etc.) ohnehin mit den Mitteln nationalstaatlicher Politik nicht mehr zu bewältigen ist und entsprechend an internationale Institutionen delegiert wird. Da diese aber weder demokratisch sind noch eine plausible Perspektive haben, es je zu werden, verdunkeln sich die Aussichten für die Demokratie erheblich.

Zweitens übersehen die Modernisierungstheoretiker, dass sich im Zuge der fortschreitenden gesellschaftlichen Entwicklung (Differenzierung, Technologie, Vernetzung) kontinuierlich die Unsicherheit und Risikoanfälligkeit moderner Gesellschaften sowie die Wahrscheinlichkeit unvorhergesehener Neben- oder Folgewirkungen erhöht. Seit den achtziger Jahren wird dies unter dem Begriff der *Risikogesellschaft* diskutiert (Beck 1986, 2007). Im Gegensatz zum rhetorischen Anspruch politischer Akteure, den Bürgerwillen oder Visionen einer zukünftigen Gesellschaft (*Wie wollen wir leben?*) umzusetzen, wird also das Krisenmanagement und die Notstandsverwaltung immer mehr zum Primärmodus des Regierens. Die Politik der Dringlichkeit und des Notstands jedoch – die Banken- und die Eurokrise illustrieren das eindrücklich – führt Regierungen in Versuchung, zwingt sie geradezu, demokratische Rechte und Verfahren einzuschränken oder auszusetzen. Nicht selten veranlasst das Gefühl des Notstands sogar die Bürger selbst, autoritäre und als solche vermeintlich *wirklich effektive* Maßnahmen zu fordern (z.B. in der Klimapolitik oder Kriminalitätsbekämpfung).

Drittens schwächt der fortlaufende Modernisierungsprozess die Demokratie, indem er kontinuierlich wesentliche Grundlagen auszehrt, auf denen die Demokratie unverzichtbar beruht. Wie in Kapitel 1.4 bereits angesprochen, haben Böckenförde (1967), Bell (1976), Putnam und viele andere darauf hingewiesen, dass die Demokratie von Voraussetzungen abhängt, die sie selbst nicht reproduzieren kann, deren Bestand in fortgeschrittenen modernen Gesellschaften aber immer weniger gesichert ist. Unter anderem zählen dazu, wie gesagt, die Nationalstaatlichkeit und die Einheit eines mehr oder weniger homogenen Demos sowie die modernistische Vorstellung von Individualität, Identität und Subjektivität mitsamt den zugehörigen Normen der Autonomie und Souveränität. Zu nennen ist hier wohl auch, dass die Demokratie die ihr inhärente Spannung zwischen ihren Grundprinzipien des Liberalismus und des Egalitarismus immer nur im Horizont des Wachstums hat austarieren können. Solange sie sich als »Zugewinnverteilungsgemeinschaften« (Guggenberger 1994) verstehen konnten, haben demokratische Systeme den Widerspruch zwischen den beiden Prinzipien und die entsprechenden sozialen Konflikte unter Kontrolle halten können. Doch der Modernisierungsprozess führt unvermeidlich an die Grenzen des Wachstums, und hier wird dieser Widerspruch für die Demokratie zur ernsthaften Bedrohung (vgl. dazu genauer Kapitel 5).

Nicht weniger gewichtig als diese Einwände gegen die optimistischen Prognosen der Modernisierungstheoretiker sind die gegen die These, dass die Demokratie durch das immer breiter werdende Spektrum neuer Partizipationsformen sowie die internationale Vernetzung sozialer Bewegungen nachhaltig gefestigt und vertieft werde. Mit Blick auf die neuen Beteiligungsformen ist zu Recht angemerkt worden, dass Inglehart, Dalton oder all diejenigen, die zum Beispiel von *politischem Konsum* sprechen, den Begriff des politischen Engagements so weit ausdehnen, dass praktisch jede Handlung als politische Partizipation oder gar politischer Aktivismus ausgelegt werden kann. Nur unter Zuhilfenahme solcher Definitionstricks, argumentiert zum Beispiel Frank Furedi, könne man heute noch von einer Zunahme des Interesses an der Politik und von einer lebendigen Demokratie sprechen (Furedi 2005, 40). Für Furedi ist die Behauptung, neu entstehende Beteiligungsformen glichen den Niedergang traditioneller Partizipationsformen problemlos aus, nicht mehr als eine Form der Selbstillusionierung (ebd.). Tatsächlich artikuliere sich in diesen neuen Aktionsformen vielfach nicht politisches Engagement, sondern sie seien eher Spielarten einer »radikalisierten Absetzbewegung«, also nicht als Impuls der demokratischen Emanzipation, sondern eher als antipolitische Geste der Resignation zu verstehen (28 f.). Außerdem, so beobachtet zum Beispiel Gerry Stoker, hätten die heutigen individualisierten, spaßorientierten und expressiven Formen der sogenannten politischen Beteiligung vielfach eher den Charakter einer Freizeitbeschäftigung oder eines »lifestyle statement« (Stoker 2006, 87 f.). Häufig sei dieses Engagement kurzatmig, für die Akteure mit wenig Aufwand verbunden (z. B. Unterschriften- oder Spendenaktionen), jederzeit suspendierbar und gerade für wirtschaftlich Bessergestellte bloß eine relativ kostengünstige Methode, der eigenen Identität und den persönlichen Vorlieben Ausdruck zu verleihen (ebd.; hierzu sehr viel mehr in Kapitel 4.3). Eine Erneuerung und Verfestigung der Demokratie ergebe sich aus diesen neuen Partizipationsformen auch schon deswegen nicht ohne Weiteres, weil die politischen Institutionen gar nicht mehr in der Lage seien, diese vielfältigen, oft eruptionsartigen und inkonsistenten Formen heutiger Bürgerbeteiligung zu verarbeiten (ebd.).

Hinsichtlich der demokratisierenden Impulse, die sich viele von neu entstehenden, international vernetzten Bewegungen erhoffen (Globalisierung, Neoliberalismus, Klimawandel), ist aus soziologischer Perspektive ebenfalls große Vorsicht geboten. Natürlich ist es im Sinne von Ökologie, Freiheit und Gerechtigkeit, also im Sinne der emanzipatorischen Tradition, völlig richtig, die »Demokratisierung der Überlebensfähigkeit« (Hamilton) zu fordern, zum Kampf gegen den neoliberalen Turbokapitalismus zu blasen und vor der Entschlossenheit der Wohlstandseliten zu warnen, auch angesichts von Finanzkrise und Klimawandel weiterhin mit allen Mitteln ihre exklusiven Interessen durchzusetzen. Aus normativer Perspektive verdienen diese Ansätze uneingeschränkte Unterstützung. Jenseits der persönlichen Hoffnungen und politischen Loyalitäten wäre jedoch zu klären, welche Resonanzpotenziale für solche Appelle in modernen Gesellschaften wirklich vorhanden sind. Es bedarf einer ernsthaften Analyse, in welchem Maße die von der Logik der Moderne immer tiefer durchdrungene Gesellschaft eigentlich noch über Wertorientierungen verfügt, die von solchen Appellen mobilisiert werden könnten. Welche realistischen Aussichten haben die angesprochenen Bewegungen, gegen die etablierte Ordnung zum Subjekt eines grundlegenden Struktur- und Kulturwandels zu werden? Crouch, Hamilton, Hausknost und viele andere, die eher als politische Aktivisten denn als Sozialwissenschaftler schreiben, liefern keine gesellschaftstheoretisch plausible Klärung solcher Fragen. Sie sehen darüber hinweg, dass es zum Beispiel um die Bewegung für eine andere Globalisierung (Attac) oder das Weltsozialforum (WSF), die um die Wende zum neuen

Jahrhundert mit großem Elan und dem festen Versprechen, dass eine andere Welt möglich sei, aufgebrochen waren, inzwischen eher still geworden ist. Ebenso sind auch die jüngsten Proteste der Occupy-Bewegung und der »¡Democracia real YA!«-Bewegung in Spanien inzwischen wieder versandet, ohne dass sie irgendeinen nennenswerten Effekt gehabt hätten. Andere Bewegungen jedoch, die für die herrschende Ordnung eine ernsthafte Herausforderung bedeuten könnten, sind nirgendwo in Sicht. Das sogenannte *Prekariat* oder das *postindustrielle Service-Proletariat* sind schon wegen ihrer internen Differenziertheit kaum als politisches Subjekt mobilisierbar. Die Anhänger der LOHAS-Bewegung (des *lifestyle of health and sustainability*) und des *politischen Konsums* wiederum gehören überwiegend zur bürgerlichen Mittelklasse, die bei aller Kritik im Detail ein klares Interesse daran hat, die Grundstrukturen der etablierten Ordnung zu erhalten.

Die Bewegungsoptimisten freilich plappern – wie auch mein Wellensittich – unverdrossen fort, nicht zuletzt angespornt davon, dass ihre Story beim Publikum höchst beliebt ist. Ihr doppelter Irrtum aber liegt erstens in dem leichtfertigen Glauben, dass sich in der Zivilgesellschaft überhaupt in nennenswertem Maße der politische Wille mobilisieren und die kulturellen Wertorientierungen finden ließen, die erforderlich wären, um zivilgesellschaftlich und plebiszitär grundlegend neue Weichenstellungen zu erreichen. Zweitens gehen sie zu einfach davon aus, dass in der globalisierten, systemzentrierten und effizienzorientierten Moderne die Politik überhaupt noch die Gestaltungs- und Steuerungsfähigkeit besitzt, die erforderlich wäre, um gegen die herrschenden Sachzwänge und Systemimperative strukturelle Veränderungen durchzusetzen. Zu Zeiten des Kalten Krieges und der entstehenden Ökologie- und Friedensbewegung schien die Bedrohung noch von verhältnismäßig klar benennbaren Akteuren auszugehen und das Überleben der gesamten Menschheit und des Planeten überhaupt infrage zu stellen. In dieser Konstellation mochte die Entmachtung der herrschenden Eliten und die Ermächtigung der durch das gemeinsame Interesse am Überleben integrierten Zivilgesellschaft noch als plausibles Szenario erscheinen. Wenn aber heute Versuche, »die Demokratie im Namen der Bürger zurückzuerobern«, als eine aussichtsreiche Strategie gegen den Klimawandel und gegen die »Reichen und Mächtigen« dargestellt werden, die ihre Interessen rücksichtslos gegen die Mehrheit der Ausgeschlossenen durchsetzen wollen (Hamilton 2010, 224f.), dann wird unterschlagen, dass weder der Turbokapitalismus noch der Klimawandel die Menschheit insgesamt bedrohen, sondern jeweils »nur« Teile der nationalen oder globalen Bevölkerung, während andere Teile erheblich profitieren. Außerdem wird ausgeblendet, dass die sogenannte Zivilgesellschaft tatsächlich in hohem Maße differenziert ist und mindestens ebenso viele Akteure umfasst, die ein Interesse am Systemerhalt haben, wie solche, die den Status Quo ablehnen. Die amerikanische Tea Party oder die überall in Europa florierenden Bewegungen des rechten politischen Randes zeigen darüber hinaus, dass auch innerhalb des politisch mobilisierten Lagers keineswegs alle Akteure eine emanzipatorische und egalitäre Agenda verfolgen. Unter diesen Bedingungen besteht wenig Anlass zu der Annahme, eine ermächtigte Zivilgesellschaft werde gegebenenfalls etwa *vernünftig* und im Sinne eines wie immer definierten *Gemeinwohls* agieren. Vielmehr würde sich wohl verstärken, was für bestehende Strukturen der *governance* bereits heute gilt: »Im Gegensatz zu dem pluralistischen Ideal, nach dem Aushandlungsprozesse zwischen unterschiedlichen Gruppen zum größten Glück der größten Zahl führen, landen wir in einer Situation, in der die besonders gut organisierten Wenigen für sich den Rahm abschöpfen« (Putnam 2000, 340). Im gleichen Sinne hatte Elmer Eric Schattschneider bereits 1960 gesagt: »Das Problem bei dem himmlischen Bild, das die Pluralisten entwerfen, besteht darin, dass der Chor der Engel mit einem starken Oberklassenakzent singt.« (Schattschneider 1960, 34f.; hierzu sehr viel gründlicher in Kapitel 5)

Eine kritische Beurteilung der These vom *alternativen Hedonismus* und der sich angeblich bereits abzeichnenden *Kulturrevolution* schließt sich hier unmittelbar an. Sicher ist richtig, dass die Nachhaltigkeitskrise die Demokratie vor erhebliche Herausforderungen stellt. Richtig ist auch, dass es ohne einen fundamentalen Werte- und Kulturwandel wohl nie demokratische Mehrheiten für eine effektive Nachhaltigkeitspolitik und also nie einen demokratisch legitimierten Übergang zur Nachhaltigkeit geben wird (mehr hierzu in Kapitel 5). Die Behauptung allerdings, eine solche Kulturrevolution zeichne sich bereits ab, erscheint in hohem Maße fragwürdig. Bereits um die Wende vom 19. zum 20. Jahrhundert hat es bekanntlich alternative Landkommunen, eine Lebensreform-, eine Gartenstadt- und eine Vegetarismusbewegung gegeben (vgl. z.B. Sieferle 1984; Linse 1986; Hermand 1991; Rohkrämer 1999). In den siebziger und frühen achtziger Jahren verkündete die basisdemokratische Alternativbewegung *Wir haben es satt, satt zu sein!* und suchte wahres Glück und echte Erfüllung jenseits von Massenkonsum und Kulturindustrie. Die Partei der Grünen wurde nicht zuletzt aus dem *Überdruss am Überfluss* geboren. Die Botschaft vom »alternativen Hedonismus« ist also nicht eben neu; die Geschichte vom entfremdenden Leben in der Industrie- und Konsumgesellschaft wird vielmehr seit über einem Jahrhundert erzählt. Aber weder gibt es Anzeichen, dass sie im Moment wirklich mehr politische Kraft hätte als zu früheren Zeitpunkten – eher scheint das Gegenteil der Fall, noch hat sie bisher je eine ernsthafte Veränderung der grundlegenden gesellschaftlichen Entwicklungsmuster bewirkt. Um glaubhaft zu machen, dass der Klimawandel und die Nachhaltigkeitskrise im weiteren Sinne wirklich einen Wertewandel auslösen, der eine demokratische Legitimationsbasis für eine radikal neue Politik der Zivilgesellschaft schafft, müssten also strukturelle Gründe benannt werden, warum die sich angeblich bereits abzeichnende Kulturrevolution in heutigen Gesellschaften mehr Breitenwirksamkeit entwickeln sollte als etwa in den Achtzigern oder Anfang des 20. Jahrhunderts.

Unbestreitbar werden Subsistenz und Suffizienz, nachhaltiger Konsum, der Zusammenhang zwischen Konsum und Glück ebenso wie auch die »Postwachstumsökonomie« heute breit diskutiert (Paech 2011; Jackson 2006, 2009; Miegel 2010; Müller 2011; Pfriem 2011). Unbestreitbar auch wird in lokalen Initiativgruppen, *transition towns* oder großstädtischen Ökovierteln praktisch mit neuen Lebensformen experimentiert. Doch die Rede von einer »Dialektik des alternativen Hedonismus« (Soper 2007, 218 ff.), also die Behauptung, dass der Turbokapitalismus und die Konsumkultur aus sich selbst heraus demokratische Gegenbewegungen hervorbringen, die ihnen letztlich zum Totengräber werden, scheint maßlos übertrieben. Tatsächlich haben sich die vermeintlichen Hoffnungsträger des demokratischen Wandels zur Nachhaltigkeit (Grüne Parteien, Green New Deal, LOHAS-Bewegung, Ökoinstitute, Umweltverbände) heute auf die Logik der Modernisierung bedingungsloser eingelassen denn je (vgl. Kapitel 5.2). Wirkliche Alternativen zur Kultur der Effizienz, Innovation und Beschleunigung sind kaum mehr vorstellbar und werden, wo immer sie doch aufkeimen, umgehend vom Markt absorbiert und in ein Konsumgut verwandelt. Zumindest für den Moment bleibt »billig will Ich« (kleiner Preis, großes Ich) (Blühdorn 2006a) der Schlachtruf der konsumbegeisterten Mehrheit, und solange alle relevanten politischen Akteure eifrigst bemüht sind, die Konsumfreude der Bürger (Binnennachfrage) weiter anzukurbeln, für neues Wirtschaftswachstum zu kämpfen und die Nachhaltigkeitskrise als Stimulus für eine neue Runde der Produktinnovation, Markterweiterung und

Arbeitsplatzsicherung zu nutzen (Green New Deal), gibt es keinen Grund zu der Annahme, ein alternativer Hedonismus hätte irgendeine Aussicht, sich breitenwirksam durchzusetzen. Vielmehr wird für den ganz überwiegenden Teil der Bevölkerung wohl weiterhin gelten, was Sigmar Gabriel 2006 als Umweltminister sagte: »Wenn wir ehrlich sind, empfindet auch in unserem Land eine Mehrzahl der Menschen ihr *Stück vom Kuchen* als eher zu klein als zu groß.« (BMU 2006, 5) Diese Einschätzung dürfte sich mit wachsender sozialer Ungleichheit sogar noch weiter ausbreiten, und entsprechend ist die Hoffnung auf einen demokratisch legitimierten Strukturwandel zur Nachhaltigkeit umso weniger begründet. Die Nachhaltigkeitskrise wird daher wohl für die Demokratie, wie die sozialen Bewegungen sie sich erträumt hatten, eher eine Bedrohung bleiben (vgl. Kapitel 5), als dass sie eine plausible Perspektive zur Verwirklichung dieses Ideals bietet.

Wenden wir uns also drittens noch jenen Hoffnungsquellen zu, die unter dem Stichwort »demokratische Innovationen« vorgestellt wurden. In der Tat ist die Innovations- und Anpassungsfähigkeit der Demokratie beachtlich. Die Demokratietheorie, die sozialen Bewegungen und Heerscharen von technokratischen Reformern haben die politischen Institutionen in etablierten Demokratien kontinuierlich modernisiert, um die Politik den Bürgern und die Bürger der Politik näherzubringen. Unübersehbar ist jedoch, dass sie damit das Problem des demokratischen Defizits und der organisierten Unverantwortlichkeit nicht haben lösen können. Die partizipatorische Revolution und die zugehörigen Demokratietheorien haben die Fähigkeit und Bereitschaft der Bürger, sich politisch zu engagieren und ihre privatistischen Sichtweisen im Sinne des Gemeinwohls zu revidieren, erheblich überschätzt. Umgekehrt haben sie die Attraktivität und die Möglichkeiten, außerhalb der Politik – zum Beispiel im materiellen Konsum – Verwirklichung und Zufriedenheit zu finden, deutlich unterschätzt. Entsprechend haben zahlreiche Kritiker darauf hingewiesen, dass die partizipativen Bewegungen und Theorien ein unrealistisches Bürgerbild propagier(t)en (vgl. z.B. Fraenkel 1964; Lehmbruch 1975; Elster 1986; Sartori 1992). Sie haben demokratische Erwartungen geweckt, die in der Praxis nicht erfüllbar waren (Crozier et al. 1975). Durch ein überhöhtes Maß an »fortwährender politischer Mobilisierung« haben partizipatorische Bewegungen »die politische Ordnung unter Stress« gestellt und zu ihrer Entlegitimierung beigetragen (Schmidt 2008, 248). Sie haben die Komplexität und Undurchsichtigkeit der Politik, gegen die sie sich eigentlich wandten, selbst weiter erhöht und die systemische Performanz moderner Demokratien geschwächt (vgl. z.B. Naschold 1968, 1971, 1996). Darüber hinaus haben sie zur demokratischen Ernüchterung auch insofern beigetragen, als sie nicht zu verhindern vermochten, dass die alternativen Strukturen, mit denen sie das etablierte System herausfordern und nachhaltig verändern wollten, bereits seit den achtziger Jahren – und heute deutlich verstärkt – als Ressource zur Stabilisierung der institutionalisierten Ordnung vereinnahmt wurden (vgl. Kapitel 5.4). Und vor allem haben sie die Ungleichheit politischer Repräsentation ungewollt eher verschärft als vermindert, denn in den sozialen Bewegungen haben sich insbesondere die schon zuvor privilegierten bürgerlichen Mittelschichten neue Artikulations- und Partizipationsmöglichkeiten erstritten. Sie haben verschiedene Formen von Kapital mobilisiert, die ihnen selbst in besonderem Maße zur Verfügung standen, und so dazu beigetragen, dass sich die relative Benachteiligung weniger privilegierter Gruppen sogar noch weiter vergrößert hat (vgl. z.B. Mansbridge 1980, 248ff.; Putnam 2000, 340; Schmidt 2008, 247f.; vgl. auch Kapitel 5).

Etliche dieser Kritikpunkte treffen ebenso wie auf die partizipatorischen Bewegungen und Theorien auch auf die Theorien der deliberativen Demokratie zu. Zumindest in ihrer idealen Form ist die deliberative Demokratie eine »rein normative contra-faktische Idee« geblieben, die als »organisatorisch oder prozedural umzusetzendes Alternativmodell zur Mehrheitsentscheidung« nicht tauglich ist (Greven 2009a, 70). Nach den gängigen Maßstäben der Effizienz sind Verfahren der deliberativen Demokratie nämlich zu zeit- und ressourcenaufwendig. Den machtfreien Raum, in dem ein herrschaftsfreier Diskurs stattfinden könnte, gibt es unter den realen Bedingungen institutionalisierter struktureller Ungleichheit nicht. Darüber hinaus ist die liberale Voraussetzung der Toleranz und des gegenseitigen Respekts zumindest bei all jenen, deren Wertvorstellungen auf wie immer begründeten *kategorischen Imperativen* beruhen, nicht gegeben. Entsprechend sind auch die transformativen Potenziale der Deliberation eher begrenzt. Zudem sind deliberative Verfahren nicht wirklich geeignet, gleiche und volle Repräsentation aller Interessen zu erreichen. Sie können bei Weitem nicht all diejenigen einbeziehen, die von den zu fällenden Entscheidungen betroffen sind. Faktoren wie soziale Schicht und Bildung haben in der Praxis einen starken Einfluss darauf, wer an Deliberationsverfahren teilnimmt. Dies beschränkt sowohl die vom Input als auch die vom Output abgeleitete Legitimation deliberativer Entscheidungen. Zusätzlich bleibt die Legitimität auch dadurch beschränkt, dass nur in seltenen Fällen tatsächlich ein Konsens erreicht werden kann. Bereits Schumpeter hatte ja darauf hingewiesen, dass »die letzten Werte – unsere Auffassung von dem, was das Leben und was die Gesellschaft sein sollte – jenseits des Bereiches reiner Logik«, also jenseits des rational Verhandelbaren, liegen (Schumpeter 1947, 399). Und Hannah Arendt hat betont, dass alle Politik »auf der Tatsache der Pluralität des Menschen« beruht (Arendt 1993, 9; vgl. auch Mouffe 1993, 140).

In der Tat wird die Theorie der deliberativen Demokratie der Komplexität heutiger Bürger, ihrer Vielschichtigkeit, Widersprüchlichkeit und Flexibilität, kaum gerecht. Insofern sie Emotionalität, Leidenschaft und alle anderen nichtrationalen Dimensionen menschlicher Subjektivität von vornherein ausklammert, ist sie reduktionistisch und exklusiv. Nadia Urbinati zum Beispiel sieht die deliberative Demokratie daher nicht als begrüßenswerte Innovation, sondern vor allem als Beispiel und Ausdruck einer »unpolitischen Versuchung in der zeitgenössischen Demokratietheorie«, eines wenig positiven »Trends hin zu unpolitischen Sichtweisen der Demokratie« (Urbinati 2010, 68). Deliberative Theorien, so ihre Kritik, legen die Teilnehmer des demokratischen Diskurses auf eine bestimmte Form der Rationalität fest, die nicht nur ungeeignet ist, Bürger und Konfliktlagen in ihrer Ganzheit und Komplexität zu repräsentieren, sondern die letztlich die Logik der bestehenden gesellschaftlichen Ordnung nur reproduzieren, nicht aber grundsätzlich herausfordern kann (vgl. auch Young 1990, 2001; Mouffe 1993). Aus dieser Perspektive schwächen deliberative Verfahren die Demokratie, statt sie zu stärken. Urbinati geht so weit, Deliberation als »Antidot gegen die Demokratie« zu bezeichnen (2010, 69-76). In der politischen Praxis bezögen deliberative Verfahren nur wenige – die im Übrigen keinerlei demokratisch legitimiertes Repräsentationsmandat hätten – wirklich aktiv ein, während sie die vielen Unbeteiligten »sogar noch passiver« machten (74). Ganz ähnlich hatte Chantal Mouffe bereits früher argumentiert, dass deliberative Verfahren die Bürger demobilisierten. Sie seien kein Gegenmittel gegen die politische Apathie, sondern verstärkten diese sogar, denn ihre entpolitisierenden Regeln zwängen die Teilnehmer in die Denk- und Artikulationsformen der Herrschenden und erstickten letztlich jeden Antagonismus und alle Diversität (Mouffe 1999).

Verfahren, die reine Sachlichkeit und Rationalität für sich in Anspruch nehmen, sind aus dieser Perspektive also bloß ein Instrument derer, die bestimmen können, was als Rationalität und Sachlichkeit zählt. Was sich als herrschaftsfreier Diskurs und Kraft des besseren Arguments darstellt, ist in Wahrheit nicht viel mehr als die erklärende Vermittlung des vermeintlich Alternativlosen und des im Sinne der gesellschaftlichen Eliten Vernünftigen. Tatsächlich kommt beispielsweise John Parkinson nach der Analyse zahlreicher Fallbeispiele zu dem Ergebnis, dass deliberative Bürgerforen oftmals bloße Scheinveranstaltungen seien, in denen Bürger über Themen beratschlagen dürfen, auf die sie wegen übergeordneter Sachzwänge tatsächlich praktisch gar keinen Einfluss haben (Parkinson 2004, 385). Der Staat umgekehrt, sagt Parkinson speziell mit Blick auf die britische Politik, benutze solche Bürgerbeteiligungs- und Deliberationsverfahren nicht, um tatsächlich Macht zu teilen, sondern vor allem, um seine strategische Position gegenüber den Bürgern zu stärken. Deliberationsverfahren seien in der Praxis also »Instrumente, mit deren Hilfe die Zentralregierung (*central government*) lokale Akteure kontrolliert, nicht Werkzeuge, welche die Menschen nutzen können, um die Zentralregierung zu kontrollieren« (382; vgl. Kapitel 5.4). Genau dies ist, was Urbinati als »den strategischen Gebrauch der Deliberation [...] gegen die Demokratie selbst« bezeichnet (Urbinati 2010, 68). Dies ist auch, worauf Greven mit der Feststellung zielt, deliberative Verfahren tendierten dazu, »als Rechtfertigung für eine advokatorische Expertokratie herhalten zu müssen« (Greven 2009a, 70). Sie werden in der Praxis oftmals in einer Form umgesetzt und vereinnahmt, die der Demokratie eher weiteren Schaden zufügt, als dass sie gestärkt würde. Gerade wenn sie als bloß strategisches Instrument eingesetzt werden, reduzieren vermeintlich deliberative Praktiken die Bürger »auf den Status von Objekten, anstatt sie zu Subjekten zu machen«, sie reduzieren sie auf »Instrumente, mit deren Hilfe andere ihre Autonomie ausleben, anstatt ihnen zu helfen, ihre eigene Autonomie zum Ausdruck zu bringen« (Parkinson 2004, 385; hierzu wesentlich gründlicher in Kapitel 4.3 und Kapitel 5).

Reformistische Innovationen schließlich, die nicht auf eine grundsätzliche Veränderung der politischen und gesellschaftlichen Tiefenstruktur zielen, sondern sich damit begnügen, die bestehenden Institutionen nachzujustieren, sind erst recht nicht in der Lage, die Probleme der Demokratie wirksam zu therapieren. Reformen wie das Absenken des Wahlalters, die Einführung direktdemokratischer Elemente oder die Verschärfung von Gesetzen zur Parteienfinanzierung mögen helfen, bestimmte Symptome wie niedrige Wahlbeteiligung, empfundene Repräsentationsdefizite oder den Vertrauensverlust von Politikern zu lindern. Die zugrunde liegenden Probleme der Demokratie können sie jedoch nicht lösen. Sie können weder die Komplexität von Problem- und Interessenlagen verringern, noch den kognitiven Notstand der Bürger beheben, noch auch die Politikverflechtung im Mehrebenensystem aufheben oder die Herrschaft der Systemimperative aussetzen. In einem Wort: Sie können weder den bedrohten Subjektstatus moderner Individuen sichern noch die Souveränität des Demos wiederherstellen. Sie ändern nichts an den Konstellationen der strukturellen Verantwortungslosigkeit und organisierten Unverantwortlichkeit. Modernisierungstheoretisch gesprochen, ist von diesen reformistischen Ansätze deswegen keine wirkliche Demokratisierung der Demokratie zu erwarten, weil sie die Logik der Moderne und der Modernisierung, von der die Bedrohung für die Demokratie letztlich ausgeht, gar nicht infrage stellen, geschweige denn in irgendeiner Hinsicht revidieren. Im Gegenteil treiben viele technokratisch-administrative Innovationen die modernistische Individualisierung, Rationalisierung, Differenzierung, Beschleunigung etc. aktiv voran. Statt dieser Logik normative Grenzen oder Leitplanken zu setzen, tragen sie ihrerseits dazu bei, die Reste noch vorhandener (vormoderner) Leitplanken weiter zu erodieren. Als Beschleuniger der Modernisierungslogik, als Instrumente, die neue Bedürfnisse, Ansprüche und Erwartungen wecken, die dann faktisch nicht erfüllt werden können, werden diese vermeintlichen Lösungsansätze selbst zum Teil des Problems.

Angesichts des Dilemmas, dass alle wirklich demokratisierenden Innovationen, das heißt solche, die politische Macht tatsächlich dezentralisieren und von oben nach unten umverteilen, in hohem Maße ressourcenaufwendig sind und die systemische Effizienz politischer, administrativer sowie wirtschaftlicher Prozesse beeinträchtigen, könnte man die reformistischen Ansätze als den Versuch beschreiben, den Bürgern vor allem das *Gefühl* von Beteiligung, Responsivität und politischer Gestaltungsmacht zu geben, also das Gefühl von *empowerment* und das Gefühl, mit ihrer Klage über demokratische Defizite gehört und ernst genommen zu werden, wobei aber die etablierten Strukturen so wenig wie möglich verändert und die Effizienz des Systems so wenig wie möglich geschwächt werden soll. Der Tendenz nach zielen demokratische Innovationen im Sinne von »institutional design« (Smith 2009) und »democratic engineering« (Blaug 2002) vor allem darauf, die Bürger zur Beteiligung an demokratischen Wahlen oder im obigen Sinne deliberativen Konsultationsverfahren zu bewegen. Denn während substanzielle, die Eliten tatsächlich herausfordernde Partizipation im Hinblick auf den Machterhalt sowie die erhoffte Output-Legitimität des politisch-administrativen Systems vor allem lästig ist, bleibt gerade die Wahlbeteiligung zur Sicherung von Input-Legitimität unverzichtbar. »Die etablierten Demokratien«, so argumentiert Ricardo Blaug, »versuchen, den partizipatorischen Input zu verbessern – aber gleichzeitig auch zu kontrollieren –, indem sie ihn in institutionalisierte Bahnen leiten, vereinfachen und rationalisieren.« (Blaug 2002, 105) Das Ziel besteht, mit Colin Crouch zu sprechen, darin, Formen der »minimalen Beteiligung maximal auszureizen« (Crouch 2008, 143). Hier bedeutet Demokratisierung also nicht die Umverteilung politischer

Macht von den etablierten Eliten an die Bürger, sondern die Befestigung des bestehenden Systems: »In ihrer aktuell herrschenden Form geht es der Demokratie in erster Linie darum, bestehende Institutionen zu bewahren und zu verbessern, indem man die geordnete Partizipation maximiert und verwaltet.« (Blaug 2002, 107)

Auch für die neuen Informations- und Kommunikationstechnologien, in die viele so hohe Erwartungen gesetzt hatten, ist die Bilanz bestenfalls gemischt. In nichtdemokratischen Systemen – die Länder des Arabischen Frühlings sind hier ein schlagendes Beispiel – haben diese Technologien und sozialen Plattformen wie Facebook oder Twitter ohne Zweifel eine überragende Bedeutung für Demokratisierungsbewegungen. Auch in etablierten Demokratien haben die neuen Technologien die Informations- und Organisationsfähigkeit der Bürger wesentlich erhöht. Protestbewegungen, NGOs und Interessengruppen konnten sich zu transnationalen Akteuren vernetzen und ihre Mobilisierungsfähigkeit sowohl bei politischen Kampagnen als auch bei der Mitglieder- und Spendenakquise erheblich verbessern. Hinsichtlich der Gleichheit der politischen und gesellschaftlichen Teilhabe ist der demokratisierende Effekt allerdings wohl gering oder sogar negativ. Denn die neuen Medien erzeugen nicht selbst neues Politikinteresse und neue politische Beteiligung, sondern sie aktivieren vor allem bereits vorhandene Potenziale. Internet-Politik, so stellten Leggewie und Bieber schon Anfang der nuller Jahre fest, kann »nie besser sein, als es derartige Prädispositionen erlauben« (Leggewie und Bieber 2003, 129). Insofern diese Prädispositionen aber sozialstrukturell und sozialpsychologisch beeinflusst sind, verstärken die neuen Informations- und Kommunikationsmedien die politische Ungleichheit sogar. Für Bürger, die ohnehin schon politikinteressiert und sozial privilegiert waren, bieten sie weitere Möglichkeiten zur politischen Ermächtigung. Bildungs- und politikferne Bevölkerungsteile hingegen fallen ebenso wie gesellschaftliche Randgruppen weiter zurück – nicht zuletzt auch deswegen, weil die wirksame und konkurrenzfähige Selbstdarstellung im Internet heute erhebliche Ressourcen erfordert.

Hinsichtlich des demokratisierenden Potenzials von *e-government* ist schließlich auch von Bedeutung, dass politische und administrative Institutionen die neuen Medien häufig vor allem als Instrument der Effizienzsteigerung nutzen. Zwar hat sich auch die Verfügbarkeit von Informationen verbessert, und viele Verwaltungsakte lassen sich bequemer erledigen, aber der wesentliche Anreiz für die Online-Bereitstellung von Informationen und Dienstleistungen ist nicht die größere Nähe zum Bürger oder dessen Ermächtigung, sondern vielmehr die kosteneffizientere Bürgerverwaltung und die Verminderung des ressourcenaufwendigen Besucherverkehrs in öffentlichen Behörden. Elektronische Medien verbessern nicht die bidirektionale Kommunikation, sondern sichern Distanz. Zwar bieten sich den Bürgern mehr Möglichkeiten denn je, ihrer *Kunden(un)zufriedenheit* Ausdruck zu verleihen, aber am Gefühl der Machtlosigkeit und dem Eindruck, bloßes Verwaltungsobjekt zu sein, ändert dies nichts. Vielmehr können die Informationsfülle und die reduzierte Verfügbarkeit direkter Ansprechpartner gerade in bildungsfernen Schichten politisches Desinteresse, Zynismus und Apathie sogar noch verstärken. Obwohl die neuen Medien theoretisch zweifelsohne vielfältige Möglichkeiten zur selbstbestimmten, horizontalen Kommunikation bieten, sind sie in der Praxis strukturell eher dazu angetan, politische Aufmerksamkeit und Energien zu zerstreuen als zu bündeln. Sie beschleunigen den Informations- und Kommunikationstakt in einem Maße, der alle Informationsverarbeitungskapazitäten systematisch überfordert und es immer schwerer macht, sich eine begründete Meinung zu einem Thema oder gar einen politischen Standpunkt zu bilden. Strukturell verhindern die neuen Medien die anhaltende und eingehende Beschäftigung mit einem Thema eher, als dass sie sie beförderten. Sie beschleunigen das Zappen zwischen beliebigen Angeboten und blockieren gerade jene diskursiven Qualitäten, die eine nachhaltige Demokratie unverzichtbar braucht.

2.5 Demokratische Selbstillusionierung

Die kritische Analyse zeigt also, dass es sich bei den besprochenen Äußerungen von demokratischem Optimismus vor allem um Wunschvorstellungen, politische Bekenntnisse und Mobilisierungsversuche handelt, nicht aber um soziologisch überzeugende Ansätze. Dabei sind die Diagnosen der demokratischen Optimisten natürlich keineswegs schlicht empirisch falsch; immerhin stützen sie sich oftmals auf belastbare empirische Untersuchungen. Doch interpretieren sie empirisch beobachtbare Phänomene in einer Weise, die normativ eingefärbt und analytisch unterkomplex ist, so dass sie letztlich wohl vor allem als Erzählungen der demokratischen Selbstillusionierung zu sehen sind. Natürlich wäre es verkehrt, die Entwicklungsfähigkeit der Demokratie und die erheblichen Potenziale für die Demokratisierung etablierter Strukturen zu unterschätzen. Auf keinen Fall darf man übersehen, in welchem Maße sich in modernen Demokratien die politischen Institutionen in den vergangenen Jahrzehnten tatsächlich geöffnet haben, Bürger formale Rechte erhalten haben und die politische Kultur sich gewandelt hat. Dennoch ist die Behauptung, die moderne Gesellschaft werde mit ihrer fortschreitenden Entwicklung immer demokratischer, angesichts zunehmender sozialer Ungleichheit, der erodierenden Autonomie vermeintlich selbstbestimmter Bürger, der schleichenden Entmachtung des demokratischen Souveräns und der voranschreitenden Entpolitisierung immer größerer Gesellschafts- und

Lebensbereiche einfach nicht plausibel. Richtig ist sicher, dass mit dem Fortschritt der Moderne die Ansprüche der Bürger auf Individualität, Subjektivität und demokratische Selbstbestimmung kontinuierlich wachsen. Politisch richtig ist auch, dass die demokratischen Optimisten sich gegen alle rückwärtsgewandten, antiegalitären, antilibertären und antiemanzipatorischen Versuche wenden, mit der wahrgenommenen Krise der Demokratie zurechtzukommen. Aus der Einsicht jedoch, dass gegenmodernistische Tendenzen keinen brauchbaren Ausweg weisen, folgt noch nicht, dass mehr oder eine beschleunigte Modernisierung eine aussichtsreichere Strategie sein kann.

Insgesamt hat die Behauptung, die fortschreitende Modernisierung schaffe immer günstigere Bedingungen für die Erfüllung der demokratischen Versprechen, ebenso wie der Versuch, die Demokratie durch modernisierende Innovationen zu vertiefen, etwas Paradoxes, denn es ist gerade die fortschreitende Modernisierung selbst, die die Demokratie unterminiert, indem sie ihre Grundlagen zersetzt. Die Hoffnung, dass moderne Gesellschaften sich aus der gegenwärtigen Krise herausmodernisieren könnten, war schon im umweltpolitischen Bereich eine Erzählung, die von interessierter Seite mit großem Aufwand entwickelt, verbreitet und gestützt wurde, die sich aber als fataler Irrtum erwiesen und die Krise letztlich nur verschärft hat. Das Gleiche gilt nun auch für den Versuch, sich aus der Krise der Demokratie herauszumodernisieren. Sowohl die radikaleren als auch die technokratisch-reformistischen Ansätze zur demokratischen Innovation verfangen sich in dem Dilemma, dass sie die normativen Ansprüche und Erwartungen weiter aufblähen, gleichzeitig aber selbst genau die Differenzierung, Beschleunigung, Vernetzung, Komplexität weiter erhöhen, die der Erfüllung dieser Ansprüche im Wege stehen, die die politische Undurchsichtigkeit und strukturelle Verantwortungslosigkeit verursachen, die Entpolitisierung vorantreiben und die die Bürger – allen voran die mit den geringsten kognitiven Fähigkeiten – parteien-, politiker-, politik- und demokratieverdrossen machen (vgl. Greven 2003, 82-86). Denn das Zeitbudget der Bürger, ihre Aufmerksamkeitskapazitäten und intellektuellen Kräfte bleiben begrenzt, während die Ich-Bezogenheit immer größer wird und die Entfaltung, Artikulation und Erhaltung des im Modernisierungsprozess zunehmend emanzipierten, anspruchsvollen, subjektivierten und zentralisierten Ich einen immer höheren Anteil der individuell zur Verfügung stehenden Ressourcen in Anspruch nimmt.

Vor diesem Paradox, dass sie demokratische Normen bestätigen und Erwartungen vermehren, während sie gleichzeitig die Möglichkeiten ihrer Erfüllung unterminieren, haben, wie Greven es formuliert, »nahezu alle reflektierten Überlegungen zur Weiterentwicklung der modernen Demokratie [...] kapituliert« (Greven 2003, 84). Daraus folgt einerseits, dass die Diskrepanz zwischen den demokratischen Ansprüchen und der politischen Realität moderner Gesellschaften immer größer wird. Andererseits ist es aber doch nicht ganz richtig zu sagen, dass das demokratische Defizit kontinuierlich wächst. Vielmehr sind die Normen, an denen man die Realität misst, und das Defizit, das dann festgestellt wird, ja eine flexible Größe. Demokratische Bedürfnisse und Erwartungen sind nicht konstant, sondern verändern sich fortlaufend. Der ganze Ansatz der demokratischen Innovation, der demokratischen Optimisten und der normativen Demokratietheorie überhaupt ist daher auch gewissermaßen fehlgeleitet. Denn diese Ansätze, radikal oder reformistisch, gehen insgesamt davon aus, dass die demokratischen Normen ein vom Modernisierungsprozess unberührter Fixpunkt seien. Realistischerweise muss man aber fragen, wie und warum die demokratischen Bedürfnisse und Erwartungen der Bürger – und damit der Maßstab des demokratischen Defizits – sich verändern. Die entscheidende Bezugsgröße sind hier die im Modernisierungsprozess ebenfalls veränderlichen Ideale von Individualität, Identität und Subjektivität. Alle Begriffe des demokratischen Defizits oder der demokratischen Enttäuschung können also eigentlich nur die jeweils aktuellen Bedürfnisse und Erwartungen – die in hochgradig differenzierten Gesellschaften natürlich schwer zu bestimmen sind – zum Maßstab nehmen, nicht irgendwelche absoluten Normen. Das wird im folgenden Kapitel ausführlicher erörtert. Dabei geht es dann nicht mehr um die Frage, wie demokratische Normen unter den Bedingungen der heutigen Moderne realisiert werden könnten, sondern darum, auszuloten, inwiefern sich demokratische Normen ihrerseits, den Bedingungen der heutigen Moderne folgend, verändern und inwiefern politische Institutionen sich angepasst haben und Funktionen erfüllen oder Bedürfnisse bedienen, die von der normativen Demokratietheorie nicht wahrgenommen werden und die die demokratischen Optimisten wohl auch gar nicht wahrnehmen bzw. wahrhaben wollen.

Hinsichtlich der Analysen der demokratischen Optimisten und der Anstrengungen zur demokratischen Innovation können wir hier abschließend drei Interpretationsweisen unterscheiden: Erstens könnten sie schlicht als ideologisch motivierte Fehldiagnosen gesehen werden bzw. als hilf- und aussichtslose Anstrengungen, die politische Realität den Idealen der Demokratie anzupassen. Zweitens könnten sie als gesellschaftliche Selbstbeschreibungen verstanden werden, in denen die Gültigkeit demokratischer Normen bestätigt und ein Bild gesellschaftlicher Trends kultiviert wird, das dem realen Stand der Modernisierung in vielerlei Hinsicht längst nicht mehr entspricht, das aber aus noch näher zu untersuchenden Gründen dennoch nicht aufgegeben werden kann und soll. Drittens könnten die Erzählungen der demokratischen Optimisten als Strategie derer interpretiert werden, die ein Interesse daran haben, zu verschleiern, dass die Demokratie in Wahrheit längst nicht mehr das Instrument der Ermächtigung und Gleichstellung der Unterprivilegierten ist, sondern sich verwandelt hat in ein Instrument zur Sicherung der Privilegien einer elitären Minderheit, in ein Instrument also der politischen Legitimation und des praktischen Managements zunehmender Ungleichheit und Exklusion. Diese dritte Interpretation wird in Kapitel 5 weiter ausgeführt. Die zuvor in Kapitel 4 entwickelte Theorie der *simulativen Demokratie* baut auf dem zweiten Interpretationsvorschlag auf, also auf der These, dass die Diagnosen und Prognosen des demokratischen Optimismus vor allem als Ausdruck einer demokratischen Selbstillusionierung gesehen werden müssen, das heißt als Erzeugung und Stabilisierung von Mythen bezüglich der Fähigkeiten, Qualitäten und Zielsetzungen der Demokratie, ihrer Entwicklungsperspektiven, moralischen Überlegenheit, überlegenen Leistungsfähigkeit etc. Nach dieser Interpretation sind die Erzählungen der demokratischen Optimisten also nicht einfach nur Fehldiagnosen, sondern sie erfüllen, so die These, eine ganz bestimmte Funktion. Sie bedienen (wie übrigens auch mein sprechender Wellensittich) ein ganz konkretes Bedürfnis – ohne dass ihnen diese Dienstleisterfunktion notwendig bewusst sein muß. Genau dieses Bedürfnis soll nun im folgenden Kapitel näher untersucht werden.

3. Die postdemokratische Wende

Wir sind also im einleitenden Kapitel zunächst der These nachgegangen, dass die Demokratie in einer tiefen Krise steckt, dass die Bürger in fortgeschritten modernen Gesellschaften das Vertrauen in die Demokratie und vielleicht sogar in die Politik überhaupt verlieren und dass demokratische Verfahren womöglich grundsätzlich nicht mehr in der Lage sind, die wesentlichen Zukunftsprobleme moderner Gesellschaften zu bewältigen. Es wurde deutlich, dass diese Diagnose in verschiedener Hinsicht zwar dem entspricht, was Demokratieskeptiker schon immer vorhergesagt hatten, sie steht aber in einem erklärungsbedürftigen Missverhältnis zu der ebenfalls festgestellten Radikalisierung demokratischer Werte und Erwartungen, wie sie sich zum Beispiel im Phänomen der deutschen Wutbürger, der spanischen Indignados oder der internationalen Occupy-Bewegungen artikuliert haben. Im zweiten Kapitel wurde die Gegenposition ausgeführt, nach der die Demokratie sowohl institutionell als auch im Bewusstsein der Bürger fester verankert ist denn je, die Bürger immer selbstbewusster, informierter und besser organisiert sind und soziale Bewegungen ebenso kraftvoll wie unbeirrbar die Entwicklung in Richtung einer authentischen Bürgerdemokratie vorantreiben. Aus dieser Sicht ist die Demokratie innovations- sowie anpassungsfähig und bestens gerüstet, die entscheidenden Zukunfts- und Nachhaltigkeitsfragen zu bewältigen, denen moderne Gesellschaften sich stellen müssen.

Die gründliche Analyse – und Kritik – dieser sehr viel optimistischeren Position war entscheidend, weil erst die detaillierte Auseinandersetzung mit den vielfältigen hoffnungsvollen Erzählungen und das Aufzeigen ihrer Grenzen illustriert, wie begründet die These von der grundlegenden Transformation der Demokratie tatsächlich ist, warum ein grundsätzlich neuer Analyseansatz erforderlich ist und welchen Herausforderungen ein solcher Ansatz begegnen wird. Es ist deutlich geworden, dass bei dem Versuch, den derzeitigen Zustand und die weiteren Entwicklungsperspektiven der Demokratie in postindustriellen Wohlstandsgesellschaften zu begreifen, weder das ritualisierte Klagelied über die Krise und das Ende der Demokratie noch die hoffnungsvollen Erzählungen, die im Sinne von »¡Democracia real YA!« immer wieder den Glauben an die nunmehr bevorstehende Einlösung der alten demokratischen Versprechen erneuern, wirklich zielführend sind. Beide Ansätze greifen zwar wichtige Aspekte auf, sind aber auf ihre je eigene Weise zu eindimensional, zu wenig komplex. Insbesondere die Diskussion im zweiten Kapitel hat jedoch gezeigt, dass gerade die Erzählungen des demokratischen Optimismus eine große Anziehungskraft haben, dass es offenbar ein starkes gesellschaftliches Bedürfnis nach solchen Erzählungen gibt und eine große Bereitschaft, sie anzunehmen, selbst wenn sie einer genaueren Prüfung eigentlich kaum standhalten. Das wirft die Frage auf, wo dieses Bedürfnis und die zugehörige Bereitschaft zur Selbstillusionierung eigentlich herrühren, und deutet auf die Widerstände hin, die jedem Versuch entgegenstehen werden, sich von der Idee der Demokratie, wie sie im Begriff der »neuen Politik« der sozialen Bewegungen noch einmal emphatisch aufgefrischt worden war, endgültig zu verabschieden. Doch genau dieser Versuch soll nunmehr unternommen werden. Im Begriff der *postdemokratischen Wende* sollen wesentliche Elemente der für sich jeweils zu einfachen Erzählungen vom Ende und von der bevorstehenden Erfüllung der Demokratie zusammengeführt werden. Es geht darum zu zeigen, dass und wie die Demokratie im traditionellen Sinne anachronistisch geworden ist, in welcher Hinsicht man wirklich davon sprechen kann, dass etablierte demokratische Normen sich historisch überlebt haben. Dabei soll zunächst der populäre, wie ich sagen werde, *schwache, polemische* Begriff der Postdemokratie besprochen werden, von dem sich das hier entwickelte Verständnis abgrenzen möchte. Im zweiten Schritt wird dann parallel zu meinen umwelttheoretischen Konzepten des *post-ecologism* und des *post-ecologist turn* ein *starker, emanzipatorischer* Begriff der Postdemokratie entwickelt.

3.1 Postdemokratie als Kampfbegriff

Es war Jacques Rancière, der den Begriff Postdemokratie Mitte der neunziger Jahre eingeführt hat. Rancière bezeichnet damit »eine Form des Verfalls der Demokratie, die in den westlichen Gesellschaften vorzufinden ist« (Rancière 1996, 119). Postdemokratie bedeutet für ihn die »Entzauberung« der Demokratie, mit der diese »in eine Reihe mit den großen Erzählungen einer abgelaufenen Epoche« gestellt werde (ebd.). Bei der Postdemokratie handele es sich um eine bloß noch »formelle Demokratie« (122), in der, ganz anders als die emphatisch vorgetragenen Forderungen der partizipatorischen Revolution es hätten erwarten lassen, kein wirkliches Interesse mehr an der authentischen, substanziellen Demokratie besteht. Auslöser für diese Entzauberung, für den »Sieg der sogenannten formellen Demokratie« und das »wahrnehmbare Desinteresse« an ihren Institutionen sei der »Zusammenbruch des Mythos Volk« (122). Rancière führt nicht im Einzelnen aus, was diesen behaupteten Zusammenbruch verursacht hat, definiert Postdemokratie aber als »die Idee einer Demokratie ohne *demos*« (139). Nichts könne sich politisch mehr »unter dem Namen des Volkes ereignen« (141), und entsprechend verzichte die Demokratie darauf, »sich als Macht des Volkes zu setzen« (121). Stattdessen sei die Postdemokratie eine Form der objektivierten gesellschaftlichen Verwaltung, in der wissenschaftliche Erkenntnis, ökonomische Notwendigkeit und rechtliche Regelung praktisch restlos jenen Raum ausfüllen, der vormals der Politik gehörte, das heißt, in dem die Konflikte verschiedener ihr Selbstbestimmungsrecht einfordernder politischer Subjekte ausgetragen wurden. Insofern als postdemokratisches Regieren sich bemühe, alle gesellschaftlichen Probleme zu »objektivieren« (141), könne die Postdemokratie auch als »konsensuelle Demokratie« (138) bezeichnet werden. Mit Konsens meint Rancière allerdings nicht Übereinstimmung zwischen konkurrierenden Akteuren, sondern lediglich die Abwesenheit von politischem Widerstreit, das heißt die Abwesenheit konkurrierender Subjektivitäten sowie der Differenz zwischen ihrem jeweiligen Selbstbestimmungsanspruch und der realen Ordnung der Dinge: »Die Postdemokratie muss, um das *demos* zu verabschieden, das Politische als abwesend setzen, es zwischen den Mühlsteinen der wirtschaftlichen Notwendigkeit und der rechtlichen Regel zerreiben.« (143) »Das Aufgeben der *Mythen* des Volkes und seiner Souveränität« (149) und die Objektivierung der Politik im Namen der Wissenschaft, des Rechts und des wirtschaftlichen Sachzwangs führe, behauptet Rancière, in einen gesellschaftlichen Zustand, der durch »das Ende der Utopien pazifiert ist« (149).

In etwas weniger detailliert ausgeführter, aber ebenfalls sehr erhellender Weise hat Sheldon Wolin den Begriff Postdemokratie im gleichnamigen letzten Kapitel seines Buches über Alexis de Tocqueville verwendet (Wolin 2001, 561-572). Die Demokratie, sagt er hier, »sieht in unserer Gegenwart dem Schicksal entgegen, das die Aristokratie zu Lebzeiten Tocquevilles erlebte; sie wird zu einem archaischen Überbleibsel einer überholten Vergangenheit« (567). Ähnlich wie Rancière geht also auch Wolin davon aus, dass das demokratische Projekt sich erschöpft und historisch überlebt hat. Ebenso wie Rancière verbindet er das Phänomen der Postdemokratie explizit mit der Postmoderne (Rancière 1996, 119; Wolin 2001, 571). Die

Demokratie, führt er aus, sei »die Regierungsform, die die Moderne einleitete«, und die Postdemokratie sei entsprechend »das politische Regime der Epoche, die auf die Moderne folgt« (569). Kennzeichnend für die Postdemokratie sei dabei, dass sie gleichzeitig einen »Sieg über die Demokratie und ihre Nachahmung« darstelle (ebd.). Es handele sich um eine neuartige Form des Despotismus, die Wolin wahlweise als »demokratischen Despotismus«, als »totalitäre Demokratie« (569) und, in einem späteren Buch dann, als »umgekehrten Totalitarismus« bezeichnet (Wolin 2008). In der Postdemokratie gehe es um die Verwaltung einer »Gesellschaft verkümmerter Individuen, die sich mit einem Leben ohne jede politische Verantwortung abgefunden haben« (570). Ganz entscheidend ist Wolins These, der postdemokratische Mensch wolle »geführt werden, sich aber gleichzeitig frei fühlen« (ebd.) Die despotische Beherrschung sei deshalb milder als in traditionellen autoritären Systemen, sie erstrecke sich jedoch auf mehr Bereiche (ebd.). Typisch für die Postdemokratie sei auch »die Auflösung der Politik in der Ökonomie und die Herausbildung eines [...] ökonomisierten Gemeinwesens« (571). Während für die Demokratie die Idee der Volkssouveränität zentral war, bleibe in der Postdemokratie nur noch »der Anschein von Volkssouveränität« erhalten (570), der den Bürgern keine politische Verantwortung mehr zumutet, ihnen aber doch ein Gefühl von Freiheit gibt: Die »Souveränität der Konsumenten« fungiere als postdemokratisches Äquivalent für politische Souveränität im traditionellen Sinne (571). Ein Merkmal der Postdemokratie sei dementsprechend auch »das weitgehende Verschwinden der Kultur der Partizipation, die von einer Kultur des Rückzugs ins Private, der Isolation und des Konsumismus« abgelöst werde (570). Wahl- und Meinungsumfragen vermischten sich übergangslos mit der Marktforschung (571).

Rancière und Wolin hatten den Begriff der Postdemokratie

also bereits recht umfassend inhaltlich bestimmt, populär gemacht hat ihn aber bekanntlich erst Colin Crouch (2008), in dessen mit politischer Verve gezeichnetem Gesellschaftsbild allerdings etliche Feinheiten, die Rancière und Wolin schon herausgearbeitet hatten, wieder verloren gehen. Für Crouch bezeichnet der Begriff Postdemokratie ein Gemeinwesen, in dem zwar »die demokratischen Institutionen formal weiterhin vollkommen intakt« sind (Crouch 2008, 13), in dem es also konkurrierende Parteien gibt, regelmäßig Wahlen abgehalten werden und diese gegebenenfalls auch tatsächlich zur friedlichen Ablösung von Regierungen führen, in dem gleichwohl aber die Mehrheit der Bürger »eine passive, schweigende, ja sogar apathische Rolle« spielt (10) und in dem auch seitens der Machthaber keinerlei genuines Interesse an »wirklicher, umfassender Beteiligung der Bürger« besteht (ebd.). Da die Regierungen zur Legitimationsbeschaffung aber vom Wahlvolk abhängig bleiben, seien sie stets bemüht, »Formen der minimalen Beteiligung maximal auszureizen« (143). Doch »im Schatten dieser politischen Inszenierung« werde »die reale Politik hinter verschlossenen Türen gemacht« und »vor allem von den Interessen der Wirtschaft« bestimmt (10). Der Begriff der Postdemokratie, glaubt Crouch, »kann uns dabei helfen, Situationen zu beschreiben, in denen sich nach einem Augenblick der Demokratie Langeweile, Frustration und Desillusionierung breitgemacht« (30) haben und die »Verschwörung der Reichen und Mächtigen« (141) den rechtmäßigen demokratischen Souverän wieder fast vollständig entmachtet hat.

Der Tradition der postmarxistischen Linken und der Kritischen Theorie folgend, sieht Crouch »die wachsende politische Macht der Unternehmen« als die »treibende Kraft hinter dem Vormarsch der Postdemokratie« (133). Als weitere Erklärungsfaktoren nennt er die »unvermeidliche Entropie der Demokratie« (ebd. 133), die nach Momenten hoher basisdemokratischer Bürgermobilisierung noch stets zu einer oligarchisierenden Gegenbewegung geführt habe. Darüber hinaus verweist er auf den Niedergang der Arbeiterklasse, die traditionell das politische Subjekt des demokratischen Projektes gewesen ist (71 ff.). Letztendlich jedoch bleibt »the rise of the firm« (Crouch 2004, 72) für ihn der entscheidende Auslöser der Postdemokratie, wobei dieser Ausdruck allerdings nur unzureichend als »Aufstieg der globalen Unternehmen« übersetzt ist (Crouch 2008, 93). Vielmehr geht es Crouch um die Tatsache, dass das marktwirtschaftliche Denken immer restloser alle Bereiche der Gesellschaft durchdringt, dass also nicht nur wesentliche Politikbereiche wie die Bildung, die Gesundheitsversorgung – man mag hinzusetzen: in einigen Ländern sogar schon der Strafvollzug – fortschreitend privatisiert und kommerzialisiert werden (101 ff.), sondern auch die politischen Parteien und der politische Wettbewerb zunehmend nach den Regeln und der Logik des Marktes funktionieren (S. 91 ff.).

Mit Crouch ist der Begriff Postdemokratie zum festen Bestandteil der öffentlichen Debatte geworden. Gerade in journalistischen Kreisen und populärwissenschaftlichen Kontexten hat er erhebliche Popularität erlangt, von politikwissenschaftlicher Seite jedoch ist er zumeist als zu wenig trennscharf und theoretisch wie empirisch unzureichend fundiert zurückgewiesen worden (vgl. Richter 2006; Offe 2008; Hennig 2010). Dabei gilt vor allem in Bezug auf Crouch natürlich – mit Abstrichen auch für Rancière oder Wolin –, dass der Terminus Postdemokratie in erster Linie als polemischer Reiz- und politischer Kampfbegriff gemeint ist. Aus wissenschaftlicher Perspektive dagegen drängt sich der Einwand auf, dass der Begriff inhaltlich unterbestimmt ist und romantisierend über den Verlust eines vermeintlichen Goldenen Zeitalters der Demokratie lamentiert, das es empirisch nie gegeben hat. Völlig ungeklärt bleibt, *welche Demokratie* hier eigentlich gemeint ist: Schließlich gibt es eine Vielzahl immer neuer Versuche, demokratische Ideale zu institutionalisieren, und diese Ideale waren ihrerseits auch nie statisch und/oder in sich konsistent, sondern immer einem Prozess fortlaufender Neuverhandlung und Neubalancierung unterworfen. Außerdem weicht das inflationär verwendete Präfix *post-* nicht nur willentlich einer genauen Bestimmung dessen aus, was den gegenwärtigen Zustand angeblich kategorial von seinem Vorgänger unterscheidet, sondern es gibt auch zu dem notorischen Missverständnis Anlass, bei der sogenannten Postdemokratie gehe es um ein *nicht mehr* oder *jenseits von*. Das allerdings ist ganz offensichtlich empirisch nicht der Fall, und zwar nicht nur in dem auch von Crouch zugestandenen Sinne, dass die Institutionen der Demokratie formal weiterhin voll intakt sind, sondern auch insofern, als der *Mythos Volk* im Gegensatz zu Rancières Behauptungen durchaus noch lebt: *Wir sind das Volk! Wir sind die 99 Prozent!*

Weiter ist kritisch anzumerken, dass das, was Crouch bezüglich des Siegeszuges der ökonomischen Rationalität ausführt, natürlich nicht neu ist und daher auch nicht überzeugend als Unterscheidungsmerkmal einer vermeintlich neuen politischen Epoche taugt. Marx und Engels hatten in ihrem *Kommunistischen Manifest* von 1848 bereits unzweideutig vorhergesagt, dass die kapitalistische Wirtschaftsordnung die natürliche und soziale Welt restlos durchdringen und alles Außerwirtschaftliche in eine ökonomische Ressource und handelbare Ware verwandeln werde. Hinsichtlich des Verhältnisses zwischen Politik und Markt hatte Schumpeter schon 1947 festgestellt, »Parteipolitiker und Parteimaschinen« seien nur der »Versuch, den politischen Konkurrenzkampf genau gleich wie die entsprechenden Praktiken eines Wirtschaftsverbandes zu regulieren« (Schumpeter 1947, 450). Entgegen der verbreiteten Sichtweise, die dies »als frivol oder zynisch mißbilligt«, fand Schumpeter es völlig normal, dass Politiker »genau so mit Stimmen handeln« wie Geschäftsleute zum Beispiel »mit Öl«

(453). Wer dies noch nicht verstanden habe, stecke »politisch gesprochen noch in den Kinderschuhen« (454). Indem er die Werte und Prinzipien, die Politiker und Parteien demonstrativ vor sich hertragen, explizit mit den »Warenzeichen der Artikel, die ein Warenhaus verkauft« (449), verglich, hatte Schumpeter auch schon die Idee von der Politik als Marke vorweggenommen. In den fünfziger Jahren baute Anthony Downs diesen Ansatz dann zu seiner *Economic Theory of Democracy* (1957) aus, in der er unter anderem sagt, die politischen Werte und Inhalte seien beliebig und ein bloßes Mittel zur Macht. Die Parteien und Politiker strebten »nicht die Regierung an, um vorgefasste politische Konzepte zu verwirklichen, sondern formulieren politische Konzepte, um an die Regierung zu kommen« (Downs 1968, 290). Was Crouch als unterscheidendes Charakteristikum der Postdemokratie beschreibt, ist also beim besten Willen nicht neu. Und wie Rancière richtig herausstellt, ist das unaufhaltsame Vordringen der Marktlogik auch nur eine von drei Dimensionen dessen, was er selbst als das zentrale Merkmal der Postdemokratie sieht: die objektivierende Entpolitisierung, die außer von der Marktlogik auch von der fortschreitenden Verrechtlichung und vor allem von der Verwissenschaftlichung der Politik vorangetrieben wird.

Zudem ist das von Crouch vorgeschlagene Analysemodell auch nicht konsistent. Zunächst spricht er von der »parabelförmigen Lebenskurve der Demokratie« (Crouch 2008, 13), er präsentiert also »die geometrische Form der Parabel« als ein »geeignetes Bild für die Geschichte der Demokratie« (11). In seinem Dreiphasenmodell – Prädemokratie, Demokratie, Postdemokratie – liegt der »Augenblick der Demokratie« (14 ff.) auf dem Scheitelpunkt der Kurve und, wie Crouch ausführt, für die meisten westlichen Industriestaaten irgendwo im dritten Viertel des 20. Jahrhunderts. Der jenseits dieses Punktes dann einsetzende Niedergang, die »Entropie der Demokratie«, sei »unvermeidlich«, und die von der sich ausbreitenden

Marktlogik verursachten Veränderungen seien »so massiv« und beträfen »so viele Bereiche, dass keine wirkliche Wende in Sicht ist« (133). Der politische Kampf der Verfechter egalitärer Ideale könne die »Postdemokratie nicht rückgängig machen« (20). Dann aber verwandelt sich das Parabelmodell unversehens in ein Modell zyklischer Mobilisierung, Demobilisierung und Remobilisierung. Wie immer weit die Postdemokratisierung auch voranschreite, argumentiert Crouch in seinem abschließenden Kapitel plötzlich, könnten sich doch jederzeit neue soziale Identitäten formieren, die in der Lage seien, »der konventionellen postdemokratischen Kampagnenpolitik mit all ihren Inszenierungen und schrecklichen Phrasen« (137) die Stirn zu bieten. Tatsächlich sei es nun auch »höchste Zeit für all diejenigen, die in den neunziger Jahren durch die scheinbare Überlegenheit des *shareholder*-Modells der Unternehmenskontrolle eingeschüchtert wurden, zum Gegenangriff überzugehen« (ebd.). Wo und wie genau diese neuen politischen Subjekte entstehen sollen – das zunehmend entrechtete und entwürdigte postindustrielle Service-Proletariat ist, wie in Kapitel 2 bereits angedeutet, angesichts seiner Vielschichtigkeit und Fragmentierung wohl kaum ein plausibler Kandidat; woher sie den Raum und die Kraft nehmen sollen, sich unabhängig und unbehelligt von der Logik des Marktes zu konstituieren und sich letztlich gegen diese gar durchzusetzen – all dies lässt Crouch ungeklärt. Sein bereits zitierter Glaube an eine »massive Eskalation des Protests und des Widerstands« (157) bleibt also unbegründet. Bei seiner großen demokratischen Erneuerung ist vor allem der Wunsch der Vater des Gedankens, und genau darin liegt auch der gewichtigste Einwand gegen den populären Begriff der Postdemokratie:

Dieser Begriff hat – gerade wie Crouch ihn versteht – eigentlich kein politikwissenschaftliches Interesse an dem, was sich da neu herausbildet, wenn etablierte politische Normen und Strukturen schwächeln. Crouchs polemischer Reizbegriff dient vielmehr explizit der politischen Kampagne. Er soll helfen, neue Begeisterung für das demokratische Projekt zu mobilisieren. Crouch möchte dem egalitären Projekt neue Energie geben, der demokratischen Praxis neues Leben einhauchen. Es geht ihm um eine »Vitalisierung der Demokratie« (155). Auch Rancière und Wolin zielen letztlich darauf, dass unsere entpolititierten Gesellschaften wieder auf den »Weg der vernünftigen Demokratie« zurückfinden (Rancière 1996, 155; vgl. auch Mouffe 2011). Bei Crouch jedoch ist am deutlichsten sichtbar, dass er sich auf seinen Kernbegriff tatsächlich überhaupt nicht einlässt. Seine Analyse der Ursachen für den Siegeszug der Postdemokratie spricht zwar wichtige Aspekte an, wird aber nicht so weit vertieft, dass sie etwa die normativ geforderte Wiederbelebung der Demokratie ernsthaft blockieren könnte. Die Möglichkeit, dass die Grundlagen der Demokratie so weit ausgehöhlt und zerstört sein könnten, dass eine Wiederbelebung der Demokratie im Sinne der neuen sozialen Bewegungen tatsächlich keine Option mehr ist, zieht Crouch überhaupt nicht in Betracht. Die Möglichkeit, dass sich im Zuge der gesellschaftlichen Entwicklung demokratische Bedürfnisse und Erwartungen grundlegend ändern könnten, dass sich also jenseits traditioneller demokratischer Normen ein genuin *post*-demokratisches Demokratieverständnis herausbilden könnte, wird gar nicht erwogen. Einen Versuch auszuloten, wie und nach Maßgabe welcher Faktoren sich unter den Bedingungen fortgeschritten moderner Gesellschaften die Bedeutung demokratischer Kategorien wie Partizipation, Repräsentation oder Legitimation neu konfiguriert, unternimmt Crouch nicht. Eine gesellschaftstheoretisch plausible Perspektive, wie die von ihm geforderte Rückkehr zu inzwischen offensichtlich verblassten, älteren Formen und Normen der Demokratie politisch-praktisch umgesetzt werden könnte, fehlt allerdings ebenfalls.

So bleibt der als politischer Kampfbegriff gemeinte Begriff

der Postdemokratie in doppelter Hinsicht unbefriedigend: Weder liefert er eine überzeugende Strategie für das politische Projekt, das er sich vornimmt, noch liefert er eine brauchbare Beschreibung dessen, was sich faktisch derzeit neu herausbildet. Um die eigentliche Besonderheit der Demokratie und Politik in modernen Konsumentengesellschaften auf einen klaren Nenner zu bringen, sind der normative Ansatz und der polemische Postdemokratie-Begriff weitgehend ungeeignet. Den eigentlich entscheidenden Punkt, nämlich die Situation der demokratischen Ernüchterung, die dem demokratischen Optimismus der neuen sozialen Bewegungen folgte, bekommen sie nicht in den Blick. Die doppelten Zweifel hinsichtlich der Zukunftsfähigkeit der Demokratie; das spezifisch Neue der zeitgenössischen Anti-Politik, deren Vertrauen ins basisdemokratische Projekt der älteren »neuen Politik« zwar gebrochen ist, die gleichwohl aber energisch für *Echte Demokratie jetzt!* mobilisiert und demonstriert, werden im populären, schwachen Begriff der Postdemokratie nicht, bzw. nicht gründlich genug, thematisiert. Die Modelle von Rancière und Crouch (oder auch Chantal Mouffe) sind diesbezüglich vollständig blind; Wolin geht über vorsichtige Andeutungen nicht hinaus. Ein sozialwissenschaftlich starker Begriff der Postdemokratie müsste sich aber gerade auf diese Widersprüchlichkeit, die Paradoxa, die Dilemmata konzentrieren, die die Besonderheit fortgeschritten moderner Demokratien ausmachen. Und er müsste untersuchen, wie diese Paradoxa und Dilemmata politisch-praktisch gehandhabt und gesellschaftlich erträglich gemacht werden.

3.2 Vom schwachen zum starken Begriff

Der Schlüssel zu einem starken Begriff der Postdemokratie, das heißt zu einer weniger normativen und sozialwissenschaftlich aufschlussreicheren Analyse der für fortgeschritten moderne Gesellschaften typischen Form der Demokratie, liegt in genau jenem Moment, das ich in der umweltpolitischen Theorie und Analyse als Angelpunkt des Paradigmenwechsels (*post-ecologist turn*) von der politischen Ökologie (*ecologism*) zu vermeintlich entideologisierten und pragmatischen Ansätzen (*post-ecologism*) beschrieben habe: in der modernistischen Idee des autonomen Subjekts (vgl. insbes. Blühdorn 2000, 2004b, 2007c, 2011a, 2013). Im ersten Kapitel wurden dieser Begriff und die hier behauptete Parallelität bereits angesprochen. Im Denken der politischen Ökologie, wie es in verschiedenen Varianten zum Beispiel von Barry Commoner (1971), Robert Allen und Edward Goldsmith (1972), Murray Bookchin (1982), Jonathon Porritt (1984), Petra Kelly (1983) oder auch dem Karlsruher Bundesprogramm der Grünen von 1980 artikuliert wurde, spielte diese modernistische Idee des autonomen Subjekts insofern eine zentrale Rolle, als hier der Natur im gleichen Sinne das Recht auf Freiheit, Unversehrtheit und Selbstwerthaftigkeit – mit einem Wort Subjekt- anstatt bloß Objektstatus – zugesprochen wurde wie dem modernen Individuum oder Bürger. Im Namen der Idee des *autonomen Subjekts* kämpften die Vordenker der politischen Ökologie sowohl gegen die Vergewaltigung, Verstümmelung und Ausbeutung der Natur durch die industrielle Gesellschaft und den Konsumkapitalismus als auch gegen die Versklavung, Entfremdung und Entwürdigung des Menschen. Die Autonomie und Integrität der Natur und die des Menschen wurden als zwei Seiten der gleichen Medaille gedacht, als zwei unzertrennliche Dimensionen derselben Idee. Die Befreiung des einen, glaubte die politische Ökologie, wäre ohne die Aufhebung der Entfremdung des anderen nicht zu erreichen, und für beide wäre eine radikale Abkehr vom System der kapitalistischen Konsumgesellschaft unverzichtbar. Doch das Denken der politischen Ökologie hat sich bekanntlich nur sehr begrenzt durchsetzen können, und zwar ganz wesentlich deshalb, weil sich die gesellschaftlich bestimmenden Vorstellungen von Subjektivität, Selbstbestimmung und Selbstverwirklichung immer weiter von jenen Normen entfernten, auf die die politische Ökologie ihre Diagnosen, Visionen und Strategien gegründet hatte. Umweltpolitische Problemwahrnehmungen und Lösungskonzepte gründen heute auf völlig andere Referenznormen als bei den ökopolitischen Vordenkern der siebziger und achtziger Jahre (hierzu gründlicher in Kapitel 5.2). Und im selben Sinne, wie sich wandelnde Vorstellungen vom erfüllten Leben und moderne Muster der Selbstkonstitution und Selbstartikulation die Perspektive auf umweltpolitische Fragestellungen grundsätzlich verändert haben, haben sie auch die Wahrnehmung der Demokratie und das Verständnis von demokratischen Normen verwandelt. Bereits die Theoretiker des *postmaterialistischen* Wertewandels und der *stillen Revolution* (vgl. Kapitel 2) hatten ja ganz richtig herausgestellt, dass umweltpolitische und demokratische Wertvorstellungen sehr eng miteinander verbunden sind.

Auf dem Weg zu einem starken Begriff der Postdemokratie gilt es also, sich dem Begriff des autonomen Subjekts zuzuwenden. Es muss der Ansatz weiter entwickelt werden, den Rancière verfolgt, wenn er die Demokratie als »die Subjektivierungsweise des Politischen« beschreibt (1996, 125). Für Rancière bedeutet Subjektivierung des Politischen erstens die Konstituierung eines auf Selbstbestimmung Anspruch erhebenden Subjekts, zweitens die Feststellung einer Differenz zwischen dessen normativem Anspruch und der realen Ordnung und drittens die Austragung des entsprechenden politischen »Streithandels« in diesem Zweck angemessenen Arenen. Im

Anschluss an Foucault fasst er diese drei Bedingungen der Demokratie als das »Dispositiv der Subjektivierung« zusammen (125). Dabei bezieht sich sein Subjektbegriff vor allem auf das Souveränität beanspruchende *Volk*, das Rousseau als die Gesamtheit der Bürger verstand, die er gegenüber den aristokratischen Eliten in Stellung brachte, und das Marx – neu definiert als die Arbeiterklasse – gegenüber dem herrschenden Kapital aufbaute (121). Entscheidend ist hier Rancières Hinweis, dass das Volk keine essenzialistische, sondern eine konstruierte und veränderlich definierbare Entität ist, ein »Mythos«; und wie oben bereits angedeutet, ebnet für Rancière der »Zusammenbruch des Mythos Volk« (122) den Weg zur Postdemokratie, die er entsprechend als »Demokratie ohne *demos*« (139) und als Objektivierung der Politik bezeichnet. Da aber erstens der »Mythos Volk« heute, wie gesagt, mitnichten zusammengebrochen ist, sondern in vielfältigen Neuinszenierungen fortlebt, und zweitens die Gleichsetzung der Begriffe Subjekt und Volk ungerechtfertigt eng ist, soll im Folgenden statt vom »Mythos Volk« eher vom »Mythos Subjekt« gesprochen werden. Tatsächlich entspricht diese Ausdrucksweise auch besser Rancières Erklärung der sich gegenwärtig vollziehenden Transformation der Demokratie als Erschöpfung des »Dispositivs der Subjektivierung« und der in Schaubild 3.1 visualisierten Gegenüberstellung zwischen der demokratischen *Politik der Subjektivierung* und der postdemokratischen *Politik der Objektivierung*.

Der »Mythos Subjekt«, oder genauer: die modernistische Norm des *autonomen Subjekts*, die Kant aus dem cartesianischen *denkenden Subjekt* entwickelt hatte und die die bürgerlich-liberale Tradition in das *identitäre Subjekt* weiterentwickelt hat, kann als die Zentralkategorie der Demokratie überhaupt bezeichnet werden. Das demokratische Projekt gründet auf der Vorstellung und zielt auf die Verwirklichung des freien, vernünftigen, mündigen, selbstwerthaften Subjekts. Dabei sind

Schaubild 3.1: Demokratie und Subjektivität

Prädemokratie	Demokratie	Postdemokratie
Das Absolute (Gott) ist normativer Bezugspunkt als vormoderne Einheit von (absoluter) Subjektivität und Objektivität.	Politik der Subjektivierung; Idee des autonomen Subjekts ist normativer Bezugspunkt.	Politik der Objektivierung; Objektivität (Wissenschaft, Recht, systemische Imperative) ist normativer Bezugspunkt.

die Autonomie des Individuums (individuelles Subjekt), die politische Selbstbestimmung des Volkes (kollektives Subjekt, Demos) und die Souveränität des Staates in der internationalen Gemeinschaft drei Dimensionen derselben Idee. Insofern diese Idee des autonomen Subjekts nicht nur die zentrale Referenznorm der Demokratie, sondern auch des Projekts der (emanzipatorischen) Moderne überhaupt ist, haben Inglehart und andere zu Recht behauptet, der als fortschreitende Emanzipation der Bürger und als Entfaltung ihrer Selbstbestimmungsansprüche verstandene Prozess der Modernisierung sei immer auch ein Prozess der Demokratisierung oder schaffe zumindest immer günstigere Bedingungen für die Entwicklung der Demokratie (vgl. Kapitel 2). Nun haben sie dabei allerdings nicht in Betracht gezogen, dass dieses Ideal des autonomen und identitären Subjekts, dieses normative Herzstück sowohl der Moderne als auch der Demokratie, vom Prozess der fortschreitenden Modernisierung selbst nicht unberührt bleibt. Mit anderen Worten: Modernisierung bedeutete nicht einfach nur die schrittweise Durchsetzung der für sich selbst unveränderlichen Norm des autonomen und identitären Subjektes und entsprechend die schrittweise Durchsetzung der Demokratie, sondern auch die schrittweise Weiterentwicklung dieser Norm selbst und entsprechend die Transformation der Demokratie. Rancière erfasst diesen Sachverhalt treffend, wenn er das Subjekt als Erfindung, als veränderliche Konstruktion, als Mythos bezeichnet. Doch wenn er vom *Ende* der Politik der Subjektivierung spricht und von deren Ablösung durch die postdemokratische Politik der Objektivierung, verfehlt auch er den eigentlichen Kern. Der fortlaufende Prozess der Modernisierung hat den der Demokratie zugrunde liegenden Mythos Subjekt nämlich keineswegs vollständig zerstört, er hat die spezifisch modernistische Norm des *autonomen* und *identitären* Subjekts aber in mehrfacher Hinsicht grundlegend rekonfiguriert:

Erstens ist das der modernistischen Idee nach *autonome* Subjekt nahezu restlos vom Markt durchdrungen und vereinnahmt worden. Nach der bürgerlich modernistischen Idee waren Subjektivität und Identität eigentlich als Eigenständigkeit verstanden worden, als selbstbestimmte Entfaltung natürlicher Prädispositionen und *innerer* Werte. Sie waren gedacht als grundsätzlich unterschieden und unabhängig vom Markt. Identitätsbildung und Warenkonsum konnten schon deswegen nichts miteinander zu tun haben, weil der fordistische Markt mehr oder weniger standardisierte Produkte aus industrieller Massenfertigung anbot, während Identität und Subjektivität gerade individuelle Besonderheit, Originalität und Unterscheidbarkeit bedeuteten. Schon Marx hatte bekanntlich betont, dass man Identität nicht kaufen kann, sondern sie sich im engsten Sinne des Wortes selbst *erarbeiten* muss. Die frühe bürgerliche Verachtung der industriellen Massen- und Konsumkultur spiegelte die modernistische Norm des autonomen Subjekts ebenso wider wie die Konsumverweigerung der Alternativbewegungen der siebziger und achtziger Jahre. In Trends wie *urban gardening* und den oben angesprochenen Erzählungen vom »alternativen Hedonismus« hallt sie bis heute nach, doch der Markt hat längst auch die privatesten Lebensbereiche durchdrungen und bestimmt mit seiner Produktpalette und Logik sowohl das Handeln als auch das

– vermeintlich freie – Denken moderner Bürger in einem solchen Ausmaß, dass die Möglichkeit einer selbstbestimmten Identitätsbildung und einer autonomen Subjektivität praktisch nicht mehr besteht. Douglas Kellner (1995), Mike Featherstone (2007), Zygmunt Bauman (2009) und viele andere haben ausführlich beschrieben, wie Identitätskonstruktion, Selbstverwirklichung und Selbstartikulation ganz wesentlich zur Frage von Kaufentscheidungen und Konsumhandlungen geworden sind.

In der Tradition von Marcuses *Der eindimensionale Mensch* (1964) wird die Vereinnahmung des vermeintlich autonomen Subjekts durch den Markt zwar bis heute kritisch kommentiert (vgl. z. B. Klein 2005; Barber 2008), doch hat der Konsum sein negatives Image weitgehend abgelegt. Shopping und die damit verbundenen Tätigkeiten der Vor- und Nachbereitung – Produktinformation, Preisvergleich, Feststellung geeigneter Shopping-*locations* (spezielle Outlets, Malls, Märkte etc.) und -*destinations* (man denke an Shopping-Reisen nach New York, Paris, London), das Zurschaustellen der erworbenen Artikel – sind zur erklärten Lieblingsbeschäftigung und zum zentralen Lebensinhalt moderner Bürger avanciert. Die Idee, die Selbstverwirklichung in modernen Konsumtempeln könnte etwa »hedonistically repressive« sein (Soper; vgl. Kapitel 2.2), löst in aller Regel nur noch unverständiges Kopfschütteln aus. Die zum austauschbaren Job degradierte Berufstätigkeit dient für wesentliche Teile der Bevölkerung demgegenüber immer häufiger vor allem der Absicherung der erforderlichen Kaufkraft. Das Vorhandensein von geeigneten Shopping-Möglichkeiten ist ein entscheidendes Kriterium bei der Auswahl von Wohnort, Ausflugs- und Reisezielen. Der postfordistische Markt bietet Vielfalt und Auswahl. Insofern Konsumgüter und Dienstleistungen zumindest in gewissem Maße auf die expliziten Wünsche der Kunden zugeschnitten sind, ermöglichen sie den Ausdruck von Individualität. Populäre Produktnamen wie iPhone, iPod oder iPad stellen die direkte Verbindung zwischen Produkt und Ich noch unmittelbarer her als die Werbung für Eislutscher (*Ich und mein Magnum*), Kosmetikartikel (*Weil ich es mir wert bin*) oder Sparkonten (*Unterm Strich zähl ich!*). Selbst wer postmaterialistisch denkt und dem kollektiven Kaufrausch kritisch gegenübersteht, braucht nicht darauf zu verzichten, sich wesentlich über den Konsum zu definieren und zu artikulieren: Fast alle Produkte oder Dienstleistungen gibt es auch als Bioversion für die Kunden im LOHAS-Segment. Zwar ist selbst diese Variante der Konsumgesellschaft weit entfernt von jeder Nachhaltigkeit (wirtschaftlich, ökologisch, sozial), aber die vorherrschenden, nichtnachhaltigen Vorstellungen von Subjektivität und Identität, die gesellschaftlich bestimmenden Muster der Selbstverwirklichung, Selbstartikulation und Selbsterfahrung stehen dennoch höchstens rhetorisch zur Diskussion (vgl. hierzu Kapitel 4.2 und 5.2). Jenseits aller Bekenntnisse zu Postmaterialismus und alternativem Hedonismus bleibt die Stimulation der Kauflust der oberste Imperativ jeder Regierung. Und je mehr ihre konsumorientierten Lebensstile bedroht erscheinen, desto entschiedener verfolgen die Bürger die vom Markt bereitgehaltenen Selbstverwirklichungsoptionen.

Zweitens ist das der modernistischen Idee nach *identitäre* Subjekt im Zuge der fortlaufenden Modernisierung abgelöst worden vom Ideal des vielschichtigen und flexiblen, also eben gerade nicht mit sich identischen Subjekts. Die bürgerliche Tradition hatte sich den Prozess der Identitätsbildung vorgestellt als ein Lebensprojekt, an dessen Ende im Idealfall eine gerundete und gereifte Persönlichkeit stehen würde, die sich auszeichnet durch ihre stabilen Interessen und Eigenschaften, ihre konsistenten Geschmacks- und Werturteile, ihre verlässlichen moralischen Prinzipien, ihren gefestigten Charakter etc. Bildungsromane wie Goethes *Wilhelm Meister* oder Hesses *Demian* führen diesen Prozess der Identitätsbildung exemplarisch vor. Die der Modernisierung inhärenten Prinzipien der Differenzierung und Beschleunigung jedoch haben die Norm der unitären, in sich schlüssigen und stabilen Identität fragmentiert und dynamisiert. Unter den Bedingungen der heutigen Moderne ist es kaum möglich, eine einheitliche und stabile Identität zu entwickeln. Identitätsbildung beruht auf enger Grenzziehung, kontinuierlicher Wiederholung und konsequentem Ausschluss des Nichtdazugehörigen. Im Zeitalter der Mobilität, der Vernetzung, des Multitasking, der Informationsvielfalt, der Gleichzeitigkeit, des Innovationszwanges und der Virtualisierung sind diese Bedingungen aber nicht mehr gegeben. Jede aufkeimende Besonderheit wird sofort vom Markt als verwertbare Ressource aufgegriffen und von der beschleunigten Innovation überholt, bevor sie sich zur Identität verfestigen kann. Ohnehin wäre aber ein identitäres Selbstverständnis im Sinne der bürgerlichen Tradition auch lebenspraktisch kontraproduktiv. Der moderne Arbeitsmarkt, der berufliche Erfolg und das Management des privaten Lebens erfordern Flexibilität, Vielseitigkeit, Innovationsbereitschaft und Außenorientierung. Die noch von den sozialen Bewegungen emphatisch eingeforderte Idealvorstellung des identitären Subjekts ist mit all ihren Implikationen von Konsequenz, Selbstdisziplin, Prinzipientreue und Innerlichkeit demgegenüber zur Belastung geworden. Sie beschneidet erheblich das Spektrum der Handlungsoptionen und die Möglichkeiten für die Selbstverwirklichung und Selbsterfahrung. Gerade in zukunftsorientierten Teilen der Gesellschaft hat daher das traditionelle identitäre Subjekt an normativem Gewicht verloren, und das komplexe, flüchtige, für Widersprüchlichkeiten offene Selbst ist zur neuen gesellschaftlich und lebensweltlich begründeten Referenznorm geworden. »Wertewandel«, so betonen Inglehart und Welzel sehr richtig, ist eben »ein evolutionärer Prozess, bei dem die Werte, die sich am ehesten für ein Leben unter den jeweils gegebenen Bedingungen eignen, einen

Vorteil haben gegenüber jenen Werten, die weniger gut zu diesen Bedingungen passen« (Inglehart und Welzel 2005, 23).

Richard Sennett hat in *Der flexible Mensch* (2006) eindringlich beschrieben, wie der moderne Kapitalismus diesen umfassenden Kulturwandel vorantreibt, mit Nachdruck die individuelle Mobilität und Flexibilität erzwingt und die Bereitschaft und Fähigkeit, Bindungen einzugehen und Verantwortung zu übernehmen, erodieren lässt. Zygmunt Bauman hat diese These zum umfassenden gesellschaftstheoretischen Modell der »flüchtigen Moderne« ausgebaut und dabei den Niedergang des modernistisch-bürgerlichen Ideals des autonomen und identitären Subjekts ins Zentrum seiner Betrachtungen gestellt (vgl. Bauman 2003, 2007, 2008). Die flüchtige Moderne erhebt die Zerstreuung des Subjekts, die Blockade der Sammlung, die Verhinderung des Zu-sich-selbst-Kommens, geradezu zum Programm: organisiert zum Beispiel durch die modernen Kommunikationsmedien – und begleitet freilich durch die parallel blühende Selbstfindungs-, Beratungs- und Therapieindustrie. Für die Demokratie bedeutet dieser »Zusammenbruch des Mythos Subjekt«, dass ihr gewissermaßen der Boden wegbricht. Denn demokratische Kategorien wie Partizipation, Repräsentation, Responsivität oder Legitimität waren fest gegründet in der modernistischen Norm des autonomen und identitären Subjekts; sie beruhten auf der Grundvorstellung des Bürgers als freies, vernünftiges, selbstwerthaftes Subjekt mit klar definierbaren, in sich konsistenten und relativ stabilen Bedürfnissen, Werten und Interessen, die sinnvoll politisch artikuliert, organisiert und repräsentiert werden können. Der modernisierungsbedingte Umbau dieser Norm verlangt nun, dass diese Kategorien, sofern sie nicht überhaupt bedeutungslos werden sollen, grundlegend neu definiert werden müssen (siehe dazu Kapitel 4). Denn bezogen auf die Repräsentation zum Beispiel könnte man überspitzt sagen, dass nach der Verflüssigung und Verflüchtigung des identischen Subjekts letztlich gar nichts Greifbares und Stabiles mehr da ist, was im traditionellen Sinne des Wortes authentisch repräsentiert werden könnte. Insgesamt wird es für demokratische Institutionen (Parteien, Programme, Wahlen, Repräsentanten etc.) immer schwieriger, die zunehmend fragmentierte und dynamisierte Identität (Werte und Interessen) moderner Bürger abzubilden, und entsprechend werden sie umgekehrt für moderne Bürger immer weniger attraktiv. Diese finden sich nicht nur in den als zu schwerfällig, eindimensional und wenig responsiv wahrgenommenen Institutionen immer weniger wieder – sinkende Parteimitgliedszahlen oder zunehmende Wahlenthaltung zeigen das unmissverständlich an –, sondern demokratische Prinzipien und Verfahren sind auch dem erfolgreichen Lebensmanagement in heutigen Konsum- und Wettbewerbsgesellschaften nicht mehr unbedingt zuträglich. Angesichts ihrer Problemlösungserwartungen an die Politik, des Wettbewerbs um sich verknappende gesellschaftliche Ressourcen, ihres Interesses an einem den modernen Selbstverwirklichungsmustern entsprechenden Konsumgüterangebot und ihrer sich stetig weiter beschleunigenden und verdichtenden persönlichen Lebensstile erscheinen den Bürgern demokratische Strukturen nicht mehr unbedingt als effizient. Vielmehr werden solche Strukturen zum Beispiel wegen ihrer Zeitaufwendigkeit, der mit ihnen verbundenen Kosten oder wegen ihrer Orientierung auf sozialen Ausgleich schnell zur Belastung; es entsteht ein »neues antidemokratisches Gefühl« (Rancière 2011, 9). Beide Aspekte zusammen, also die Auflösung des normativen Bodens des demokratischen Projekts im traditionell verstandenen Sinne und die Tatsache, dass demokratische Institutionen dem Selbstverständnis und den Interessen moderner Bürger nicht mehr ohne Weiteres entsprechen, inspirieren den Begriff der *postdemokratischen Wende*.

3.3 Kritische Zwischenfragen

Insofern als dieser Begriff die Transformation der Demokratie als einen modernisierungsbedingten Prozess versteht und sie am modernisierungsbedingten Wandel der zentralen Referenznorm der Demokratie – der modernistischen Idee des autonomen Subjekts – festmacht, impliziert das Konzept der postdemokratischen Wende einen im Vergleich zu Crouchs (und mit Abstrichen auch Rancières) *schwachem*, vor allem polemischem Verständnis wesentlich *stärkeren*, emanzipatorischen Begriff der Postdemokratie. Er hat weitreichende politische Implikationen und bedarf gründlicherer Erklärung. Doch bevor dies ausgeführt wird, ist es angemessen, einen Moment innezuhalten, um kritisch zu fragen, wie weit diese wichtige These vom Zusammenbruch des Mythos Subjekt wirklich trägt. Immerhin könnte man zum Beispiel einwenden, dass die Vorstellung vom Bürger als autonomem Subjekt mit einer unitären, konsistenten und stabilen Identität immer schon bestenfalls eine Idealvorstellung gewesen ist, nie jedoch eine empirische Realität. Weiter haben Will Atkinson (2008, 2010), Raymond Lee (2005, 2006), Martin Jay (2010) und viele andere betont, die Behauptung der totalen Flexibilisierung und Verflüchtigung stabiler Identitäten gehe erheblich zu weit und nehme vor allem auch Gegenbewegungen zur konsumbasierten Marken-Identität (man denke an Naomi Kleins Buch *No Logo!*) oder der erzwungenen Beschleunigung (z. B. Slow Food) nicht zur Kenntnis. Moderne Bürger, so das Argument, hätten durchaus noch stabile und politisch organisierbare Interessen sowie eine relativ feste Identität. Nicht nur behielten soziale Herkunft und das soziale Umfeld einen prägenden Einfluss, der sich nicht beliebig ablegen oder weg-flexibilisieren lasse (vgl. z. B. Hopf 2010; Quenzel und Hurrelmann 2010), sondern moderne Individuen hätten auch keineswegs das Ideal einer festen und konsistenten Identität zugunsten völliger Flexibilität und Beliebigkeit verabschiedet. Bei aller Wertschätzung für Selbstverwirklichung, Unabhängigkeit und Wahlfreiheit seien die Menschen weit weniger flexibel als Sennett oder Bauman behaupten (vgl. z.B. Ritzer und Murphy 2007). Und sie seien auch durchaus willens und in der Lage, feste Bindungen und Verbindlichkeiten einzugehen. Gerade bei jungen Menschen sei ein »Wiederanstieg der sogenannten Sekundärtugenden« bereits seit den neunziger Jahren nachzuweisen, und »seit dem Höhepunkt der libertären Welle des Wertewandels in der zweiten Hälfte der 1980er Jahre« tendiere auch die Jugend wieder »zu einer moralisch stärker verpflichtenden Interpretation« sozialer Bindungen (Shell 2010, 195). Werte wie Freundschaft, Treue, Partnerschaft und Familie hätten eine ausgesprochen hohe und noch weiter steigende Bedeutung (ebd., 195-197).

Diese Einwände sind durchaus ernst zu nehmen, bedeuten aber keine wirkliche Herausforderung der hier zentralen These. Hinsichtlich des ersten Punktes gilt ohne Zweifel, dass das autonome und identitäre Subjekt schon immer vor allem eine Idealvorstellung gewesen ist, nicht eine empirische Realität. Tatsächlich geht es im gegenwärtigen Zusammenhang allerdings auch nicht so sehr um empirische Realitäten, sondern in erster Linie um gesellschaftlich dominante Normvorstellungen, auf deren Grundlage politisch relevante Problemwahrnehmungen und Lösungsansätze formuliert werden. Und hier ist festzuhalten, dass gerade die neuen sozialen Bewegungen und ihre partizipatorische Revolution die modernistisch-bürgerliche Vorstellung vom autonomen und identitären Subjekt emphatisch erneuert und gesellschaftlich breiter verankert hatten als je zuvor. Zwar hatten sie sich auch vehement gegen zahlreiche traditionelle Normen gewandt, die ihnen irrational und ungerechtfertigt erschienen. Sie waren entschlossen, der Spontaneität und Emotionalität freien Raum zu geben. Das alles bedeutete jedoch nicht, dass sie etwa der totalen Enthemmung, Zügellosigkeit und Beliebigkeit das Wort geredet hätten, sondern ihre emanzipatorische Agenda wurde getragen von einer vernunftbegründeten Pflicht- und Verantwortungsethik sozialer und ökologischer Imperative. Immerhin ging es den neuen sozialen Bewegungen darum, der *wahren Vernunft* zur Herrschaft zu verhelfen, und indem sie diese vor allem in der Zivilgesellschaft und der demokratischen Basis verorteten, etablierten sie die modernistische Norm des autonomen Subjekts fester als je zuvor und machten sie mehr denn je zum Referenzpunkt des dominanten Verständnisses von politischer Partizipation, Repräsentation oder Legitimität.

In Bezug auf den Einwand, moderne Bürger und ihre Identität seien längst nicht so flexibel und flüchtig und ihre Fähigkeit und Bereitschaft, Bindungen einzugehen und Verantwortung zu übernehmen, sei bei Weitem nicht so erodiert, wie Sennett oder Bauman es behaupten, vielmehr würden »persönliche Bindungen immer wichtiger« (Shell 2010, 195 f.), mag man zugestehen, dass gerade Bauman modellhaft überzeichnet und überspitzt formuliert, wo eine differenziertere Betrachtungsweise zuweilen angemessener wäre. Zweifellos sind zum Beispiel ökonomisch unterprivilegierte und bildungsferne Schichten, schon weil die dafür notwendigen Mittel fehlen, sehr viel weniger mobil und flexibel als andere Bevölkerungsgruppen. Und bei älteren Bürgern oder im ländlichen Raum ist der behauptete Werte- und Kulturwandel zu Sennetts »flexiblem Menschen« weniger prononciert als bei den Jüngeren im urbanen Raum. Ausgehend von der Milieuunterscheidung des Sinus-Instituts (Sinus 2011) oder den von Neugebauer (2007) beschriebenen *Politischen Milieus in Deutschland*, entspricht Baumans Diagnose am deutlichsten den Grundorientierungen im *Milieu der Performer*, im *expeditiven*, im *adaptiv-pragmatischen* und im *hedonistischen Milieu*. Umgekehrt entspricht sie am wenigsten den Einstellungen im *konservativ-etablierten* und im *traditionellen Milieu*. Mit anderen Worten: Für die Leitmilieus, die der gesellschaftlichen Entwicklung die Richtung weisen und gerade jungen Menschen als Rollenmodell dienen, ist die Diagnose vom radikalen Umbau der modernistischen Subjektivitätsideale sicher zutreffend. Und wenn Meinungsumfragen zeigen, dass die Bürger traditionellen Werten wie Loyalität, Partnerschaft und Familie hohe Bedeutung zumessen, ist dies eher als ein Indikator für die von ihnen erfahrene Verunsicherung und Verängstigung zu sehen denn als Beschreibung ihrer handlungsleitenden Normen in der lebensweltlichen Praxis. Fakt ist jedenfalls, dass der Arbeitsmarkt mehr Mobilität, Anpassungsfähigkeit, Innovationsbereitschaft und lebenslanges Lernen fordert denn je, dass private Lebensstile immer mobiler, verdichteter und schneller getaktet sind und dass die moderne Lebensführung mit dauerhaften Verpflichtungen, Verbindlichkeiten und Verantwortlichkeiten immer schwerer vereinbar ist. Nichts deutet darauf hin, dass der Trend zur Unverbindlichkeit, Prekarisierung und ersatzlosen Auflösung etablierter Sicherheiten sich verlangsamen könnte, und dieser Trend bezieht sich unvermeidlich auch auf die Vorstellungen von Subjektivität und Identität.

Weiter ist als möglicher Einwand gegen den hier entwickelten Ansatz in Betracht zu ziehen, dass die These von der Komplexität und Fluidität des Individuums keineswegs neu ist und insofern vielleicht auch nicht geeignet, daran einen in der Gegenwart verorteten Formwandel der Demokratie zur Postdemokratie festzumachen. Immerhin hatte bereits Schumpeter geschrieben: »Während der zweiten Hälfte des letzten Jahrhunderts ist die Vorstellung der menschlichen Persönlichkeit als homogener Einheit und die Vorstellung eines bestimmten Willens als Hauptantriebskraft des Handelns immer mehr verblaßt.« (Schumpeter 1947, 407) Unter anderem mit Blick auf die Psychoanalyse wies er richtig darauf hin, dass in den Sozialwissenschaften die Vorstellung vom autonomen Subjekt »mehr und mehr an Bedeutung verloren« habe und die Aufmerksamkeit zunehmend den »außerrationalen und irrationalen Elementen in unserem Verhalten« gelte (ebd.). Hannah Arendt hatte früh die irreduzible »Pluralität des Menschen« (Arendt 1993, 9) als den Kern des Politischen benannt. Habermas hatte schon Anfang der sechziger Jahre den Zerfall der bürgerlichen Öffentlichkeit diagnostiziert und betont, das Bewusstsein der Bürger sei nicht mehr von einem »in sich stimmigen Zusammenhang von Vorstellungen« bestimmt, sondern vielmehr »ein System fremdgesteuerter Konsumgewohnheiten« (Habermas 1990, 318). Für den Poststrukturalismus war die Fragmentierung und Dezentrierung des Subjekts eine Kernthese. Subjektivität verstand er als prozesshaft, instabil und in sich widersprüchlich. In Luhmanns Systemtheorie schließlich wird das autonome identitäre Subjekt der traditionellen Moderne als Zentralkategorie der Gesellschaftsanalyse vollständig durch das autonome kommunikative System abgelöst (Luhmann 1984).

Vor diesem Hintergrund könnte man also die Theorie der postdemokratischen Wende, noch bevor sie näher ausgeführt wird, sogleich als Rückfall in eine längst überholte Identitätstheorie zurückweisen oder ihr vorwerfen, sie übersehe das lange etablierte Pluralitätsprinzips. Allerdings bleibt unbestreitbar, dass die neuen sozialen Bewegungen, unberührt von der Tatsache, dass sozialwissenschaftliche Vordenker das autonome und identitäre Subjekt längst vorher zu einer wenig plausiblen Kategorie erklärt hatten, überhaupt erst in den siebziger Jahren anfingen, diese Norm und vor allem das auf sie gegründete Demokratieverständnis breitenwirksam durchzusetzen – und dass sie damit in hohem Maße erfolgreich waren. Weiter bleibt unbestreitbar, dass die postmodernistischen Entwicklungstendenzen, die im Prinzip schon früh wahrgenommen und thematisiert worden waren, erst nach dem Zusammenbruch der bipolaren Ordnung des Kalten Krieges und mit der Revolution der Informations- und Kommunikationstechnologien seit den neunziger Jahren eine völlig neuartige Dynamik und gesellschaftliche Wirkmächtigkeit entfaltet haben. Angesichts des Erfolges der sozialen Bewegungen einerseits und dieses grundlegenden Kulturwandels andererseits ist es darum durchaus gerechtfertigt, den Umbau der modernistischen Subjektivitätsnorm als Angelpunkt des sich derzeit vollziehenden Formwandels der Demokratie zu betrachten, selbst wenn die These des flüchtigen Subjekts an sich keineswegs neu ist. Die Frage der Demokratie jenseits des modernistischen Subjekts stellt sich eben heute mit einer neuartigen Radikalität.

Schließlich ist noch das Argument zu betrachten, dass die sich neu herausbildenden Normen der Subjektivität und Identität – vorausgesetzt, man akzeptiert diese These – keineswegs notwendig eine Bedrohung für die Demokratie bedeuten müssen, sondern ebenso vielfältige Chancen bieten können. In der Tat kann man im Sinne der in Kapitel 2 bereits besprochenen demokratischen Optimisten argumentieren, dass das, was Sennett oder Bauman nur als Degenerations- oder Verfallserscheinungen sehen, tatsächlich auch erhebliche Freiräume eröffnet: Wo vorher ideologische Verengung und verkrampfte Prinzipientreue geherrscht haben, ergeben sich nun plötzlich Spielräume für ganz neue Diskurskoalitionen und Akteursbündnisse. Ein pragmatischer und problembezogener Politikstil könnte sich Bahn brechen. Zudem sind flexible, fragmentierte, hybride Identitäten offen für Widersprüchliches. Für sie schließen sich beispielsweise die Freude am Konsum und die Forderung nach wirksamem Umweltschutz nicht mehr notwendig gegenseitig aus. Jenseits ideologischer Denkzwänge und Politikmuster ergibt sich damit die Möglichkeit, Unterstützung und vielleicht sogar Mehrheiten für Politiken zu mobilisieren, die sich unter Bedingungen des identitären Subjekts nie hätten durchsetzen lassen. Flexible, lösungsorientierte Allianzen könnten etablierte Verkrustungen aufbrechen. Ulrich Beck, dessen Theorie der *reflexiven Modernisierung* (Beck 1986, 251-374, 1993, 1995, 11-30, Beck et al. 1994, Beck et al. 2003) eigentlich in eine sehr ähnliche Richtung zielt wie die Analysen von Sennett oder Bauman, spricht daher auch nicht vom Ende, sondern der *Erfindung*, nicht vom Niedergang, sondern von einer *Renaissance des Politischen* (Beck 1993, 1995, 104-120).

Tatsächlich lassen sich unschwer vielfältige Beispiele für das Entstehen neuer Akteurskonstellationen und problemspezifischer Zweckbündnisse finden. Doch der Tatsache, dass die modernisierungsbedingte Differenzierung und Beschleunigung unaufhaltsam die normative Grundlage, die Konsistenz und Kontinuität zersetzen, die eine demokratische Politik unverzichtbar braucht, hat diese optimistische Lesart nichts entgegenzusetzen. Unvermeidbar führen die Fragmentierung und Dynamisierung des modernistischen Subjekts, seiner Werte, seiner Identität, seiner Lebenswelten dazu, dass momentane Launen und situationsspezifische Interessen zum primären Referenzpunkt der politischen Äußerungen und Forderungen der Bürger werden. So wird die Demokratie, während sie von der einen Seite durch systemische Sachzwänge und immer weniger beherrschbare Krisen unter Druck gerät, von der anderen Seite vom Primat flüchtiger Stimmungen und verletzt-aufmüpfiger Reflexe ausgehebelt: *Ich bin doch nicht blöd! Ich lass mich nicht mehr für dumm verkaufen! Ich muss jetzt auch mal an mich denken!* Eine auf solchen Grundlagen ruhende Politik kann freilich weder anspruchsvollen Kriterien der demokratischen Performanz genügen (demokratische Qualität) noch hohen Erwartungen auf systemische Performanz (empirische Problemlösungsfähigkeit). Je schneller sich die empirischen Rahmenbedingungen und normativen Referenzpunkte von politischen Entscheidungen verändern, desto schneller verlieren diese ihre Gültigkeit und Bindungskraft. Differenzierung und Dynamisierung laufen letztlich darauf hinaus, dass alles fortgesetzt neu verhandelt werden muss, ohne dass die dafür erforderlichen Entscheidungsnormen zur Verfügung stünden. So wird Demokratie gleichermaßen impraktikabel und unattraktiv.

3.4 Emanzipation vom demokratischen Projekt?

Wir kehren also zum Begriff der postdemokratischen Wende zurück, um ihn nun weiter auszuführen. Die angesprochenen Überlegungen, dass demokratische Werte und Prozeduren im Sinne der partizipatorischen Revolution in vielerlei Hinsicht gar nicht mehr unbedingt den Bedürfnissen und Interessen heutiger Bürger entsprechen, dass aber der fortlaufende Kultur- und Wertewandel ganz neue politische Möglichkeiten freisetzt, haben für diesen Begriff eine erhebliche Bedeutung. Wenn Rancière vom »Zusammenbruch des Mythos Volk« spricht; wenn Sennett, wie es im Titel der Originalausgabe von *Der flexible Mensch* heißt, »the corrosion of character«, also den Niedergang des Charakters oder den Zerfall der Persönlichkeit, diagnostiziert; oder wenn Bauman die »flüchtige Moderne« analysiert, dann überwiegt der kulturpessimistische Ton der Melancholie. Aus der Perspektive der Kritischen Theorie erscheint die beschriebene Durchdringung des der bürgerlich-modernistischen Idee nach autonomen Subjekts durch den Markt, durch die Werbung und die Konsumindustrie als Kolonisierung und Beherrschung. Die Fragmentierung und Dynamisierung des der Idee nach identitären Subjekts erscheint als Entfremdung und Verlust. Diese Perspektive setzt stillschweigend eine ganz bestimmte – eben die modernistisch-bürgerliche – Idealvorstellung des Subjekts absolut, erhebt sie zum »Mythos Subjekt« und erlebt dann jede Abweichung von dieser zum Mythos stilisierten Norm als gesellschaftlichen Niedergang. Die obigen Überlegungen deuten aber an, dass man den modernisierungsbedingten Umbau der bürgerlichen Subjektivitätsnorm auch als Befreiung sehen kann.

Wenn man diesen Gedanken gründlicher entwickelt, könnte man hinsichtlich des Verständnisses von Emanzipation – und damit auch der Stoßrichtung von emanzipatorischen Bewegungen – dann zwei Phasen des emanzipatorischen Projektes unterscheiden: Zunächst die partizipatorische Revolution der siebziger und frühen achtziger Jahre, in der die zunehmend selbstbewussten Bürger den kantischen *Auszug aus ihrer selbst verschuldeten Unmündigkeit* vollzogen, sich zunehmend als autonome Subjekte verstanden, die Entmachtung der traditionellen Eliten betrieben und zivilgesellschaftliche Selbstbestimmung, Selbstorganisation und Selbstverantwortung einforderten; dann die sich in den neunziger Jahren deutlich abzeichnende neue Phase, in der politische Verantwortung zunehmend an Institutionen und professionelle Dienstleister delegiert wird (NGOs, Lobbygruppen, *pressure groups*), einerseits um so die Effizienz und Effektivität politischer Intervention zu steigern, und andererseits um neue Freiräume für das zunehmend anspruchsvolle Management des persönlichen Lebens zu schaffen. Die erste Phase könnte dann als *Emanzipation erster Ordnung* beschrieben werden, bei der es darum geht, das modernistische Ideal des autonomen Subjekts gesellschaftlich und politisch durchzusetzen. Die zweite Phase wäre entsprechend die *Emanzipation zweiter Ordnung*, bei der es um die partielle Befreiung von zuvor erstrittenen Verantwortlichkeiten geht. Kantisch gesprochen, geht es bei der Emanzipation zweiter Ordnung gewissermaßen um den *Auszug aus der selbst erstrittenen Mündigkeit*. Etablierte Normen der Autonomie und Souveränität werden hier willentlich infrage gestellt; allerdings fallen die Bürger dabei nicht etwa in den zum Beispiel von Schumpeter behaupteten Zustand der politischen Infantilität und Apathie zurück, sondern sie verstehen sich weiterhin als Prinzipal und formulieren entsprechende Ansprüche. Doch in vielen Bereichen delegieren sie politische Aufgaben und gesellschaftliche Verantwortung selbstbewusst an *service provider* (*outsourcing*), von denen sie kompetente, effiziente und transparente Problemlösungsarbeit einfordern. Diese delegierende Phase ermöglicht den Bürgern neben der Befreiung von moralischen und intellektuellen Selbstüberforderungen vor allem auch eine gewisse Befreiung von der *persönlichen* Gemeinwohlverpflichtung (soziale und ökologische Imperative) und die unbeschwertere Ausnutzung der sich lebensweltlich jeweils bietenden Handlungs- und Selbstverwirklichungsoptionen. Die solchermaßen unterschiedenen Phasen des emanzipatorischen Projektes werden einander in Schaubild 3.2 schematisch gegenübergestellt.

Statt vom *Zusammenbruch* des Mythos Subjekt oder der *Austreibung* des cartesianischen Subjekts (Žižek 2010, 7) können wir also auch von einer *Emanzipation* vom modernistischen Subjektivitätsbegriff sprechen – und analog auch von einer Emanzipation vom demokratischen Projekt, wie die partizipatorische Revolution es formuliert hatte. Das Konzept der Emanzipation zweiter Ordnung bedeutet dann eine wichtige Korrektur oder Weiterentwicklung von Ingleharts Theorie des gesellschaftlichen Wertewandels und seines Modells der modernisierungsbedingt fortschreitenden Demokratisierung: Wie in Kapitel 2 ausgeführt, geht Inglehart davon aus, dass der fortlaufende Prozess der Modernisierung immer günstigere gesellschaftliche Bedingungen für die Demokratie schafft. »Die industrielle Phase der Modernisierung«, betont er, »führt zu einer Säkularisierung der Autorität, während die postindustrielle Phase uns die Emanzipation von Autorität beschert.« (Inglehart und Welzel 2005, 25) Dabei bedeutet »Emanzipation von Autorität« für ihn, dass die bereits angesprochenen »intrinsisch motivierten, expressiven und weniger autoritätsgläubigen« Werte der Selbstbestimmung und Selbstverwirklichung immer wichtiger werden (116). Und das wiederum im-

Schaubild 3.2: Evolution des emanzipatorischen Projekts

Unmündigkeit	**Emanzipation erster Ordnung**	**Emanzipation zweiter Ordnung**
	Auszug aus der selbstverschuldeten Unmündigkeit	Auszug aus der selbst erstrittenen Mündigkeit/selbstverschuldeten Selbstüberforderung
Vormundschaft	emphatisch eingeforderte Selbstbestimmung und Selbstverantwortung	selektives Delegieren von Verantwortlichkeiten
traditioneller	Entmachtung herrschender Eliten	Relativierung der kategorischen Imperative der Vernunft
Autoritäten	Ermächtigung der Zivilgesellschaft (Selbstverwaltung, Selbstregierung)	Ermächtigung professioneller Problemlöser (Dienstleister)
	Bürger verstehen sich selbst als das Subjekt der authentischen Vernunft (Gemeinwohl).	Bürger verstehen sich selbst als Subjekt ihrer persönlichen Werte und Interessen.
	deliberative Bestimmung und partizipative Umsetzung des Gemeinwohls	entpolitisierte Bestimmung und Umsetzung des gesamtgesellschaftlich Notwendigen
	Umsetzung der Privatinteressen im Rahmen der Gemeinwohlverpflichtung	Umsetzung der Privatinteressen nach Maßgabe der jeweils zur Verfügung stehenden Optionen

pliziert, dass »die Demokratie das wahrscheinlichste Ergebnis der politischen Entwicklung« sei (21). Mit der Beobachtung, dass moderne Bürger »zunehmend dazu tendieren, externe Autoritäten, die individuelle Rechte beeinträchtigen, abzulehnen« (26), liegt Inglehart sicher richtig. Ebenso mit der These, dass die Menschen sich selbst immer mehr als die entscheidende Instanz verstehen (ebd.). Doch die Behauptung, damit verbesserten sich kontinuierlich die Bedingungen für die Demokratie, ist offensichtlich falsch.

Inglehart versäumt, genau zu klären, was es bedeutet, wenn die »Autorität internalisiert« und »individuellen Rechten« stärkere Geltung verschafft wird (ebd.). Die entscheidende Tatsache, dass die »Emanzipation von Autorität«, ihre »Internalisierung« sowie die Aufwertung »individueller Rechte« aus Sicht der sozialen Bewegungen noch Befreiung im Sinne von Rousseau und Kant bedeutete, also die Freiheit zur selbstauferlegten Verpflichtung auf die *volonté générale* und den kategorischen Imperativ der Vernunft, während der »emanzipatorische Impuls« in einem zweiten Schritt dann genau diese kategorische Gemeinwohlverpflichtung (*internalized authority*) zugunsten von nunmehr sehr viel individualistischer verstandenen »individuellen Rechten« aufweicht, bekommt er nicht in den Blick. Entsprechend übersieht er, dass die postindustrielle Phase der Modernisierung der Entfaltung der Demokratie nur bis zu einem gewissen Punkt zuträglich ist, jenseits dessen sich die Bedingungen für die Demokratie dann nicht weiter verbessern, sondern vielmehr radikal verschlechtern, oder jenseits dessen sich das Verständnis von Demokratie zumindest grundlegend ändert. An diesem Punkt kehrt sich Ingleharts Kritik an der traditionellen Modernisierungstheorie und der postmarxistischen kritischen Theorie gegen ihn selbst. Die klassische Modernisierungstheorie habe sich, so Inglehart, zu einseitig auf den »Aufstieg säkular-rationaler Werte« konzentriert und nicht vorhergesehen, dass der emanzipative Impuls »in späteren Phasen der Modernisierung« eine »Aufwertung expressiver (Selbstbestimmungs-)Werte« auslösen und damit der Demokratie den Weg ebnen würde (21). Im genau gleichen Sinne könnte man Inglehart jedoch vorhalten, dass er sich zu undifferenziert auf »die Aufwerung expressiver (Selbstbestimmungs-)Werte« konzentriert und nicht vorhergesehen hat, dass der emanzipative Impuls im fortgeschrittenen Stadium der Modernisierung über das rousseau-kantische Subjekt hinausführen, die Idee der »individuellen Rechte« neu interpretieren und damit das demokratische Projekt der partizipatorischen Revolution seine normative Grundlage verlieren würde. Die Unterscheidung zwischen Emanzipation erster und zweiter Ordnung ermöglicht demgegenüber eine deutlich differenziertere Analyse. Schaubild 3.3 fasst im Rückgriff auf den in Kapitel 1 angedeuteten Begriff der *dritten Moderne* (vgl. Schaubild 1.1) noch einmal wichtige Elemente des um eine dritte Phase erweiterten Modernisierungsmodells zusammen. Dabei deuten einige der zur Beschreibung der dritten – der gegenwärtigen – Moderne verwendeten Begriffe schon auf Inhalte voraus, die erst in den folgenden Abschnitten bzw. in Kapitel 4 voll ausgeführt werden. Wie bei schematisierenden Darstellungen generell ist natürlich Vorsicht gegenüber den vermeintlich klaren Abgrenzungen und Gegenüberstellungen geboten.

Mit dem Begriff der Emanzipation zweiter Ordnung und der Weiterentwicklung von Ingleharts modernisierungstheoretischem Modell gewinnt der Begriff der postdemokratischen Wende deutlich an Profil. Er nimmt Zolos Thesen auf, nach denen fortgeschritten moderne Gesellschaften aufgrund ihrer Differenzierung, Komplexität und Veränderungsdynamik »mit demokratischen Mitteln nur schwer regierbar« sind (Zolo 1997, 87) und »die Zukunft der Demokratie« nicht so sehr von außen bedroht ist, sondern vor allem »aufgrund einer Evolutionsdynamik innerhalb der demokratischen Systeme«, durch »evolutive Gefahren«, die sich aus diesem System selbst heraus entfalten (88). Er reicht aber insofern über Zolo hinaus, als er sich speziell auf den Wandel von Subjektivitäts- und Identitätsvorstellungen konzentriert und den Bedeutungsverlust jener modernistischen Subjektnorm nachvollzieht, die der zentrale Referenzpunkt der Demokratie ist. Postdemokratie ergibt sich weder allein aus der fortschreitenden Differenzie-

Schaubild 3.3: Modernisierung und Emanzipation

erste Moderne		zweite Moderne		dritte Moderne
industrielle Gesellschaft		postindustrielle Gesellschaft		beschleunigte, flüchtige Gesellschaft
Unmündigkeit		Emanzipation erster Ordnung		Emanzipation zweiter Ordnung
unterdrückte Subjektivität	⇒	artikulierte und realisierte Subjektivität	⇒	zerfallende und simulativ stabilisierte Subjektivität
gesellschaftlich vorbestimmte Identität (Identität als Schicksal)		autonom gewählte und realisierte Identität (Identität als Lebensprojekt)		fragmentierte und dynamisierte Identität (Identität als Inszenierung)

rung der modernen Gesellschaft noch, wie es das in der linken Tradition stehende *schwache* Verständnis des Begriffs nahelegt, nur aus der Unterdrückung und Marginalisierung des demokratisch-emanzipatorischen Projekts durch das herrschende Kapital. Dies sind zweifelsohne wichtige Faktoren. Mindestens ebenso sehr ergibt sich die Postdemokratie aber aus der Erschöpfung dieses Projekts, seiner Unangemessenheit sowohl für das Identitätsideal als auch das Selbstverständnis heutiger Bürger. Sie ergibt sich aus der Emanzipation von einem nunmehr als beschränkend empfundenen Demokratieideal, die sich von keinem »philosophischen Manifest der cartesianischen Subjektivität« (Žižek 2010, 8) mehr stoppen lässt. Entsprechend heißt es bei Wolin: »[D]er Niedergang der Demokratie [...] wird nicht als Verlust empfunden, sondern als Freiheit von Verpflichtungen, die sich ohnehin nicht erfüllen ließen« (Wolin 2001, 567).

Das marxistische bzw. postmarxistische Paradigma der Entfremdung, Beherrschung, Vergewaltigung des dem Anspruch nach autonomen Subjekts bricht damit in sich zusammen. Stattdessen könnte man in der flüchtigen Moderne geradezu von der *Flucht* vor dem identitären und autonomen Subjekt sprechen. Dem Begriff der postdemokratischen Wende liegt daher ein *starkes Verständnis* der Postdemokratie zugrunde. Statt wie Crouch, und wie es in der Literatur zur Krise, zum Wandel und zur Reform der Demokratie üblich ist, nur vom Topos der enttäuschten Demokraten auszugehen, die sich frustriert über die fortgesetzte Nichteinlösung ihrer demokratischen Rechte von den Politikern und der Politik abwenden; statt bedenkenlos in die Klage über demokratische Defizite einzustimmen, wirft ein starker Begriff der Postdemokratie die Frage auf, inwieweit die Demokratie eigentlich noch ein zukunftsweisendes, ein mobilisierendes Projekt ist. Er fragt nicht in traditionell normativer Manier, wie eine »Wiederbelebung des demokratischen Projekts« (Embacher 2009, 111) zu erreichen wäre, wie die demokratische Begeisterung für Inklusion, Gleichheit und Partizipation »reaktiviert« werden könnte (ebd.), wie demokratische Innovationen die allseits diagnostizierten Partizipations-, Repräsentation- und Legitimationskrisen kurieren könnten (vgl. Offe 2003; Smith 2009). Vielmehr formuliert er die These, dass sich das demokratische Projekt im traditionell verstandenen Sinne überhaupt nicht wiederbeleben lässt – weil es sich im Zuge der fortschreitenden Modernisierung schlicht überlebt hat. Überspitzt könnte man sagen: Nach der reflexiven Modernisierung der modernistischen Subjektivitätsnorm und der postdemokratischen Wende ist es weder möglich noch sinnvoll, die im traditionell-modernistischen Sinne verstandene Demokratie wiederzubeleben. Mit der Emanzipation zweiter Ordnung setzt sich eben, mit Greven gesprochen, die »Prozesslogik der gesellschaftlichen Moderne gegen die bisher als modern geltende Demokratie durch« (Greven 2009a, 68). Crouchs »größte Hoffnung für die Zukunft«, nämlich dass sich »neue Identitäten mobilisieren«

(Crouch 2008, 148-155) und damit neue Subjekte für das demokratisch-egalitäre Projekt finden ließen, zerrinnt in diesem Szenario. Der Rückweg zu Rancières »vernünftiger Demokratie« (1996, 156) bleibt versperrt. Die demokratischen Innovationen, die in Kapitel 2 besprochen wurden, bleiben notwendig wirkungslos.

Der Begriff der postdemokratischen Wende ruft also in Erinnerung, dass Demokratie tatsächlich noch nie ein Selbstzweck war, sondern immer nur Mittel zum Zweck, nämlich ein Mittel zur gesellschaftlichen und politischen Verwirklichung der modernistischen Idee des autonomen Subjekts. Wenn sich aber im Zuge der fortschreitenden Modernisierung das vorherrschende Subjektivitätsverständnis, die Vorstellungen von Identität und die Muster der Selbstverwirklichung der traditionellen Moderne grundlegend verändern, kann nicht einfach vorausgesetzt werden, dass für die sich neu herausbildenden Ideale, Normen und Erwartungen die Demokratie, wie die sozialen Bewegungen der Siebziger und Achtziger sie noch verstanden hatten, weiterhin eine geeignete Umsetzungsstrategie ist. Anders formuliert: Der Begriff der postdemokratischen Wende erinnert daran, dass historisch die Demokratie überhaupt erst in dem Moment und in dem Maße zum politischen Projekt wurde, als bzw. wie die sich durchsetzende Moderne die Norm des autonomen Subjekts etablierte, Identität wählbar und gestaltbar machte und damit das Ringen um die Verwirklichung und Anerkennung des identitären Subjekts eröffnete. Entsprechend ist damit zu rechnen, dass sich umgekehrt die herausragende Bedeutung der Demokratie dann im gleichen Maße wieder relativiert, wie diese modernistische Norm des identitären Subjekts an Bedeutung verliert und moderneren Identitätsvorstellungen Platz macht. Zumindest ist zu erwarten, dass die Erscheinungsform der Demokratie sich an diesem Punkt nach Maßgabe der neuen Subjektivitäts- und Identitätsverständnisse der Bürger grundsätzlich verändern wird. Crouchs »Gegenangriff« der egalitären Demokraten ist hier nicht mehr zu erwarten; Hamiltons Aufruf, »die Demokratie im Namen der Bürger zurückzuerobern«, verhallt.

Die postdemokratische Wende bedeutet einen Wandel der politischen Kultur, der in seiner Tragweite vergleichbar ist mit Ingleharts *stiller Revolution*. So wie diese in den sechziger und siebziger Jahren zum demokratisch-partizipatorischen Projekt der »neuen Politik« geführt hat, führt die postdemokratische Wende zu so etwas wie einer *neuen* neuen Politik, einer *neuen Politik 2.0*. Deren besondere Merkmale werden im folgenden Kapitel genauer bestimmt. Zuvor ist es jedoch wichtig, noch einmal zu betonen, dass der Begriff der postdemokratischen Wende nicht mehr den Blick romantisierend nach rückwärts wendet, um etwa die Ära der neuen sozialen Bewegungen wehmütig zum Goldenen Zeitalter der Demokratie oder zu dem zu verklären, was Crouch den »demokratischen Augenblick« nennt (Crouch 2008, 14ff.). Wie Pippa Norris zu Recht feststellt, hat es ein Goldenes Zeitalter der Demokratie, »in dem alle Bürgerversammlungen bis auf den letzten Platz gefüllt, alle Wahllokale voll und alle Bürger überdurchschnittlich waren«, nie gegeben (Norris 2002, xi, 7). Statt von Verfall zu sprechen und auf eine Wiederbelebung des demokratischen Projektes zu hoffen, versteht der Begriff der postdemokratischen Wende den sich gegenwärtig vollziehenden Formwandel der Demokratie explizit als ein emanzipatorisch-progressives und eben deswegen nicht ohne Weiteres aufzuhaltendes Phänomen – wobei sich allerdings das Verständnis von *Emanzipation* und von *progressiver* Politik grundsätzlich verändert. Entsprechend könnte der Versuch, wiederzubeleben, was die Emanzipation zweiter Ordnung überwunden hat, dann gewissermaßen sogar als *reaktionär* beschrieben werden.

Der hier entwickelte starke Begriff der Postdemokratie impliziert auch keineswegs, das sei noch einmal betont, dass die vielfältigen Akteure und Strömungen der partizipatorischen

Revolution je eine einheitliche Vorstellung der zu verwirklichenden Demokratie gehabt hätten. Behauptet wird lediglich, dass die von den sozialen Bewegungen noch einmal emphatisch eingeforderte Norm des autonomen Subjekts mit einem überwältigenden Glauben an die Vernunft der Bürger einherging und mit einem tiefen Vertrauen in die zivilgesellschaftliche Selbstbestimmung und basisdemokratische Selbstverantwortung. Im Zuge des fortschreitenden gesellschaftlichen Wandels hat das demokratische Projekt, so wie die partizipatorischen Bewegungen es sich vorgestellt hatten, seinen Glanz allerdings verloren. Aus der Perspektive moderner Wohlstandsgesellschaften ist *mehr Demokratie* tatsächlich nur noch sehr bedingt ein Versprechen oder eine Verheißung, sondern oftmals eher eine Bedrohung. Denn mehr Demokratie bedeutet stets mehr Selbstverantwortung für die Bürger. Unter Bedingungen hoher Komplexität, bisher ungekannter Turbulenzen und fundamentaler Unsicherheit in normativer wie materieller Hinsicht ist das aber nicht mehr unbedingt erstrebenswert. Vielmehr löst demokratische Selbstverantwortung vor diesem Hintergrund Angst aus. Genau dies ist es, was der Begriff der postdemokratischen Wende zu fassen versucht. Jenseits aller ritualisierten Bekenntnisse zur Demokratie nimmt er wichtige Aspekte zur Kenntnis, die das Verhältnis moderner Bürger zur Politik neu bestimmen:

– Die Ressourcen der meisten Menschen werden vom immer anspruchsvolleren Management des persönlichen Lebens vollständig ausgeschöpft. Angesichts des Kampfes gegen sich auftürmende Unsicherheiten einerseits und des Überflusses sich aufdrängender Konsumverlockungen andererseits bleiben den Bürgern wenig Zeit und Mittel für Belange jenseits des persönlichen Bereichs.

– Viele der drängendsten gesellschaftlichen Probleme – und Bedingungen der persönlichen Erfüllung – scheinen sich auf nichtdemokratische Weise deutlich besser bzw. auf demokratische Weise überhaupt nicht mehr lösen zu lassen: Euro retten, Wirtschaft ankurbeln, Arbeitsplätze schaffen, bezahlbare Konsumgüter bereitstellen, Klima schützen, Terror abwehren, Haushaltsdefizite bekämpfen etc.

– Wenn die Grenzen des Wachstums überdeutlich hervortreten und schon der Statuserhalt, geschweige denn weitere Wohlstandsgewinne nur noch durch unmittelbar sichtbare Wohlstandsverminderung in anderen Teilen der Gesellschaft erreicht werden können, wird gerade die soziale Demokratie mit ihrem Versprechen der Teilhabegerechtigkeit nicht nur am oberen Ende der Reichtumsskala zum Problem.

– Wenn Regierungen heute mehr Beteiligung und Wahlfreiheit versprechen; wenn sie Bürgerinitiativen, Eigenverantwortung und das Engagement der Zivilgesellschaft befürworten, dann bedeutet das für die Bürger selten eine Ausweitung ihrer Freiheiten und Handlungsoptionen, sondern in aller Regel eine Mehrbelastung und eine Beschränkung individueller Handlungsspielräume.

In der postdemokratischen Konstellation bildet sich also eine grundsätzlich neue Einstellung zur Demokratie bzw. zu grundlegenden demokratischen Normen heraus, und zwar aus der Perspektive der Bürger ebenso wie aus der des Staates. Für die rasch anwachsende neue Unterklasse ist die Demokratie kein Projekt mehr, weil offensichtlich ist, dass von ihr nichts mehr zu erwarten ist. Gerade für das »abgehängte Prekariat« (vgl. Neugebauer 2007) bietet die Demokratie kaum noch Aussicht auf eine Verbesserung der eigenen Verhältnisse. Wie wenig der demokratische Staat für die Unterklasse noch eine Perspektive bietet, zeigt sich heute am deutlichsten in Griechenland oder Italien, wo technokratische Schuldenverwaltungsregime die Demokratie offen in den Stand-by-Modus geschaltet haben, aber auch in England, wo die an den Plünderungsaufständen vom Spätsommer 2011 Beteiligten schlicht die rechtsstaatliche Gleichbehandlung abgesprochen bekamen und

Gerichte ausdrücklich politisch begründete Strafurteile verhängten. Bezeichnend ist auch die Art und Weise, wie in Großbritannien jede Form gewerkschaftlicher Aktion von den Parteien, der Regierung und den Medien kommentiert wird, als handele es sich um blanken Terrorismus. Trotz aller Rhetorik von sozialer Inklusion und Teilhabegerechtigkeit werden die sozialen Unterschiede überall größer, nicht kleiner. Zwar werden die Marginalisierten und Ausgeschlossenen zahlenmäßig immer mehr, trotzdem wird es immer schwieriger für sie, sich in politisch wirksamer Weise zu artikulieren.

Für die erodierende Mittelklasse verliert die Demokratie an Anziehungskraft, einerseits weil die Prinzipien der Gleichheit und Brüderlichkeit gerade an den Grenzen des Wachstums offen mit den ihrerseits als unverhandelbar betrachteten Lebensstilen und Selbstverwirklichungsmustern in Konflikt geraten. Andererseits bedeutet die Politik der Privatisierung, Aktivierung und Selbstverantwortung gerade für die noch vergleichsweise zahlungsfähige Mittelklasse eine spürbare Mehrbelastung. So verwandelt sich die Demokratie von zwei Seiten gleichzeitig von einer Hoffnung auf weitere Verbesserungen in eine Gefahr der Wohlstandsminderung. Gerade die Mittelklasse sucht daher verstärkt nach Gründen, mit denen sich der soziale Ausschluss als *solidaritätsunwürdig* dargestellter Gesellschaftsgruppen *demokratisch* rechtfertigen lässt – Randalierer, Arbeitsscheue, Integrationsunwillige, Kriminelle, Unflexible, Fettleibige, Raucher. Wenn der zu verteilende Kuchen nicht mehr wächst, sondern schrumpft, muss die Zahl der Anspruchsberechtigten eben entsprechend begrenzt werden. Immer schon hat die kapitalistische Demokratie sich bemüht, die Kosten des gleichen Rechtes auf soziale Teilhabe nicht den Besitzenden aufzubürden, sondern nach Möglichkeit zu externalisieren. Wenn aber die etablierten Externalisierungsstrategien (Inflation, schuldenfinanzierter Wohlfahrtsstaat, Veräußerung öffentlichen Eigentums, expansive Privatverschuldung, Bankenrettung auf Pump etc.) ausgereizt sind, kann vielleicht, so die Hoffnung, der Ausschluss der *selbstverschuldet Bedürftigen* noch eine Zeit lang problemmildernd wirken, das heißt, den eigenen Statusverlust verzögern.

Für den Staat schließlich bedeutet Demokratie nun zwar einerseits die Möglichkeit, die Bürger zu *aktivieren*, Verantwortung zu privatisieren, das heißt, an die Bürger zu delegieren. Andererseits aber bedeutet Demokratie eine massive Bedrohung für die Politik. Der politische Aufruhr, der Ende Oktober 2011 ausbrach, als im britischen Unterhaus über die Frage abgestimmt wurde, ob die britischen Bürger die Möglichkeit erhalten sollten, in einem Referendum über das Verhältnis zwischen ihrem Staat und der EU zu entscheiden; oder das verbreitete Entsetzen über die nur kurz darauf erfolgende Ankündigung des damaligen griechischen Staatspräsidenten Papandreou, eine Volksabstimmung zum von der EU verordneten Rettungsplan abzuhalten, zeigen überdeutlich an, wie sehr sich vermeintlich demokratische Regierungen tatsächlich vor der Demokratie fürchten, weil sie natürlich wissen, dass sich die gesellschaftlichen Realitäten faktisch längst nicht mehr demokratisch regieren lassen. Für das technokratische *new public management* ist jede Form von Demokratie, die den Bürgern tatsächlich etwas zu entscheiden gibt, vor allem ein effizienzmindernder Störfaktor, ein Rückfall in die subjektivierte Politik, eine Einmischung in den entpolitisierten Vollzug des von Wissenschaft, Ökonomie und Recht definierten objektiv Notwendigen.

Genau dieses umfassende Verblassen des demokratischen Glanzes ist es, was ein starker Begriff der Postdemokratie zu fassen versucht. Diese Erschöpfung des demokratischen Projektes ist es, was die Theorie der postdemokratischen Wende dazu veranlasst, die politisch gewiss sympathische Kampagne für eine *Wiederbelebung der Demokratie* (ebenso wie die vielfältigen Erzählungen der demokratischen Innovation) als

Schaubild 3.4: Zwei stille Revolutionen

Partizipatorische Revolution	Postdemokratische Wende
Politisierung zuvor unpolitischer Bürger, Themen und Institutionen	Entpolitisierung zuvor politisierter Bürger, Themen und Institutionen
Autonomes Subjekt und identitäres Selbstverständnis werden zur gesellschaftlichen Norm.	Autonomer Konsument und komplexes, flexibilisiertes Selbstverständnis werden zur gesellschaftlichen Norm.
nonkonformistische (alternative, provokative) Muster der Identitätsbildung und Selbstverwirklichung	systemkonforme Muster der Identitätsbildung und Selbstverwirklichung
Aktivismus der Bürger gegen die Machteliten; Anspruch auf zivilgesellschaftliche Selbstregierung	Aktivierung der Bürger durch die Machteliten; Aufforderung zu individualisierter Selbstverantwortung
Engagement für selbstbestimmtes Entscheiden; *do-it-yourself*-Politik	Delegieren von Entscheidungsmacht an professionelle Dienstleister
basisdemokratische Deliberation	postdemokratische Führung
Komplexitätssteigerung durch Politisierung	Komplexitätsmanagement und -reduktion durch Entpolitisierung
außerparlamentarische (informelle) Politik der zivilgesellschaftlichen Bürgernetzwerke	außerparlamentarische (informelle) Politik der Lobbygruppen, Expertenkommissionen, Regulierungsbehörden, Gerichte
Bürgerinitiativen und Zivilgesellschaft als Experimentierfeld für Alternativen zum gesellschaftlichen Mainstream	Bürgerinitiative und Zivilgesellschaft als Ressource zur Effizienzsteigerung und Stabilisierung des etablierten Systems
soziale Effizienz als Referenznorm	systemische (ökonomische) Effizienz als Referenznorm

sozialwissenschaftlich unplausibel – und letztlich auch ideologisch – abzuweisen. Die postdemokratische Wende ist ein großer Prozess der Entsolidarisierung, ein umfassender Ausstieg aus dem egalitär-redistributiven Projekt. Sie ist die Entmachtung der modernistischen Norm des autonomen Subjekts in allen ihren drei oben unterschiedenen Erscheinungsweisen (individuelle Freiheit, kollektive Selbstbestimmung, internationale Souveränität). Schaubild 3.4 stellt wesentliche Merkmale der beiden hier diskutierten Phasen des politischen Kulturwandels einander gegenüber.

3.5 Das postdemokratische Paradox

Die Theorie der postdemokratischen Wende ist ein leistungsstarker Erklärungsansatz für eine Vielzahl von Veränderungen, die sich in modernen Konsumentendemokratien beobachten lassen. Sie reicht über die gängigen Theorien zur Krise der Demokratie weit hinaus. Allerdings birgt sie auch Gefahren – vor allem die der ideologischen Vereinnahmung. Denn nicht nur scheint der modernisierungstheoretische Ansatz die festgestellte Entdemokratisierung und Entpolitisierung als fast *natürliche* und unabänderliche Entwicklung darzustellen und damit von der Tatsache abzulenken, dass diese Prozesse jenseits der hier in den Vordergrund gestellten Erklärungsdimension eben doch auch ganz gezielt von interessierter Seite betrieben werden; sondern die Beschreibung der postdemokratischen Wende als *emanzipatorisches* Phänomen scheint auch noch zu implizieren, die transnationalen Konzerne beispielsweise vollzögen mit ihren Angriffen auf die Demokratie lediglich, was die Bürger ohnehin wünschen – vielleicht ohne dies explizit zu artikulieren. Noch einmal muss daher klar herausgestellt werden, dass es hier nicht darum geht, etwa diejenigen zu entlasten, entschuldigen oder gar zu rechtfertigen, die die Zerstörung der Demokratie und die Konzentration von Macht in den Händen von Kapitaleliten und Sicherheitsbehörden planmäßig verfolgen. Keinesfalls soll hier zur Legitimation einer neuen autoritären Politik beigetragen werden, wie sie sich gerade auch in den USA, die sich international als Gralshüter der Demokratie präsentieren, unverkennbar abzeichnet. Vielmehr zielt der hier vorgestellte Erklärungsansatz darauf, eine spezielle Dimension des Formwandels der Demokratie auszuleuchten, die zum angemessenen Verständnis des Phänomens unverzichtbar ist, die in der gängigen Literatur aber nur wenig Beachtung findet. Und wenn ein angebotenes Analysemodell theoretisch und empirisch plausible Teilerklärungen liefern kann, dann ist es wohl kaum angemessen, es zu verwerfen, weil es etwas sichtbar macht, das normativ unwillkommen ist. Vielmehr bestünde ein großes Verdienst eines solchen Modells darin, dass es deutlich exponiert, was andernfalls von interessierter Seite im Verborgenen ausgenutzt werden könnte.

Speziell in Bezug auf den möglichen Verdacht, hier werde in deterministischer Weise das endgültige Ende der Demokratie festgestellt oder wenigstens vorhergesagt, ist darüber hinaus noch einmal zu betonen, dass das in diesem Buch entwickelte Modell explizit nicht vom *Ende*, sondern von einem *Formwandel* der Demokratie spricht. Zwei Punkte sind entscheidend: Erstens beruht die These, dass in modernen Gesellschaften der Prozess der Modernisierung die normativen Ressourcen, die die Demokratie unverzichtbar benötigt, weitgehend ausgezehrt hat, dass diese Ressourcen nicht ohne Weiteres regenerierbar sind und dass die Fähigkeit zur Erneuerung der Demokratie sich daher zunehmend erschöpft, auf einer idealtypischen Sichtweise. Sie bezieht sich nur auf die Ressourcen, die fortgeschritten moderne Konsumentendemokratien aus sich selbst heraus zur Verfügung haben und lässt außer Acht, dass diese Gesellschaften als offene Systeme fortwährend kulturelle Ressourcen von außen importieren und damit auch ihre Kapazitäten zu demokratischer Erneuerung auffrischen. Zweitens ist die beschriebene Emanzipation vom demokratischen Projekt der sozialen Bewegungen nur die eine Seite dessen, was die postdemokratische Wende ausmacht. Denn tatsächlich ist für postdemokratische Konsumgesellschaften charakteristisch, dass sich zwar das Vertrauen in und die Erwartungen an die Demokratie wesentlich vermindert haben, die Ansprüche auf demokratische Repräsentation, Partizipation und Legitimation sind gleichzeitig aber signifikant gestiegen. Wohlgemerkt wäre es ein Missverständnis, den beschriebenen Zustand der Postdemokratie als antidemokratisch zu bezeichnen. Ebenso wie zum Beispiel Ingleharts Begriff des Postmaterialismus nie einen Antimaterialismus bezeichnen sollte und die vielfältigen Begriffe der Postmoderne nie als antimodernistisch gelesen werden durften, gilt eben auch für die Postdemokratie, dass sie keinesfalls antidemokratisch ist.

Im Gegenteil blähen sich die Selbstbestimmungsansprüche moderner Bürger trotz – oder gerade wegen – der sich wandelnden Subjektivitätsnormen modernisierungsbedingt immer weiter auf. Die lautstarke Klage über wachsende demokratische Defizite zeigt das unmissverständlich an. Im Hinblick auf die Beschreibung des derzeitigen Formwandels der Demokratie ist diese paradoxe Gleichzeitigkeit von sinkendem Vertrauen in demokratische Verfahren und Institutionen einerseits und steigenden demokratischen Ansprüchen andererseits von entscheidender Bedeutung. Diese radikalisierten Ansprüche machen deutlich, dass es falsch wäre, sich, wie Greven es fordert, von der Idee der Demokratie zu verabschieden und sie als ein »Relikt der Vormoderne« zu beschreiben (Greven 2009a, 73). Ebenso ist es falsch, die Postdemokratie, wie Rancière es tut, als eine vollständig objektivierte Politikform *jenseits* der subjektzentrierten Demokratie zu sehen oder sie als eine »konsensuelle« (Rancière 1996, 138) Politik zu bezeichnen, die durch

Wissenschaft, Recht und unüberwindliche Sachzwänge gewissermaßen überschüssig legitimiert und endgültig »pazifiert« ist (148 f.). Vielmehr sind für die Postdemokratie vehement aufbrechende Konflikte kennzeichnend, die sich nicht zuletzt aus radikalisierten Subjektivierungsansprüchen ergeben. Ulrich Beck hat insofern ganz recht, wenn er im Rahmen der von ihm beschriebenen neuen »Subpolitik« von einer »unverhofften Renaissance der politischen Subjektivität« spricht (Beck 1995, 37 f.). Diese Gleichzeitigkeit der Emanzipation vom demokratischen Projekt und radikalisierter Subjektivierungsansprüche soll im Folgenden als das *postdemokratische Paradox* bezeichnet werden.

Im einleitenden Kapitel wurde bereits angesprochen, dass Robert Dahl, Michael Zürn und viele andere vom *demokratischen Paradox* gesprochen haben, um damit den Widerspruch zwischen der spärlichen Unterstützung für demokratische Institutionen auf der einen und dem starken Bekenntnis zu demokratischen Werten auf der anderen Seite zu fassen. Chantal Mouffe hat mit dem Begriff im Anschluss an Carl Schmitt die Gleichzeitigkeit zweier konfligierender Traditionen in der liberalen Demokratie bezeichnet: (a) die des Liberalismus, des Rechtsstaates und der universellen Menschenrechte und (b) die der Gleichheit und der Volkssouveränität (Mouffe 2000, 1-11). Paul Ricœur (1984) bezeichnet mit dem Begriff den Widerspruch zwischen der moralischen Souveränität des Volkes und der faktischen Souveränität des Staates, der durch Verfahren der Partizipation und Repräsentation aufgelöst werden soll. Im Gegensatz zu diesen früheren Verwendungsweisen des Begriffs soll das demokratische Paradox hier als das spezifische Ergebnis der postdemokratischen Wende verstanden und somit als das *postdemokratische* Paradox neu bestimmt werden. Diese begriffliche Neubestimmung nimmt auf, was Zolo als die »grundlegende funktionelle Antinomie« der Demokratie beschreibt (Zolo 1997, 86), und spitzt es subjekttheoretisch zu.

Für Zolo liegt diese Antinomie darin, dass »die Zunahme der Differenzierung und der gesellschaftlichen Komplexität, welche die Voraussetzung für die moderne liberaldemokratische Forderung geschaffen hat und noch heute den Anspruch nährt«, gleichzeitig der wesentliche Grund ist, der »es wenig wahrscheinlich macht, dass diese Forderung am Ende den Sieg davonträgt« (ebd.). Vor dem Hintergrund der oben angestellten Analyse lässt sich das postdemokratische Paradox aber präziser bestimmen als Ergebnis eines fortschreitenden Prozesses der Modernisierung, der einerseits die Norm des autonomen und identitären Subjekts auflöst, damit das Fundament der traditionell verstandenen Demokratie zersetzt und die postdemokratische Wende einleitet; der andererseits aber – *qua* Modernisierung – die Freiheits-, Selbstbestimmungs-, Selbstverwirklichungs- und Zentralitätsansprüche der Individuen immer maßloser aufbläht. Moderne Bürger verlangen immer selbstbewusster und kompromissloser nach Partizipation, Repräsentation und Responsivität. Sie verstehen sich immer unbedingter als Mittelpunkt ihrer Welt. Entsprechend ist es auch falsch, wenn Rancière einfach die Politik der Subjektivierung zugunsten der Objektivierung ad acta legt. Trotz der beschriebenen Emanzipation vom demokratischen Projekt ist seine These vom »Hass der Demokratie« (Rancière 2011) nicht zielführend. Und auch Wolin liegt falsch, wenn er behauptet, für heutige Bürger sei die Demokratie nur noch ein »archaisches Überbleibsel einer überholten Vergangenheit« (Wolin 2008, 567). Vielmehr gilt weiterhin der Ausspruch von John Dunn: »In der Politik ist Demokratie heute der *Name* für das, was wir nicht haben können – doch was wir uns dennoch sehnlich wünschen.« (Dunn 1979, 27) Diese Feststellung ist sogar aktueller denn je. Nach der postdemokratischen Wende könnte man allerdings noch pointierter sagen: *Demokratie ist heute der* Name *für das, was wir nicht haben wollen – doch was wir uns dennoch sehnlich wünschen.* Diese Neuformulierung würde den postdemokratischen Stand des demokratischen Paradoxes voll erfassen. Und dieses spezifisch *post*demokratische Paradox entsteht eben, weil die Modernisierung die Logik des flexiblen und flüchtigen Subjekts (und also die Logik der Postdemokratie) immer schneller vorantreibt, dabei aber die Logik des traditionellen, identischen Subjekts (und also die Logik der Demokratie) keineswegs aussetzt. Dieses Paradox ist ein Phänomen, das die »heutigen Demokratietheorien«, wie Zolo sehr richtig feststellt, offenbar »außerstande sind wahrzunehmen« – geschweige denn zu lösen (Zolo 1997, 62).

Diese Gleichzeitigkeit zweier miteinander konfligierender Logiken schlägt sich aus dem Blickwinkel der politischen Institutionen als das *Paradox postdemokratischen Regierens* nieder. In fortgeschrittenen Konsumgesellschaften können die politischen Institutionen nicht nur die zahlreichen, sich vielfach überschneidenden und rasch verschiebenden gesellschaftlichen Konfliktlinien, sondern auch die Komplexität und Fluidität heutiger Individuen nicht mehr abbilden. Sie sind immer weniger in der Lage, deren Vielschichtigkeit, Widersprüchlichkeit und Veränderungsdynamik zu entsprechen, ohne dabei vollständig jede Effizienz und Effektivität zu verlieren. Gary Schaal spricht von der »Spannung zwischen fordistischem Angebot und postfordistischer Politiknachfrage« (Schaal 2010, 6). Die Parteien können diese Komplexität und Volatilität immer weniger in auch nur halbwegs konsistente und stabile Programme und Politiken übersetzen. Stattdessen müssen sie sich auf ein von Wahlstrategen, Kommunikationsexperten und Marketingspezialisten zusammengestelltes Menü lose zusammengehefteter Einzelpolitiken verlassen, von dem sie hoffen, dass es sich zum Zeitpunkt der Wahl möglichst gut *verkaufen* und – gegebenenfalls zusammen mit erhofften Koalitionspartnern – eine Stimmenmehrheit erzielen möge. Die Institutionen können also weder der Vielschichtigkeit noch dem Veränderungstempo der sich wandelnden Gesellschaft gerecht werden. Als »Reiter ohne Pferde« (Beck 1995, 13) müssen sie sich von den flüchtigen Subjekten emanzipieren, sie aber gleichzeitig als Prinzipal ihres Handelns betrachten. Im Interesse ihrer Handlungsfähigkeit und Effizienz müssen sich die Institutionen immer weiter von den Bürgern isolieren, gleichzeitig müssen sie sich aber mehr denn je als Agenten der Bürger darstellen. Die Politik steht also vor der Herausforderung, einerseits immer mehr auf postdemokratische, objektivierende Verfahren setzen zu müssen, weil die demokratischen, subjektzentrierten Verfahren nicht mehr tauglich sind, während sie gleichzeitig immer größere Ansprüche auf Subjektivierung und Individualisierung bewältigen muss.

Aus der Perspektive der Bürger hingegen erscheint diese Gleichzeitigkeit konfligierender Logiken als das *Paradox postdemokratischer Erwartungshaltungen*. Die Bürger wollen sich als politischer Souverän betrachten und als solcher anerkannt werden, wofür sie den Normen des identischen Subjekts der traditionellen Moderne entsprechen müssten. Gleichzeitig wollen und müssen sie aber dem aktuellen Ideal der Flexibilität genügen, die Verbindlichkeiten des modernistischen Subjektverständnisses abschütteln und politische Verantwortlichkeiten möglichst an geeignete Dienstleister delegieren. Zwar hat sich das Selbstverständnis moderner Bürger weit über das als zu restriktiv empfundene Ideal des autonomen, identitären Subjekts, das für die *zweite Moderne* stand, hinausentwickelt; den lebensweltlichen Anforderungen und ihren eigenen Vorstellungen vom guten und erfüllten Leben gemäß, sind moderne Individuen flexibel, dynamisch, vielschichtig, gegenwartsbezogen und innovationsoffen geworden. Doch haben sie dabei das Leitbild des identischen Subjekts keineswegs vollständig aufgegeben. Insbesondere haben sie den Anspruch, der selbstbestimmte politische Souverän zu sein, nicht aufgegeben, sondern im Gegenteil radikalisiert. Entsprechend bekennen sie sich einerseits zu demokratischen Werten und Formen des Regierens, die ihrem Selbstverständnis als identisches Subjekt zuträglich sind, aber mit ihren Bedürfnislagen als fluide Persönlichkeit konfligieren, und haben andererseits eine Präferenz für nichtdemokratische Institutionen und Formen des Regierens, die ihren Interessen als fluide Persönlichkeit entgegenkommen, jedoch nicht mit dem Ideal des identischen Subjekts zusammenpassen. Mit den politischen Institutionen, ihren Dienstleistern, können sie sich dabei immer weniger identifizieren. In deren Organisationsstrukturen, Arbeitsweisen und Programmen finden sie sich immer weniger wieder. Von keiner Partei fühlen sie sich richtig und von allen Parteien jeweils in Einzelaspekten repräsentiert.

Das postdemokratische Paradox führt also sowohl für die politischen Institutionen als auch für die Bürger in fundamentale Dilemmata. Ebenso wie die postdemokratische Wende ein modernisierungsbedingtes Phänomen ist, das sich auf der Ebene des individuellen Subjekts wie auch auf denen der nationalen Politik und des internationalen Systems vollzieht, manifestiert sich auch das postdemokratische Dilemma auf allen diesen Ebenen. Es ergeben sich offen widersprüchliche Phänomene, beispielsweise, dass Protestbewegungen lautstark mehr Demokratie einfordern, ohne aber zu wissen, was genau eigentlich ihre Forderungen sind, und ohne wirklich partizipieren und sich in die Verantwortung nehmen lassen zu wollen. Umgekehrt versprechen Regierungen lautstark zivilgesellschaftliche Machtbeteiligung und Entscheidungsträger bemühen sich angestrengt um mehr Bürgerbeteiligung, ohne dass sie wirklich Vertrauen in die Bürger hätten; und weil demokratische Beteiligung der Effizienz öffentlicher Verwaltung allzu oft abträglich ist, setzen sie gleichzeitig konsequent auf Verfahren der Entpolitisierung. Politiker versprechen vollmundig, Verantwortung übernehmen und gesellschaftlich gestalten zu wollen, und sind gleichzeitig jederzeit bereit, sich als bloß ausführende Organe übergeordneter Zwänge darzustellen, die ihnen nur geringe Handlungsspielräume und Steuerungsfähigkeit lassen. Diese verschiedenen Erscheinungsweisen des postdemokratischen Paradoxes sind das unterscheidende Merkmal der postdemokratischen Konstellation. Die entsprechenden Dilemmata können mit Mitteln der herkömmlichen Demokratiereform nicht mehr gelöst werden, denn diese lassen die eigentlichen Ursachen des Problems völlig unberührt. Gleichwohl müssen diese Paradoxa und Dilemmata aber politisch-praktisch gehandhabt und gesellschaftlich erträglich gemacht werden. Und das wiederum wirft die Frage auf, wie genau dies eigentlich gelingt: Welche Strategien zum Management des postdemokratischen Paradoxes bilden sich heraus und in welchem Maße sind diese Strategien erfolgreich? Wie schaffen es heutige Konsumentendemokratien, gleichzeitig demokratische Normen und eine Agenda der Entpolitisierung, Ungleichheit und Exklusion aufrechtzuerhalten? Wie können demokratische Selbstverständnisse stabilisiert und gleichzeitig eine politische Praxis verfolgt werden, die allen demokratischen Normen widerspricht? Jenseits der rhetorischen und medialen Fassaden sind dies die heimlichen Zentralfragen, um die der politische Diskurs in modernen Wohlfahrtsdemokratien sich dreht, und entsprechend müssen dies die Zentralfragen einer Theorie dieser Demokratien sein, das heißt einer Theorie der Demokratie jenseits der postdemokratischen Wende oder der Demokratie in der postdemokratischen Konstellation.

4. New Politics 2.0

Das im vorigen Kapitel ausgeführte Theorem der postdemokratischen Wende behauptet also, dass die vielbeschworene *Krise* der Demokratie nicht primär von der Globalisierung ausgelöst ist und auch nicht einfach auf die seit den neunziger Jahren herrschende Ideologie des Neoliberalismus zurückgeht. Vielmehr handelt es sich um eine *Transformation* der Demokratie im Zuge des modernisierungsbedingten Fortschritts von der zweiten zur dritten Moderne, wie er bereits in Kapitel 1 (vgl. Schaubilder 1.1, 1.2 und 3.1) begrifflich gefasst wurde. Die eigentlich treibende Kraft dieser Transformation ist der emanzipatorische Impuls, die Emanzipation zweiter Ordnung. Die Globalisierung und der Neoliberalismus sind freilich verstärkende Faktoren, die ihrerseits vom beschriebenen Wandel des dominanten Subjektivitäts- und Identitätsverständnisses deutlich begünstigt werden. Die postdemokratische Wende betrifft fortgeschritten moderne Gesellschaften ganz unabhängig von der genauen Art und Weise, in der das jeweilige politische System die grundlegenden demokratischen Werte (Autonomie, Souveränität, Integrität) ausformuliert und institutionalisiert. Charakteristisch für die postdemokratische Konstellation, so wurde weiter ausgeführt, sind spezifische Paradoxa und Dilemmata, die sich zwar nicht auflösen lassen, die aber doch politisch gehandhabt und gesellschaftlich erträglich gemacht werden müssen. Entsprechend geht es in diesem Kapitel nun darum auszuleuchten, welche Strategien sich dafür herausbilden und als tauglich erweisen. Dabei ist es ausdrücklich nicht das Ziel, eine normative Theorie zu entwickeln, sondern es soll lediglich der Versuch unternommen werden, die faktische demokratische Praxis in modernen Konsumentendemokratien aus der Perspektive des im vorigen Kapitel skizzierten Werte- und Kulturwandels zu beschreiben und zu interpretieren. Unter anderem wird dabei weiter ausgeführt, was in Kapitel 2.5 als *demokratische Selbstillusionierung* bezeichnet wurde.

Tatsächlich entstehen jenseits der postdemokratischen Wende sowohl in der Zivilgesellschaft als auch auf Seiten der institutionalisierten Politik Formen der politischen Kommunikation und des politischen Handelns, die sehr speziell auf die komplexen und in sich widersprüchlichen Bedürfnislagen der postdemokratischen Konstellation zugeschnitten sind. In verschiedenen Hinsichten knüpfen sie einerseits an die »neue Politik« der partizipatorischen Revolution an, haben aber andererseits doch auch eine grundsätzlich andere Qualität. Gerade im Hinblick auf die eingangs besprochenen Protestbewegungen der jüngsten Zeit könnte man sinnvoll von einer Art *New Politics 2.0* sprechen. Dieser Begriff fängt ein, dass es sich um Politik- und Kommunikationsformen handelt, die sich einerseits deutlich von der »neuen Politik« der sozialen Bewegungen der siebziger und achtziger Jahre unterscheiden, andererseits aber doch als konsequente Weiterführung des emanzipatorischen Projekts (Emanzipation zweiter Ordnung) aus dieser hervorgehen. *New Politics 2.0* ist eine emanzipatorische Politik für die dritte Moderne, das heißt für eine Moderne, die den kantischen Subjektbegriff hinter sich gelassen hat. Anders als der populäre Begriff der Postdemokratie (vgl. Kapitel 3.1 und 3.2) oder auch der in Schaubild 1.2 verwendete Begriff der *systemzentrierten* Moderne es nahelegen, bringt die postdemokratische Konstellation aber eben nicht rein objektivierte Politikformen *jenseits* der stets subjektzentrierten Demokratie hervor. Rancières Vorstellung der »Erschöpfung des Dispositivs der Subjektivierung« und der »objektivierten Politik der Postdemokratie« ist zu undialektisch gedacht. Vielmehr setzen sich die Politik der Subjektivierung und das emanzipatorische Projekt auch mit und jenseits der postdemokratischen

Wende fort. Genau dies bringt der Begriff *New Politics 2.0* zum Ausdruck. Unter ihrem Vorzeichen entfaltet sich eine Art *democracy to go*, die eine der flüchtigen Moderne und ihren verflüssigten Subjektivitätsidealen entsprechende leichte, offene, befreite, zu nichts verpflichtende Demokratie *für die fröhlichen Bürger von unterwegs* ist – dabei aber auch eine verschwindende, eine nicht zu haltende, eine *nicht nachhaltige* Demokratie.

Im Folgenden wird nun genauer ausgeführt, was *New Politics 2.0* in der Praxis bedeutet, was die Erscheinungsform der Demokratie jenseits der postdemokratischen Wende auszeichnet. Zuvor sei allerdings noch eine kurze parteipolitische Zwischenüberlegung angestellt: So wie die Grünen heute weithin als die parteipolitische Institutionalisierung der »neuen Politik« im ursprünglichen Verständnis bezeichnet werden, sind die Piraten vielleicht die Partei der *New Politics 2.0*. Gut möglich, dass diese Partei gerade wegen ihres eigentümlichen Charakters als politische Organisation nur eine kurze Episode bleibt, aber für ihren zeitweiligen Erfolg lässt sich festhalten: Mit ihrem Individualismus, ihrem Bekenntnis zur radikalen Freiheit und zur Basisdemokratie sowie ihrer charakteristischen Unfähig- und Unwilligkeit, selbst zu den politischen Großthemen eindeutige Positionen zu beziehen und sich auf eine verbindliche Programmatik festzulegen, sind – oder waren? – die Piraten unverkennbar ein Produkt der Emanzipation zweiter Ordnung. Vielleicht ohne sich dessen voll bewusst zu sein, bedienen sie gerade mit diesen Eigenheiten sehr genau die Bedürfnislagen der postdemokratischen Konstellation, und es ist durchaus bezeichnend, dass ausgerechnet führende Köpfe der Grünen die heutigen Statthalter des (inzwischen postdemokratisch gewendeten) emanzipatorischen Projekts als eine »Bedrohung unserer Demokratie« beschreiben: »Die Piraterie«, so beobachtet etwa der Tübinger Bürgermeister Boris Palmer, »erneuert unsere Demokratie nicht«, sondern erschüttert »sie in ihren Grundfesten« (Palmer 2012). Die Piraten seien »so gefährlich, weil sie bewährten und funktionierenden Verfahren die Legitimation absprechen und an deren Stelle eine Illusion setzen, die nicht funktionieren kann«, die in ihrer Offenheit und Unverbindlichkeit »zur Steuerung eines Gemeinwesens durch seine Bürgerinnen und Bürger schlicht ungeeignet ist« (ebd.). Interessant ist, dass mit praktisch denselben Worten in den siebziger Jahren konservative Vertreter der Unregierbarkeitsthese (vgl. Kapitel 1.2) die »neue Politik« der neuen sozialen Bewegungen und der entstehenden Grünen ablehnten. Doch die partizipatorische Revolution und die Grünen waren entgegen der Wahrnehmung ihrer damaligen Kritiker – und entgegen ihrer Selbstwahrnehmung – ein zutiefst bürgerliches Phänomen. Zumindest standen sie immer für ein zutiefst bürgerliches Subjektivitätsideal und Identitätsverständnis – und entsprechend für einen Demokratiebegriff –, die sie aus den Verzerrungen der seinerzeit vorherrschenden Autoritätsgläubigkeit sowie des wuchernden Konsumkapitalismus zu befreien versuchten. Ihre »neue Politik« war getragen von einem kantischen Subjektverständnis und einer Pflicht- und Verantwortungsethik vernunftbegründeter (sozialer und ökologischer) kategorischer Imperative. Sie war daher tatsächlich keine Bedrohung der Demokratie, sondern im Gegenteil dazu angetan, deren (bürgerlich-modernistische) Grundfesten zu stabilisieren und ihre Verfahren zu erneuern. *New Politics 2.0* hingegen ist eine Politik der flüchtigen Subjektivität, die sich aus gerade diesen kategorischen Imperativen zu befreien sucht. Nicht zufällig haben die Piraten den Begriff *liquid democracy* besetzt – auch wenn sie damit keineswegs der in Kapitel 3 besprochenen *liquid identity* moderner Bürger Rechnung tragen wollen, sondern vor allem ein System der flexiblen Stimmrechtsübertragung und eine innerparteiliche Partizipationssoftware (*LiquidFeedback*) bezeichnen. Es ist daher ganz folgerichtig, dass heute die Grünen in konservativ anmutender Weise die Politikformen der Piratenpartei strikt zurückweisen. Zwar ist die rhetorische Mobilmachung gegen die Piraten kaum ein geeignetes Mittel, die Demokratie zu schützen, denn »die Piraterie« ist letztlich bloß der politische Niederschlag, nicht aber die Ursache der erneuten *stillen Revolution*, die oben als Emanzipation zweiter Ordnung beschrieben wurde. Tatsächlich ist aber die *New Politics 2.0* radikal verschieden von ihrer Vorgängerin, und als *democracy to go* bedeutet sie unbestreitbar eine fundamentale Herausforderung für das bürgerlich-modernistische Demokratieverständnis, das die Grünen bis heute vor sich hertragen.

4.1 Postdemokratische Performanz

Die Analyse des postdemokratischen Paradoxes hat politisch und normativ brisante Fragen aufgeworfen: Wie gelingt es den politischen Institutionen, sich einerseits zugunsten ihrer Handlungsfähigkeit gegenüber den immer unberechenbareren Bürgern und ihren immer widersprüchlicheren und kompromissloseren Forderungen abzuschotten, sich gleichzeitig aber als deren Agent, also als Agent des Demos zu präsentieren? Mit Blick auf die Bürger lautet die Frage: Wie gelingt es individuellen und kollektiven Subjekten, sich als politischer Prinzipal und demokratischer Souverän zu erleben, gleichzeitig aber möglichst unbehindert und effizient die Möglichkeiten und Imperative der flüchtigen Moderne zu verfolgen? Oder aus übergeordneter Perspektive: Wie gelingt es fortgeschritten modernen Gesellschaften, einerseits ein demokratisches Selbstverständnis aufrechtzuerhalten und andererseits eine längst nicht mehr demokratische Agenda der Entpolitisierung, der sich verschärfenden Ungleichheit und der angeblichen Alternativlosigkeit zu verfolgen? Was bedeutet Demokratie jenseits des bürgerlich-modernistischen Subjekts, das heißt jenseits der subjektzentrierten Begriffe der Autonomie und Souveränität? Die Beantwortung solcher Fragen geht weit hinaus über das, was die etablierte normative Demokratietheorie bearbeiten will und kann. Diese betrachtet nämlich die modernistischen Normen der Autonomie und Souveränität als unhintergehbar, als metaphysisches Apriori. Doch wie im vorigen Kapitel gezeigt wurde, stellt die postdemokratische Wende, die Emanzipation zweiter Ordnung, der Übergang zur dritten Moderne, genau diese Begriffe reflexiv infrage. Der Erfolg beim Management der für die postdemokratische Konstellation charakteristischen Paradoxa und Dilemmata wird damit unausweichlich zu einer wichtigen Dimension der Leistungsfähigkeit (Performanz) moderner politischer Systeme.

Wenn die Performanz demokratischer Systeme untersucht wurde, ging es bisher in der Regel erstens um die Frage, inwieweit spezifisch demokratische Normen wie Freiheit, Partizipation oder Gleichheit erfüllt werden (*demokratische Performanz*), und zweitens um das Maß, in dem die untersuchten Systeme instrumentelle Erwartungen erfüllen bzw. materiell-konkrete Dienstleistungen (z.B. florierende Wirtschaft, Gesundheit, Bildung) erbringen (*systemische Performanz*) (vgl. z.B. Fuchs 1998; Lijphart 1999; Roller 2005). Die Fähigkeit moderner Konsumentendemokratien, das Paradox postdemokratischen Regierens und das Paradox postdemokratischer Erwartungshaltungen zu bewältigen, könnte ergänzend als ihre spezifisch *postdemokratische Performanz* bezeichnet werden. Der Bereich der postdemokratischen Performanz stellt ein neues – gefährlich vermintes – Forschungsfeld dar. Die etablierte kritische Demokratietheorie stößt hier an ihre Grenzen, denn es geht nun nicht mehr um die Frage, wie demokratische Normen im traditionellen Verständnis (besser) begründet und umgesetzt werden könnten, sondern erstens darum, herauszufinden, wie zum Beispiel Normen der Partizipation, Repräsentation oder Legitimation im Zeichen der postdemokratischen Konstellation ihre Bedeutung verändern, und zweitens um die Analyse der Strategien, mit denen die unlösbaren Dilemmata der postdemokratischen Konstellation politisch-praktisch gehandhabt werden. Wenn sich die Demokratietheorie nun aber nicht als Dienstleisterin verstehen will, die politische Akteure und Institutionen darin berät, wie mit diesen Dilemmata aus der Perspektive des jeweiligen Auftraggebers *am effektivsten* umzugehen sei, wird sie sich auf ihre deskriptiv-analytischen Dimensionen beschränken müssen. Anders gesagt: Wenn die Demokratietheorie im Sinne der kritischen Tradition ein Unbehagen daran empfindet, selbst aktiv zur Optimierung der postdemokratischen Performanz moderner Konsumentendemokratien beizutragen, gleichzeitig aber auch keine plausiblen Kriterien der normativen Kritik zur Verfügung hat, wird sie sich darauf beschränken müssen, möglichst klar darzustellen, wie das Management der postdemokratischen Paradoxa faktisch funktioniert.

Anders als bei der demokratischen und der systemischen Performanz, bei denen es jeweils um den mithilfe verschiedener Indices quantifizierbaren Output der untersuchten Systeme geht, kommt bei der postdemokratischen Performanz vor allem der *theatralischen Dimension* des Performanzbegriffs große Bedeutung zu. Konkret ist das Ziel, demokratische Rechte, Normen und Verfahrensweisen in einer solchen Weise erlebbar zu machen und demokratische Erwartungshaltungen so zu bedienen, dass dabei systemische Notwendigkeiten sowie die postdemokratischen Wertpräferenzen und Selbstverwirklichungsansprüche moderner Bürger möglichst wenig beeinträchtigt werden. Es geht darum, zur Vorstellung zu bringen, was es aus der Perspektive der Emanzipation zweiter Ordnung eigentlich nicht mehr gibt und auch nicht geben soll, was aber doch auch nicht aufgegeben werden kann, sondern im Gegenteil sogar in radikalisierter Weise eingefordert wird. Die Strategien und politischen Praktiken, die sich zu diesem Zwecke herausgebildet haben, sind vielfältig und beziehen die verschiedensten Akteure ein. Sie umfassen, zum Beispiel, die ritualisierten Bekenntnisse zur *freiheitlich demokratischen Grundordnung*, die immer demonstrativer werden, je weiter sich die gesellschaftlichen Verhältnisse von dieser Norm faktisch entfernen; den Lobgesang auf demokratische Institutionen und Verfahrensweisen, der im gleichen Maße anschwillt, wie die Entpolitisierung voranschreitet und die Technokratenherrschaft sich entfaltet; massenmedial kommunizierte Regierungskampagnen für soziale Gerechtigkeit, demokratische Erneuerung, *corporate social responsibility* oder ökologische Nachhaltigkeit, die die entschiedene Politik des Wettbewerbs, des Wirtschaftswachstums und der Nicht-Nachhaltigkeit flankieren; aber auch die Artikulation radikaler Opposition in Protestbewegungen, die Erzählung von der »rebellischen Republik«, deren Bürger sich »nicht mehr für dumm verkaufen lassen« (Wieczorek 2011), oder die Forderungen der normativen Demokratietheorie und die vielfältigen praktischen Vorschläge zur besseren Umsetzung der demokratischen Versprechen. Insgesamt handelt es sich hier um politische Diskurse und Praktiken, mit deren Hilfe spezifisch modernistische Selbstverständnisse reproduziert und eine bestimmte gesellschaftliche Selbstbeschreibung kultiviert werden. Es geht darum, im Kontext der systemzentrierten Moderne und der postdemokratischen Konstellation Autonomie, Souveränität, Gleichheit, Gerechtigkeit, Freiheit, Inklusion oder auch den Subjektstatus der natürlichen Umwelt auf diskursive Weise erlebbar zu machen, während gleichzeitig Entpolitisierung, soziale Ungleichheit, der Zerfall des gesellschaftlichen Zusammenhalts und die Ausbeutung begrenzter Ressourcen mit aller Entschiedenheit vorangetrieben werden. Sowohl die verbreitete Kritik an »völlig inakzeptablen« demokratischen Defiziten als auch die in Kapitel 2 besprochenen Varianten des demokratischen Optimismus können aus dieser

Perspektive als Diskurse betrachtet werden, in denen die postdemokratische Gesellschaft die Gültigkeit und Relevanz von Normen simuliert, die im Verlauf der Modernisierung und der Emanzipation zweiter Ordnung gewissermaßen überwunden worden sind – aber eben doch auch keineswegs aufgegeben werden sollen.

Postdemokratische Performanz ist also zweierlei: Erstens die Fähigkeit eines politischen Systems, die in der postdemokratischen Konstellation radikalisierten demokratischen Erwartungen und Bedürfnisse der Bürger zu bedienen, ohne dabei gleichstarken, gegenläufig ausgerichteten Imperativen und Bedürfnissen im Wege zu stehen; zweitens – und dies ist die zugehörige Strategie – das Vorspielen, die Inszenierung demokratischer Wertorientierungen und Strukturen in einem Kontext, wo Demokratie im Sinne der zweiten Moderne weder möglich noch wirklich wünschenswert ist, weil nämlich der normative Bezugspunkt, aus dessen Perspektive sie allein erstrebenswert erschien, sich inzwischen grundlegend rekonfiguriert hat. Nach dem Übergang von der subjektzentrierten, emanzipatorischen zur systemzentrierten Moderne muss die *systemische Performanz* also neu definiert werden als die Effektivität und Effizienz, mit der systemische Imperative (z.B. Innovation, Wettbewerbsfähigkeit, Absatzsteigerung, Stabilisierung systemrelevanter Strukturen) praktisch umgesetzt werden. Und die als *postdemokratische Performanz* neu bestimmte demokratische Performanz bezeichnet nun die performative Stabilisierung des autonomen Subjekts und der Idee des souveränen *government of the people, by the people, for the people*.

4.2 Symbolische und simulative Politik

Das unterscheidende Merkmal der modernen Erscheinungsform der Demokratie ist also, dass sie diskursiv reproduziert und erlebbar macht, was der fortlaufende Prozess der Modernisierung normativ ausgehöhlt hat. Nun war Demokratie freilich seit je vor allem ein Ideal. Sie war stets ein offenes Projekt, ein Versprechen, eine Vielfalt immer neuer Versuche, das auszubuchstabieren und in politische Realität umzusetzen, was Demokratie im Kern bedeutet: die Autonomie des individuellen Subjekts, die Souveränität des kollektiven Subjekts, des Volkes und, wie die politische Ökologie zuletzt hinzugefügt hatte, die Integrität, das heißt den Subjekt-Status, der Natur. Mit anderen Worten: Demokratische Praktiken und Institutionen haben immer schon auf etwas verwiesen, was nicht real und erst noch zu verwirklichen sei. Sie verwiesen auf eine Idee, etwas Authentisches, dem all die vielfältigen empirischen Realisierungsversuche bestenfalls unvollkommen entsprachen. Insofern war Demokratie schon immer symbolisch. Mit der Emanzipation zweiter Ordnung jedoch verändert sie ihren Charakter insofern, als nun das, was sie symbolisiert, die Referenznorm, die ihr allein Sinn verleiht, gewissermaßen obsolet geworden oder zumindest grundlegend umdefiniert worden ist. Demokratie wird damit, so wie Schumpeter sie bereits verstanden hatte, vor allem zur besten Methode der Legitimation effizienten Regierens. Darüber hinaus sind die als *New Politics 2.0* beschriebenen Formen der demokratischen Performanz aber eben auch eine wirkungsvolle Strategie, die besagten postdemokratischen Dilemmata zu bewältigen. Im Anschluss an Jean Baudrillard können sie als *simulativ* und die postdemokratische Erscheinungsform der Demokratie entsprechend als *simulative Demokratie* bezeichnet werden.

Baudrillard versteht *Simulation* als das performative Pendant zu dem, was die fortlaufende Moderne unersättlich verschlingt: das Authentische (Baudrillard 1981). Das *Zeitalter der Simulation* bricht für Baudrillard an, wenn die zersetzende Kraft der Moderne alle traditionellen Sicherheiten erschüttert und alle authentische Wahrheit in eine Vielfalt flüchtiger Bilder, referenzloser Zeichen, austauschbarer *Images* und medialer Inszenierungen aufgelöst hat. Es verschwimme dann, so Baudrillard, die Unterscheidung zwischen Zeichen und Bezeichnetem, Original und Kopie, Realität und Imagination, und in einem diskursiven Raum radikaler Kontingenz schüfen die massenmedial verbreiteten Bilder eine Hyperrealität, die zum wesentlichen Bezugspunkt gesellschaftlicher Kommunikation und politischen Handelns werde. Zeichen des Realen, sagt Baudrillard, würden dann zum Ersatz für das Reale selbst – und zum Beweis für die Wahrheit der jeweiligen Inszenierung. Und alle Versuche, hinter den vielen Inszenierungen doch noch eine authentische Wirklichkeit aufzuspüren, signalisierten dann bloß die vergebliche Weigerung, den Zustand der totalen Selbstreferenzialität der Zeichen anzuerkennen.

Übertragen auf den demokratietheoretischen Kontext, das heißt angewandt auf die postdemokratische Konstellation, in der der fortlaufende Prozess der Modernisierung die unverzichtbaren kulturellen Grundlagen der Demokratie abgeschmolzen, ihren Ruf als die beste aller Regierungsformen deutlich in Zweifel gezogen, demokratische Erwartungen aber gleichzeitig erheblich aufgebläht hat, ist Baudrillards Begriff der Simulation eine passende Beschreibung für eine politische Praxis, die diskursiv stabilisiert oder wiederauferstehen lässt, was jenseits der postdemokratischen Wende weder wirklich noch möglich, noch ernsthaft wünschenswert, aber doch eben auch unverzichtbar ist. Zeichen der Demokratie (regelmäßig abgehaltene Wahlen, der Protest der Wutbürger, Politikerbekenntnisse zum Wählerwillen etc.) werden zum Ersatz nicht nur für empirisch wirkliche politische Selbstbestimmung, sondern sie inszenieren die Gültigkeit demokratischer Normen und die Verpflichtung auf die schrittweise Umsetzung des demokratischen Versprechens von Autonomie, Souveränität und Integrität – auch wenn die Entpolitisierung zügig und willentlich vorangetrieben wird, die umfassende Fremdbestimmung allenthalben offensichtlich ist und zuweilen ganz unverblümt ausgesprochen wird, dass der Ausgang solcher demokratischen Rituale auf zentrale Fragen der gesellschaftlichen Zukunft (etwa die von transnationalen Akteuren verordnete Sparpolitik) keinerlei Einfluss haben wird.

Simulative Demokratie ist also die Produktion und Reproduktion von Diskursen, Narrativen und gesellschaftlichen Selbstbeschreibungen, in denen jenseits der postdemokratischen Wende Normen, Wertorientierungen und Zukunftsperspektiven inszeniert und kultiviert werden, die für das demokratische Projekt der zweiten Moderne konstitutiv waren, denen in der dritten Moderne aber nicht minder gewichtige inkompatible Wertorientierungen gegenüberstehen. Die simulative Demokratie schafft Erlebnis- und Handlungsräume, in denen Individuen, kollektive Akteure und die Gesellschaft insgesamt sich als etwas darstellen und erfahren können – eben als autonome bzw. souveräne Subjekte –, wovon sie sich mit der Emanzipation zweiter Ordnung eigentlich befreit haben, was sie aber doch auch vehementer denn je einfordern. Wo die Demokratie auf eine Norm verwies, die dem gültigen Selbstverständnis der Bürger entsprach, die aber in der Praxis *noch nicht* umgesetzt war, konnte sie als symbolisch bezeichnet werden. Als simulative Demokratie aber inszeniert sie die Gültigkeit einer Norm, die eigentlich dem vorherrschenden Subjektivitätsverständnis der Bürger *nicht mehr* entspricht und die auch *nicht mehr* wirklich umgesetzt werden, aber doch auch auf keinen Fall aufgegeben werden soll. In einem Szenario, in dem die Überwindung der bürgerlich-modernistischen Subjektivitätsnormen durch die Emanzipation zweiter Ordnung eine große emanzipatorische Errungenschaft bedeutet, gleichzeitig aber auch als großer Verlust empfunden wird, ist simulative Demokratie die Antwort auf die Frage: »Wie kann man diesen Verlust verschleiern, oder besser: sublimieren, so dass die Demokratie in voller Blüte erscheint?« (Wolin 2001, 570) Genau dies ermöglichen die Kommunikations- und Handlungsformen der simulativen Demokratie: Sie befriedigen die radikalisierten Autonomiebedürfnisse postdemokratischer Bürger, ohne diese in kantisch-modernistischer Weise in die Pflicht zu nehmen. Sowohl aus der Perspektive der Bürger als auch aus der der politischen Institutionen sind sie eine effektive Strategie, das demokratische Paradox und die oben beschriebenen Dilemmata zu bewältigen. Sie stabilisieren, wenigstens für den Moment, eine gesellschaftliche Ordnung, die andernfalls wohl an ihren Widersprüchen zerbrechen würde. Eindrucksvoll illustriert das zum Beispiel die Erzählung von der *Big Society* – »die größte und dramatischste Umverteilung von Macht«, die das Vereinigte Königreich je erlebt habe, »weg von den Eliten in Whitehall, hin zu den Menschen auf der Straße« (Cameron 2010) –, mit welcher der britische Premierminister David Cameron (während er gleichzeitig mit Nachdruck einen »welfare war« betreibt) der verbreiteten Feststellung begegnet, dass Jahrzehnte des aggressiven Marktliberalismus in seinem Land eine wirtschaftlich und kulturell bis weit über die Nachhaltigkeitsgrenze ausgezehrte »broken society« (Blond 2010) zurückgelassen haben.

Simulative Demokratie bedeutet also, um noch einmal die Formulierung von Sheldon Wolin aufzugreifen, den gleichzeitigen »Sieg über die Demokratie und ihre Nachahmung« (Wolin 2001, 569). Sie dreht sich um die Produktion von Erscheinungen, von Illusionen; mit Marx könnte man sagen, von *falschem Bewusstsein*, also von genau dem, wogegen die kritische Tradition immer gekämpft hatte. Von entscheidender Bedeutung ist allerdings, dass die Kommunikations- und Handlungsformen der simulativen Demokratie keineswegs bloß als

Instrument in den Händen gesellschaftlicher Eliten verstanden werden dürfen, das diese strategisch zum Zwecke der Täuschung und Beherrschung der entmündigten Massen einsetzen. Im Gegenteil: Kennzeichnend für die simulative Demokratie ist, dass ihre diskursiven Praktiken bereitwillig von den verschiedensten gesellschaftlichen Akteuren aufgegriffen werden, denn in der postdemokratischen Konstellation besteht, wie gesagt, ein starkes gesellschaftliches Bedürfnis, sich als das darzustellen und zu erleben, was nur im (post)demokratischen Themenpark dieser Diskurse ausgelebt werden kann und erfahrbar wird. Entsprechend laufen die von der kritischen Gesellschaftstheorie im überlegenen Gestus der Aufklärung und Befreiung unternommenen Versuche, *falsches Bewusstsein* zu überwinden und die manipulativen Absichten der gescholtenen *Verblendungs-* und *Verblödungs*strategien bloßzustellen, jenseits der postdemokratischen Wende ins Leere. Die kritische Feststellung, dass die Demokratie in modernen Konsum- und Massengesellschaften weitgehend ausgehöhlt und der zentrale demokratische Wert, nämlich »die Idee der politischen Selbstbestimmung der Bürgergemeinschaft«, bestenfalls noch »eine Illusion« sei (Greven 2009b, 96), bleibt entweder schlicht belanglos oder sie wird selbst Teil des simulativen Programms.

Ulrich Beck (1993, 110ff.), Carl Boggs (2000, 25-30), Colin Crouch (2008, 13) und viele andere haben immer wieder betont, die etablierten demokratischen Institutionen seien nur noch eine »Fassade«, die eine »entkernte Politik« (Beck 1993, 210ff.) verstecken soll. Beck sprach schon Anfang der Neunziger von »Zombie-Institutionen, die historisch längst tot sind, aber doch nicht sterben können« (217). All diese Autoren liegen zweifellos richtig mit der Beobachtung, dass die demokratischen Institutionen und Rituale in modernen Wohlstandsgesellschaften nur *Zeichen* der Demokratie sind, die an die Stelle der authentischen Volkssouveränität, wie die partizipatorische

Revolution sie eingefordert hatte, getreten sind. Aber sie liegen falsch, wenn sie im Sinne des oben angesprochenen demokratischen Symbolismus implizieren, dass diese authentische Demokratie überhaupt noch möglich und den heute vorherrschenden Subjektivitätsidealen angemessen wäre. Ihre kritische Behauptung, man hielte »die Namen politischer Schlüsselinstitutionen konstant«, um dann »die politischen Weichen fast legitimationslos, vorbei an der Aufmerksamkeit der Öffentlichkeit, neu stellen« zu können (212), greift zu kurz. Ihr Versuch, den bestehenden Institutionen und dem demokratischen Projekt, wie die ursprüngliche »neue Politik« es formuliert hatte, neues Leben einzuhauchen; ihr Insistieren auf Normen, die der emanzipatorische Fortschritt inzwischen überwunden hat; ihre Hoffnung auf eine »massive Eskalation des Protests und des Widerstands«, die »die Welt der konventionellen postdemokratischen Kampagnenpolitik mit all ihren Inszenierungen und schrecklichen Phrasen« zum Einsturz bringen könnte (Crouch 2008, 157, 148; vgl. auch Mouffe 2011) – all dies ist in hohem Maße fragwürdig. Diese Sichtweise geht an den Realitäten der postdemokratischen Konstellation vorbei. Sie nimmt das postdemokratische Paradox nicht zur Kenntnis und blendet aus, dass die kritisierten Kommunikations- und Handlungsformen der simulativen Demokratie sehr genau auf die in sich widersprüchlichen Bedürfnisse postdemokratischer Bürger und Institutionen eingehen, während demokratische Verfahren im angeblich *authentischen* Sinne deren Bedürfnislagen vollkommen unangemessen wären. Richtig beobachtet Wolin: »Während wahrhaft demokratische Verfahrensweisen im Widerspruch« zu den Bedürfnissen moderner Wohlstandsgesellschaften stehen würden, »könnten sich demokratische Mythen, die mit demokratischer Praxis eigentlich nichts mehr zu tun haben, als durchaus nützlich erweisen« (Wolin 2008, 52). Tatsächlich liefern sie in einem Kontext, wo »wahrhaft demokratische Verfahrensweisen« notwendigerweise versagen würden, genau das, was dringend benötigt wird.

Das Modell der simulativen Demokratie und Politik bedeutet daher auch eine grundsätzliche Revision der populären Kritik an der sogenannten *symbolischen Politik* (Edelman 2005). Unabhängig von der oben angesprochenen symbolischen Dimension, die der Demokratie schon immer eigen war, werden im populären Diskurs die Versuche der herrschenden Eliten, die Bürger mithilfe leerer Versprechungen, zahnloser Gesetzesentwürfe und rhetorischer Täuschungsmanöver ruhigzustellen, gern als symbolische Politik bezeichnet. Eine Art Placebo-Politik, so der Vorwurf, ermögliche es den Machthabenden, weitgehend unbehelligt ihre eigenen Interessen zu verfolgen, während sie die Bürger um die Erfüllung ihrer berechtigten Ansprüche auf die effiziente Umsetzung des artikulierten Mehrheitswillens und auf die Verantwortungs- und Rechenschaftspflicht ihrer gewählten Repräsentanten bringe. Dieser Begriff der *symbolischen* Politik impliziert, dass eine *authentische* Politik, also eine Politik, die streng an den artikulierten Interessen der Bürger ausgerichtet ist und diese effektiv umsetzt, grundsätzlich durchaus möglich wäre, aber eben nicht den Interessen der Machthabenden entspricht. Er geht also von einem Konflikt zwischen den Interessen der Bürgermehrheit und denen der Eliten aus. In der simulativen Politik hingegen ist dies zwar *ein* Aspekt – in Kapitel 5 wird er unter dem Stichwort *reaktionäre Demokratie* noch näher ausgeführt. Doch im Unterschied zur traditionellen Kritik der symbolischen Politik geht der Begriff der simulativen Politik davon aus, dass eine *authentischere Alternative* zur tatsächlichen politischen Praxis nicht mehr zur Verfügung steht, weil dafür die systemischen Imperative längst zu übermächtig sind, die normativen Grundlagen fehlen, die Interessenkonstellationen zu veränderlich, komplex und widersprüchlich sind und jede vermeintlich authentische Politik mit den postdemokratischen

Bedürfnissen der Bürger in Konflikt geraten würde. Entsprechend öffnet sich das Modell der simulativen Demokratie der Möglichkeit, dass diese speziell postdemokratischen Bedürfnislagen *überhaupt nur* und tatsächlich *am authentischsten* auf dem Wege der Simulation bedient werden könnten.

Diese Sichtweise knüpft daran an, dass schon Baudrillard sich gegen die vereinfachende Kritik der Manipulation der Massen gewandt und sein Konzept der Simulation als Alternative zu den Ansätzen traditioneller Herrschaftskritik verstanden hatte. Der Begriff der simulativen Politik geht aber insofern einen Schritt weiter, als er von einer Art *stillem Einvernehmen* ausgeht zwischen denjenigen, die Täuschungsmanöver unternehmen, und denen, die von ihnen betroffen sind. Er diagnostiziert ein eigenartiges Zusammenspiel der simulativen Diskurse *von oben* (z.B. *Big Society*) und *von unten* (z.B. *99 Prozent*). Anders als Beck in der oben zitierten Aussage behauptet, geht es eben nicht darum, die politischen Weichen »fast legitimationslos, vorbei an der Aufmerksamkeit der Öffentlichkeit« neu zu stellen. Vielmehr gibt es in der postdemokratischen Konstellation eine Art unausgesprochenen *neuen Gesellschaftsvertrag* zwischen den verschiedensten gesellschaftlichen Akteuren, die alle ein gemeinsames Interesse daran haben, ihr fortgesetztes *commitment* zu den demokratischen Idealen unter Beweis zu stellen. Žižek spricht von einer »merkwürdigen symbiotischen Beziehung zwischen Macht und Widerstand«, die zu dem »paradoxen Ergebnis« führe, »dass beide Seiten zufrieden sind« (2007). Gemeinschaftlich und von verschiedenen Seiten stricken sie – ohne sich abgesprochen zu haben und sich dessen notwendig bewusst zu sein – an derselben Geschichte. In der postdemokratischen Konstellation ist die diskursive Inszenierung demokratischer Verhältnisse ein gesamtgesellschaftliches Projekt, das etablierte Konfliktlinien überbrückt und die verschiedensten gesellschaftlichen Akteure einbezieht.

Simulative Politik und Demokratie sind also im Gegensatz

zur symbolischen Politik als *governance of postdemocracy* gewissermaßen demokratisch legitimiert. Wenn der Begriff der Täuschung überhaupt noch angemessen ist, müsste man von einer gesellschaftlichen Selbsttäuschung oder einer *kollektiven Selbstillusionierung* sprechen. Sehr treffend sagte Ulrich Beck einmal: »Wir erleben [zwar] nicht die Renaissance des Volkes, aber die Renaissance der Inszenierung des Volkes (oder die Inszenierung der Renaissance des Volkes).« (Beck 1993, 232) Nicht nur in Bezug auf das Volk und seine Souveränität, sondern im weiteren Sinne inszeniert die simulative Politik die Renaissance all dessen, was von der fortlaufenden Moderne überholt und wegmodernisiert worden ist, was aber aus zumindest drei Gründen unverzichtbar bleibt: erstens weil die postdemokratischen Bürger sich weiterhin als selbstbestimmte Subjekte und demokratischer Souverän verstehen und erleben wollen; zweitens weil das politische Geschehen und die gesellschaftliche Ordnung der Legitimation bedürfen; und drittens – dies wird erst im abschließenden Kapitel näher ausgeführt – weil der hier als postdemokratische Wende beschriebene Werte- und Kulturwandel unvermeidlich in sich verschärfende soziale Konflikte führt, die mithilfe postdemokratischer *governance*-Strukturen effektiv unter Kontrolle gehalten werden können. Während der symbolischen Politik im gemeinen Verständnis nachgesagt wird, dass sie das Vertrauen in die Demokratie zerstöre und ihren Niedergang beschleunige, reproduziert die simulative Demokratie den Glauben an die Demokratie und stabilisiert genau dadurch die angeschlagene gesellschaftliche Ordnung. Schaubild 4.1 stellt einige wichtige Unterscheidungsmerkmale zwischen den Konzepten der symbolischen und der simulativen Politik einander gegenüber.

In der Theorie der simulativen Politik, bzw. der simulativen Demokratie, geht es also nicht mehr um die Frage, ob »Demokratien reformierbar« sind (Greven 2003) oder ob und wie

Schaubild 4.1: Symbolische *versus* simulative Politik

symbolische Politik	simulative Politik/Demokratie
Dualität von Inszenierung und tatsächlicher Politik	Dualität von inszenierter Politik/Demokratie und faktischer Herrschaft der Systemimperative
Dualität/Konflikt zwischen Interessen der Eliten und der Bürgermehrheit	gemeinsames Interesse verschiedenster gesellschaftlicher Gruppen; neuer Gesellschaftsvertrag
Instrument der herrschenden Elite	partizipativ; bezieht verschiedenste gesellschaftliche Akteure ein
Elitenprojekt der Täuschung/Beherrschung der Massen	Projekt der kollektiven Selbstillusionierung
bietet leere Rhetorik, Placebos, Gesten	schafft diskursive Handlungs- und Erlebnisräume
Surrogat für ernsthafte, wirksame, authentische Politik/Demokratie	effektive, authentische Antwort auf postdemokratische Bedürfnislagen
Es gibt Alternativen (authentische/effektive Politik), diese werden aber von den Machthabern blockiert.	Es gibt keine Alternativen, und eine andere Politik wäre auch nicht den postdemokratischen Bedürfnislagen angemessen.
dient vor allem dem Machterhalt	dient vor allem der Bewältigung des postdemokratischen Dilemmas/Paradoxes
ohne demokratische Legitimation	(post)demokratisch legitimiert
moralisch anstößig, doppelbödig, korrupt	Kategorien der kritischen Tradition sind nicht anwendbar.
unterminiert Vertrauen in die Demokratie	stabilisiert, reproduziert Glauben an die Demokratie

»participatory engineering« (Zittel und Fuchs 2007) die Bürger wieder stärker involvieren und die demokratischen Normen der bürgerlichen Moderne besser umsetzen könnte. Vielmehr geht es um die Frage, wie diese Normen sich in Gesellschaften der dritten, der flüchtigen Moderne verändern, welche Erscheinungsform die Demokratie dann annimmt und wie in solchen Gesellschaften der Widerspruch zwischen der Überholtheit und Unrealisierbarkeit der bürgerlich-modernistischen Normen einerseits und der gleichzeitig radikalisierten Forderung nach ihrer Umsetztung andererseits politisch praktisch bewältigt wird. An die Stelle der etablierten kritischen Agenda tritt in der Theorie der simulativen Politik zumindest experimentell die Annahme: Insofern sie den Bedürfnissen der Bürger, wie sie sich im Zuge der Emanzipation zweiter Ordnung neu konfiguriert haben, voll entspricht, ist die simulative Demokratie die historisch angemessene und legitime Nachfolgerin der liberal-repräsentativen Demokratie, die ihrerseits zum Zeitpunkt der Herausbildung moderner nationalstaatlich organisierter Massengesellschaften einmal die historisch angemessene Nachfolgerin der direkten Demokratie gewesen ist. Genau so, wie die liberal-repräsentative Demokratie sich einst herausbildete, weil das Ideal der direkten Demokratie für moderne Massengesellschaften offensichtlich unpassend geworden war, bildet sich im Fortgang der Modernisierung die simulative Demokratie heraus, weil mit dem beschriebenen Werte-, Kultur- und Strukturwandel das Modell der repräsentativen Demokratie offensichtlich unpassend wird. Doch mit dem Übergang zur simulativen Demokratie werden die Kernkategorien der direkten Demokratie (Partizipation) und die der repräsentativen Demokratie (Repräsentation) keineswegs irrelevant. In der Neuen Politik nach der postdemokratischen Wende haben Partizipation und Repräsentation aber eine andere Bedeutung, und entsprechend ändert sich auch die Form der Legitimation. Dies wird im nächsten Schritt nun näher untersucht.

4.3 Postdemokratische Partizipation

Die jüngere Literatur zur politischen Partizipation in modernen westlichen Demokratien nähert sich ihrem Thema, wie wir bereits gesehen haben, vor allem unter vier, sich zum Teil gegenseitig überlagernden Vorzeichen: erstens der Sorge über die sogenannte Politikverdrossenheit oder politische Apathie (vgl. Kapitel 1.1), die die sinkende Beteiligung an demokratischen Wahlen, die schrumpfende und alternde Mitgliederbasis von Parteien und Gewerkschaften, den fortschreitenden Vertrauensverlust der politischen Führungseliten, die Erosion des sozialen Kapitals und ähnliche Erscheinungen als Anzeichen einer heraufziehenden Legitimationskrise und als Wegbereiter der technokratischen Expertenherrschaft sieht; zweitens, wie in Kapitel 2 besprochen, des Vertrauens in die Ausweitung des Spektrums politischer Beteiligungsmöglichkeiten und in den Siegeszug neuer, nichtinstitutionalisierter Formen der politischen Artikulation und Partizipation, die eine Neuerfindung des Politischen und dessen genuin demokratische Aneignung durch die Zivilgesellschaft bedeuteten; drittens der Beunruhigung über zunehmende politische Ungleichheit, die sich ergebe, weil gerade sozial benachteiligte Schichten sich von den etablierten Formen der demokratischen Partizipation enttäuscht zurückziehen, von den sich neu herausbildenden Artikulations- und Partizipationsformen allerdings in deutlich unterdurchschnittlichem Maße Gebrauch machen (z. B. Alber und Kohler 2007; Schäfer 2010; Böhnke 2011; mehr dazu in Kapitel 5.4); und viertens des Bemühens um innovative Verfahren der Bürgerbeteiligung (vgl. Kapitel 2.3), die die politische Realität dem Ideal der demokratischen Selbstregierung und Volksherrschaft wenigstens einen Schritt näherbringen und insbesondere die politische Teilhabe ökonomisch und sozial unterprivilegierter Gruppen wieder verbessern könnten.

Diesen Ansätzen ist zunächst gemein, dass sie alle eine grundlegende, beschreibungs- und erklärungsbedürftige Veränderung im Partizipationsverhalten moderner Bürger feststellen. Zweitens haben sie gemein – und dies ist ihr wesentliches Defizit –, dass sie alle unreflektiert von einem Subjektivitätsideal, Partizipationsverständnis und Demokratiebegriff ausgehen, die den realen Verhältnissen und Bedürfnissen der postdemokratischen Konstellation kaum noch Rechnung tragen. Sie machen normative Annahmen, stellen Problemdiagnosen und sprechen Empfehlungen aus, die den oben beschriebenen Kulturwandel, wenn schon nicht vollständig ignorieren, dann zumindest auch nicht als das anerkennen, was er wenigstens *unter anderem* eindeutig ist: eine emanzipatorische Errungenschaft. Tatsächlich sind nämlich, wie wir gesehen haben, sowohl die Befreiung aus den traditionellen, hierarchischen, unflexiblen Organisations- und Beteiligungsformen als auch die viel beklagte Entpolitisierung klar ein demokratisierender Fortschritt. Erstere wird bekanntlich begleitet von der Ausbreitung neuer, sehr viel selbstbestimmterer Partizipationsformen. Letztere ist eine bewusst gewählte und vielleicht sogar unverzichtbare Strategie der Komplexitätsreduktion: Zu einem Zeitpunkt, als die individuellen und gesellschaftlichen Kapazitäten zur Komplexitätsbewältigung wesentlich höher erschienen als die von der etablierten Ordnung tatsächlich zugelassene Komplexität, drängten die emanzipatorischen Bewegungen auf Politisierung. Sie stellten etablierte Normen infrage, erweiterten die politische Tagesordnung um eine ganze Palette neuer Themen und erhöhten massiv den gesellschaftlichen Diskussions- und Entscheidungsbedarf. Vor dem Hintergrund der heutigen Hyperkomplexität allerdings, im Lichte der sich stetig beschleunigenden Innovationsprozesse, grundlegender normativer Unsicherheit und der nicht mehr zu bewältigenden Anforderungen an die individuelle und kollektive Entscheidungsfähigkeit, werden Strategien der Komplexitätsreduktion dringend benötigt. Bürger entpolitisieren sich (mehr oder weniger umfassend) nicht zuletzt, weil es angesichts der steigenden Anforderungen des privaten Lebensmanagements sinnvoll erscheint, bestimmte Aufgaben an entsprechend spezialisierte Dienstleister zu delegieren, und weil eine professionelle und effiziente öffentliche Verwaltung zu den unverzichtbaren Bedingungen des erfolgreichen privaten Lebensmanagements gehört. Die öffentliche Verwaltung entpolitisiert sich, weil *good governance* sich nach heutigem Verständnis ganz wesentlich durch hohe Effektivität und Effizienz auszeichnet, die wiederum am besten durch die möglichst unbehinderte Umsetzung von Expertenwissen und *evidence-based policy-making* zu erreichen sei. Auf beiden Seiten ist die Entpolitisierung also eine bewusst gewählte Strategie. Die starke Politisierung gesellschaftlicher Themen hingegen wird sowohl in der öffentlichen Verwaltung als auch von den Bürgern immer öfter als Hindernis wahrgenommen. Sie verursacht Entscheidungsstaus, Innovationsverzögerungen und demokratische Sklerose, die dann mit eigens zu diesem Zweck verabschiedeten Beschleunigungsgesetzen erst wieder aufgebrochen werden müssen.

Ganz abgesehen davon, dass das Gerede über politische Apathie angesichts der neuen Partizipationsformen und Protestwellen kaum plausibel ist und demokratische Reformen (z. B. die Einführung direktdemokratischer Elemente oder die Nutzung elektronischer Medien) die Probleme der Komplexität, der politischen Ungleichheit oder auch der demokratischen Ernüchterung oftmals eher verschärfen als abmildern, gehen die normative Feststellung, »die Mehrheit der Bürger« spiele nur noch »eine passive, schweigende, ja sogar apathische Rolle« (Crouch 2008, 10), und die implizite Forderung nach einer Rehabilitierung der Partizipation also an der Realität der Emanzipation zweiter Ordnung und an den veränderten Bedürfnislagen der postdemokratischen Konstellation vorbei.

Die Versuche, die beobachteten Entwicklungstrends aufzuhalten, zu korrigieren oder gar umzukehren, sind weder aussichtsreich noch normativ unproblematisch. Die Klage, in modernen Gesellschaften sei die partizipative Komponente »zu einem Ballast des Demokratiebegriffs geworden, der seinem weiteren Erfolg im Wege steht« (Buchstein und Jörke 2003, 474), und auch in der Demokratietheorie sei eine »Austreibung der politischen Partizipation« zu beobachten (Buchstein und Jörke 2007, 189), ist wenig erhellend. Sehr viel interessanter ist es demgegenüber, die tatsächlich beobachtbaren Veränderungen im Partizipationsverhalten heutiger Bürger zur These der postdemokratischen Wende in Beziehung zu setzen und zu untersuchen, wie sich in der postdemokratischen Konstellation die Form und die Funktion politischer Partizipation neu bestimmen.

Hinsichtlich der Partizipationsformen wurden in Kapitel 2.2 und 2.3 bereits verschiedene Veränderungen gestreift. Vor allem über sieben Entwicklungstrends besteht in der jüngeren Partizipationsforschung weitgehende Einigkeit:

(1) Politische Partizipation wird, sofern sie nicht im Geiste der Dienstleistungsgesellschaft und des *Scheckbuch-Aktivismus* überhaupt an professionalisierte *service provider* (Lobbygruppen, Bewegungsorganisationen, Aktionsnetzwerke) delegiert wird, zunehmend individualistisch. Gesellschaftliche Ausdifferenzierung und Pluralisierung führen zur Erosion traditioneller sozialer Bindungen und Milieus, zum Phänomen des »atomized citizen« und zur Verbreitung »individualistischer Formen der Partizipation auf Kosten kollektivistischer Formen« (Pattie et al. 2004, 275). Diese Entwicklung wird auch dadurch begünstigt, dass heute sehr viel mehr Möglichkeiten zur individuellen Artikulation und Partizipation zur Verfügung stehen, was »den Anreiz zur kollektiven Mobilisierung erheblich vermindert« (Crenson und Ginsberg 2003, 3). Selbst dort, wo politische Partizipation zunächst kollektiv

zu sein scheint, zum Beispiel bei Straßenprotesten oder Produktboykotten, ist sie doch letztlich nur die Aggregation individualisierter Artikulationsformen: kollektiver Individualismus.

(2) Politische Partizipation ist zunehmend themenspezifisch und entideologisiert. Bürger engagieren sich für Themen bzw. gegen Projekte, die sie unmittelbar betreffen oder interessieren, etwa die geplante Erweiterung eines Flughafens, den Bau einer Müllverbrennungsanlage oder Reformvorschläge im Bildungswesen. Dabei wird zumeist von umfassenden ideologischen Fragen abstrahiert, und Bürger ganz verschiedener parteipolitischer Orientierung und Geisteshaltung schließen sich unter dem Vorzeichen gemeinsamer Betroffenheit zusammen.

(3) Heutige Partizipationsformen gehen in der Regel mit der Logik der bestehenden Ordnung konform, verzichten also darauf, sie systemkritisch herauszufordern. Firmen- oder Produktboykotte zum Beispiel, man denke an den sogenannten »politische Konsum« (Micheletti 2003; Stolle et al. 2005; Busse 2008), arbeiten innerhalb und mit der Logik der Konsumgesellschaft: »Shopping hilft die Welt verbessern.« (Grimm 2008) Kampagnen für ökologische Modernisierung oder einen *Green New Deal* machen sich die etablierte Logik der technologischen Innovation und des wirtschaftlichen Wachstums zunutze und wollen ihr nichts entgegensetzen.

(4) Politische Partizipation und politisches Engagement werden zunehmend spontan, sporadisch und projekthaft. Die Gestaltung der Politik wird im Wesentlichen den dafür zuständigen und entsprechend spezialisierten Institutionen überlassen, doch in der »monitory democracy« (Keane 2009) stehen diese Institutionen unter permanenter Beobachtung (*monitoring*) durch Zivilgesellschaft und Medien. Heftige Proteste flammen oft überraschend auf. Medial aufgepeitschte Wellen des Aktivismus schlagen über unvorbereiteten Institu-

tionen zusammen. Doch die plötzlichen Eruptionen der Partizipation lassen sich nicht verstetigen und nur schwer konstruktiv in den Entscheidungsprozess einbeziehen. In modernen postindustriellen Gesellschaften, schreibt Gerry Stoker daher, liege das wesentliche Problem weder in der sogenannten Politikverdrossenheit der Masse noch im ideologischen Fundamentalismus mobilisierter Aktivisten, sondern darin, dass die »Systeme der politischen Steuerung [...] unter dem Druck nur semi-interessierter, dafür aber periodisch umso resoluter auftretender Bürger ächzen« (Stoker 2006, 87). Der Ausdruck *Wutbürger* fängt etwas von dieser Unvorhersehbarkeit, zeitlichen Begrenztheit und aufgebrachten Kompromisslosigkeit ein.

(5) Vor allem solche Formen – und dieser Punkt ist mit dem vorigen unmittelbar verknüpft – der politischen Partizipation sind beliebt, die mit geringem Aufwand verbunden sind und möglichst keine andauernden Verpflichtungen mit sich bringen. Konsumbezogene Partizipationsformen, also die politisch begründete Entscheidung für oder gegen ein bestimmtes Produkt, entsprechen dem in besonderer Weise. Ebenso ist das Unterschreiben von Protestlisten oder das Verschicken einer Protest-SMS im Handumdrehen erledigt und verpflichtet zu nichts.

(6) Heutige Beteiligungsformen sind häufig spaßbetont und haben einen hohen Unterhaltungs-, Freizeit- oder Erlebniswert.

(7) Die Bürger der Gegenwart wollen sich in möglichst selbstbestimmter Art und Weise politisch artikulieren und beteiligen. Die Dimension der öffentlichen Selbstdarstellung und Selbsterfahrung ist dabei von erheblicher Bedeutung. Bei der politischen Partizipation geht es nicht bloß um die Sache, sondern mehr denn je auch ums Ich.

All diese Veränderungen im Partizipationsverhalten und den dominanten Partizipationsformen spiegeln sehr genau die in Kapitel 3.2 beschriebenen Verschiebungen in den Subjektivitäts- und Identitätsvorstellungen moderner Bürger. Die traditionell vorgesehenen, institutionalisierten Formen der politischen Beteiligung entsprechen nicht mehr dem heutigen Selbstverständnis. Sie können die Erwartungen der Bürger nicht oder nur noch in sehr eingeschränktem Maße erfüllen und verlieren entsprechend an Bedeutung. Doch auch die Partizipationsvorstellungen, die die sozialen Bewegungen der siebziger und frühen achtziger Jahre im Rahmen ihres Ideals einer »neuen Politik« entwickelt hatten, entsprechen nicht mehr den aktuellen Bedürfnissen. Der Bedeutungsverlust der Norm des identitären Subjekts einerseits und die radikalisierte Subjektivierung und Subjektzentrierung andererseits rekonfigurieren die damaligen Partizipationsvorstellungen. Zwar sind, wie bereits wiederholt festgestellt, heutige Formen der politischen Artikulation und Beteiligung durchaus als Fortentwicklung der »neuen Politik« zu verstehen, doch sie sind in jedem der oben angesprochenen Punkte auch deutlich von ihr unterschieden. Grundlegend für die Partizipationsvorstellungen der siebziger und achtziger Jahre war eben das Ideal des autonomen und identitären Subjekts. Doch in modernen postindustriellen Gesellschaften bestimmen das flüchtige Subjekt und seine flexible Identität die Formen der politischen Artikulation und Beteiligung: *liquid participation* für die *democracy to go*. Schaubild 4.2 stellt wichtige Charakteristika der postdemokratischen Partizipationsmuster (*New Politics 2.0*) den Idealvorstellungen der ursprünglichen »neuen Politik« gegenüber.

Solche generalisierenden Gegenüberstellungen werden der tatsächlichen Vielfalt politischer Beteiligungsformen in modernen Gesellschaften freilich nicht wirklich gerecht. Selbstverständlich gibt es in modernen Konsum- und Dienstleistungsgesellschaften auch weiterhin herausragende Beispiele bürgerlichen Engagements, die ganz den Idealen der partizi-

Schaubild 4.2: Politische Partizipation in der »neuen Politik« und in der *New Politics 2.0*

»neue Politik«	New Politics 2.0
selbstgestaltend, aktiv, do it yourself	delegiert, kritisch beobachtend
kollektiv	individualisiert
ideologisch begründet, ganzheitlich	themenspezifisch und entideologisiert
orientiert an kollektiver Vernunft	orientiert an subjektiver Befindlichkeit
kontinuierlich, langfristig, stabil	spontan, sporadisch, projekthaft
hoher persönlicher Einsatz, altruistisch	*low cost*, nicht verpflichtend
moralisierend, anstrengend, pflichtbetont	unterhaltend, spaßbetont, erlebnisartig
gegen die Logik der etablierten Ordnung	systemkonform

patorischen Revolution entsprechen. Es soll hier auch keineswegs behauptet werden, politische Partizipation könne insgesamt unter den Begriff *liquid participation* gefasst werden. Zudem ist in diesem Begriff auch keinerlei normatives Urteil impliziert, dass heutige Formen der Partizipation etwa qualitativ minderwertig seien. Es geht lediglich darum, festzuhalten, dass sich das vorherrschende Bürgerschaftsverständnis seit den achtziger Jahren ganz offensichtlich noch einmal gründlich verändert hat. Russell Dalton fasst diese jüngsten Veränderungen noch unter den für die »neue Politik« charakteristischen Wandel von der »pflichtbasierten Staatsbürgerschaft«, bei der der Schwerpunkt auf den von der institutionellen Ordnung vorgesehenen Bürgerpflichten liegt, hin zur »engagierten Staatsbürgerschaft« (Dalton 2008a), bei der die Bürger selbstbewusst und selbstbestimmt nach ihrem eigenen Urteil und Interesse handeln (vgl. Kapitel 2.1). Andere Beobachter aber sprechen in Bezug auf die heute dominanten Formen der politischen Artikulation und Partizipation bezeichnenderweise genau umgekehrt von »disengaged protest«, der überhaupt nicht konstruktiv und auch nicht wirklich politisch sei, sondern primär darauf ziele, sich von der als nicht beeinflussbar vorgestellten Politik zu distanzieren (Ohne mich!; Not in my name!; Stoppt ...!; Occupy ...!). Je mehr der Glaube an die demokratische Gestaltbarkeit erodiere, desto mehr gehe es vor allem um die Bekundung von Unmut und Ärger – und darüber hinaus um den »Impuls der Sinnsuche« (Furedi 2005, 42-47), das heißt um die Rückgewinnung von einem Quäntchen Autonomie gerade durch die kommunikative Grenzziehung zwischen dem als unbeeinflussbar dargestellten politischen Geschehen und dem eigenen Ich. In dieser Abgrenzung wird einerseits jede Mitverantwortung für die politischen Verhältnisse, für die konstruktive Mitgestaltung der Politik, negiert bzw. abgetreten, andererseits wird in dieser Distanzierung das Ich als Subjekt von eigenen Wertvorstellungen und Handlungsfreiheit gewissermaßen überhaupt erst konstituiert; es wird vom System, das tatsächlich alle Subjektivität absorbiert hat, unterscheidbar; es gewinnt Profil.

Diese Überlegung führt in interessanter Weise die Beobachtung weiter, dass mit den neuen sozialen Bewegungen nicht nur neue Themen und neue Beteiligungsformen, sondern vor allem auch die Artikulation von Identität ins Zentrum der Politik gerückt sei. In Kapitel 2.1 wurde dargelegt, dass laut Inglehart mit der *stillen Revolution* die politische Partizipation in verstärktem Maße »expressiv« geworden sei (Inglehart und Welzel 2005; Inglehart 2007), das heißt zur Arena für die Artikulation bisher marginalisierter Identitäten. Wenn man darauf aufbauend, wie in Kapitel 3.4 geschehen, eine Unterscheidung vornimmt zwischen der stillen Revolution der späten sechziger bis frühen achtziger Jahre und einer zweiten stillen Revolution seit Anfang der neunziger Jahre (vgl. Schaubild 3.4), könnte man sagen, dass es seit der Entfaltung der letzteren weniger um die *Artikulation* als vielmehr um die *Simulation* von Subjektivität und Identität geht. Inglehart nahm an, dass sich mit der partizipatorischen Revolution Subjektivität sowie Identitäten entwickelten und politisch Bahn brächen, die zumindest in der Anlage bereits voll vorhanden, in der bestehenden politischen Ordnung einstweilen aber noch unterdrückt gewesen waren. Nach der Emanzipation von der bürgerlich-modernistischen Subjektivitäts- und Identitätsnorm jedoch, und jenseits der postdemokratischen Wende, steht nicht mehr so sehr die Artikulation *unterdrückter* Identität im Mittelpunkt, sondern vielmehr die Inszenierung und Erfahrung von *zurückgelassenen* Subjektivitäts- und Identitätsnormen. Politische Partizipation wird damit im oben besprochenen Sinne zum Simulations- und Erlebnisraum für etwas, wovon sich moderne Bürger einerseits emanzipiert haben, was sie andererseits aber nicht aufgeben wollen. In diese Richtung zielt auch, ohne die Beobachtung genau auf den Punkt zu bringen, Stokers berechtigte Feststellung, dass vieles von dem, was optimistische Beobachter als politische Partizipation oder politisches Engagement kategorisieren, eher als eine Art »lifestyle statement« zu werten sei. Viele Partizipationsformen, so Stoker,

»haben den Charakter von Konsumhandlungen, und die politische Aktion ist möglicherweise in Gefahr, eher so etwas wie ein Lifestyle-Statement zu werden statt einer Form des ernsthaften Engagements. Die Beteiligung an Kampagnen oder Protesten ist Teil eines Portfolios von Arbeits- und Freizeitaktivitäten, mit denen man seine ethische Identität zum Ausdruck bringen kann; es geht dabei nicht darum, sich tiefer gehend mit den komplexen Themen auseinanderzusetzen, die den Problemen zugrunde liegen. Allzu oft hat es den Eindruck, als sei politische Aktivität wenig mehr als eine verfeinerte Form des Konsumismus, die vor allem bei den Bessergestellten beliebt ist, die so relativ einfach ihre Identität präsentieren und zeigen können, welche gute Sache sie sich ausgesucht haben.« (Stoker 2006, 88)

Ähnlich wie bei den oben zitierten Äußerungen von Furedi ist es aber auch hier ratsam, die mitschwingende normative Aburteilung moderner Partizipationsformen mit Skepsis zu betrachten. Richtig ist jedoch, dass es bei *New Politics 2.0*, anders als bei der »neuen Politik« der partizipatorischen Revolution, ganz wesentlich darum geht, den eigenen Subjekt-Status zu inszenieren, präsentieren und erleben. Beteiligung an kollektiven Partizipationsformen wird dementsprechend zur Inszenierung und zum Erlebnis des kollektiven Subjekts. Das revolutionäre Potenzial dieser Partizipation ist dann zwar faktisch – und gewissermaßen auch der Intention nach – kaum größer als bei den ritualisiert wiederholten Äußerungen meines Wellensittichs. Aber sie erfüllt eben doch eine gerade in der postdemokratischen Konstellation ganz entscheidende Rolle.

Damit sind wir bereits von der *Form* zur spezifisch postdemokratischen *Funktion* politischer Partizipation fortgeschritten. Im traditionellen Modell der liberal-repräsentativen Demokratie hatte die politische Partizipation drei ineinandergreifende Funktionen: erstens die der Aktualisierung der demokratischen Norm des autonomen Subjekts, der kollektiven Selbstregierung, der Volksherrschaft; zweitens, insofern Demokratie in modernen Massengesellschaften unverzichtbar Repräsentation erfordert, die Artikulation jener Werte und Interessen, die die gewählten Volksvertreter repräsentieren sollen bzw. die Verhandlung des Gemeinwillens und die Bestimmung der politischen Agenda, die die Repräsentanten und die entsprechenden Institutionen bearbeiten und umsetzen sollen; und drittens die der Legitimation von Repräsentanten, politischen Entscheidungen und des gesamten institutionellen Apparats. In der postdemokratischen Konstellation hat sich das grundlegend verändert. Die Norm des autonomen Subjekts und der souveränen Selbstregierung hat an Bedeutung verloren; der Glaube an einen Gemeinwillen und die Volksherrschaft sind weitgehend verflogen. Politische Partizipation hat kaum noch die Funktion, die politische Agenda zu bestimmen; die Vielzahl der zu bewältigenden Krisen und die systemischen Imperative übernehmen diese Aufgabe. Experten und Technokraten kümmern sich um die erforderlichen Lösungskonzepte, die angesichts der Komplexität der Problemlagen längst nicht mehr auf dem Weg der zivilgesellschaftlichen Selbstregierung zu haben sind. Ebenso dient die bürgerschaftliche Partizipation auch kaum noch zur Legitimation der Politik. Insofern das entpolitisierte Handeln der Expertokraten sich als wissenschaftlich begründet und alternativlos darstellt, ist es nicht mehr weiter legitimationsbedürftig, sondern gewissermaßen selbstlegitimierend. Postpolitische *public administration* ist also nicht mehr repräsentativ und auch nicht mehr im traditionellen Sinne legitimationsabhängig. Hatte die partizipatorische Revolution noch im Namen des autonomen Subjekts emphatisch eingefordert, dass die Bürger die politischen Verhältnisse selbst aktiv gestalten und legitimieren, ist Partizipation in der entpolitisierten Gesellschaft sowohl faktisch als auch dem Anspruch nach von der konkreten Ausgestaltung von Politiken und von der Politiklegitimation weitgehend abgelöst. Nur in Sonderfällen – etwa bei Infrastrukturgroßprojekten wie Flughafenerweiterungen, Bahnhofsbauten oder Müllverbrennungsanlagen – schaltet sich die im Sinne von John Keanes »monitory democracy« kritisch beobachtende Öffentlichkeit direkt ein. Gleichwohl ist es ein gravierender Irrtum zu glauben, die partizipative Komponente sei angesichts der Entkoppelung der Partizipation von der Repräsentation und Legitimation »zu einem Ballast« geworden, der etwa abgeworfen werden könnte oder sollte.

Die spezifisch postdemokratische Funktion der Partizipation besteht, dem postdemokratischen Bedürfnis der Bürger entsprechend, vielmehr auch jenseits der subjektzentrierten Moderne (das heißt jenseits der Emanzipation von der bürgerlich-modernistischen Norm des autonomen und identitären

Subjekts) erstens auch weiterhin darin, die Existenz ebendieses Subjekts und die Gültigkeit seines Autonomieanspruchs erfahrbar zu machen; und das in einer Weise, die die demokratischen Ansprüche der Bürger befriedigt, ohne dabei aber ihre postdemokratischen Bedürfnislagen entscheidend zu beeinträchtigen, also ohne die Logik der etablierten gesellschaftlichen Ordnung inklusive der Logik der Entpolitisierung ernsthaft infrage zu stellen. Dies gelingt auf der Ebene des individuellen Subjekts durch individualisierte Partizipationsformen, die mit Stoker auch als Identität stiftende und demonstrierende *lifestyle statements* und *lifestyle choices* beschrieben werden können. Auf der Ebene des kollektiven Subjekts gelingt dies durch die Artikulation von kollektivem Unmut in Protestdiskursen und -aktionen, die die Existenz des Demos inszenieren (*Wir sind das Volk! Wir sind die 99 Prozent!*), mit Nachdruck dessen Souveränitätsanspruch artikulieren und sich gleichzeitig vom politischen Geschehen distanzieren. Solche Formen der Partizipation inszenieren, sicherlich ohne dass die Akteure sich davon Rechenschaft geben, die Vorstellung, es könnte – und sollte – in der Politik und der Gesellschaft auch anders, das heißt demokratisch im Sinne der zweiten Moderne, zugehen. Sie antworten auf das Paradox, dass »die Menschen des postdemokratischen Zeitalters [also der heutigen, dritten Moderne] geführt werden und sich dabei frei fühlen wollen« (Wolin 2001, 570). Und sofern und solange das in Kapitel 3.5 skizzierte Paradox des gespaltenen Selbstverständnisses bestehen bleibt, ist damit zu rechnen, dass diese Formen der Partizipation sich weiter verbreiten werden. Partizipation bedeutet in der simulativen Demokratie also erstens ganz wesentlich Teilnahme an der Produktion und Reproduktion von gesellschaftlichen Selbstbeschreibungen, die in der postdemokratischen Konstellation die Gültigkeit demokratischer Normen im bürgerlich-modernistischen Sinne simulieren.

Ihre zweite wichtige Funktion erschließt sich, wenn man der Tatsache nachgeht, dass mehr Partizipation neuerdings nicht nur von *unten*, sondern mit Nachdruck auch *von oben* eingefordert und gefördert wird. Zwar sind die sogenannte politische Klasse und die öffentliche Verwaltung einerseits darauf bedacht, möglichst wenig (selbstbestimmte) Partizipation zuzulassen, weil diese allzu leicht die politische Effektivität und Effizienz beeinträchtigt. Doch sind sie andererseits ebenso darauf bedacht, möglichst viel Partizipation zu mobilisieren – und zwar keineswegs nur in dem Sinne, dass sie sich bemühten, Formen der »minimalen Beteiligung maximal auszureizen« (Crouch 2008, 143). Dieser scheinbare Widerspruch erklärt sich daraus, dass bürgerschaftliche Partizipation aus der Perspektive der *public administration* zwei Dimensionen hat: Sie ist einerseits ein Hindernis, andererseits aber auch eine Ressource. Sie ist ein Hindernis, insofern als sie Normen in den entpolitisierten Verwaltungsbetrieb einbringt, die der möglichst effizienten Umsetzung der Systemimperative, des Alternativlosen, des Expertenrates, im Wege stehen – also Normen, die eher der subjektzentrierten Moderne entstammen und in der entpolitisierten systemzentrierten Moderne störend wirken. Sie ist eine Ressource, wenn sie (a) eine Quelle von Wissen bietet, das den Regierenden nützlich ist, (b) den Entscheidungsträgern und den an der Umsetzung beteiligten Institutionen Verantwortung abnimmt, (c) ein Instrument der Kostenersparnis darstellt und/oder (d) den Vollzug des Expertenrates oder des angeblich Alternativlosen zusätzlich mit demokratischer Legitimität ausstattet. Längst hat sich schließlich die Einsicht durchgesetzt, dass ein umfassendes Maß an zivilgesellschaftlicher Partizipation die Umsetzbarkeit, Effizienz und Legitimität der öffentlichen Verwaltung erheblich verbessern kann.

Entsprechend bemühen sich politische Entscheidungsträger, bestehende Möglichkeiten zur demokratischen Mitsprache überall dort abzubauen, wo sie der Effizienz der öffentlichen Verwaltung politisierend und problematisierend im Wege stehen und die Exekutive oder das Management im Namen der Innovations- und Wettbewerbsfähigkeit mehr Rechte und Handlungsfreiheit fordert (z. B. in der Hochschulpolitik oder bei verschiedensten Formen von Genehmigungsverfahren). Umgekehrt werden aber solche Beteiligungsformen, die mit der Logik der etablierten Ordnung konform gehen und eine Steigerung der Systemrationalität versprechen, nachdrücklich gefördert. Beide Dimensionen sind konstitutiver Bestandteil dessen, was der *public-administration*-Mainstream als *good governance* bezeichnet. Dabei entsteht – wie etwa bei David Camerons Zentralprojekt der *Big Society*, das einen »großen Fortschritt« im Hinblick auf die Ermächtigung der Menschen verspricht (Cameron 2010) – mitunter der Eindruck, die Regierungen seien nun selbst zum Motor jener partizipatorischen Revolution geworden, die einst den politischen Institutionen jedes Recht auf demokratische Mitsprache und Mitbestimmung im konfrontativen Kampf abtrotzen musste. In der postdemokratischen Konstellation erschließt die, möglichst entpolitisierte, Aktivierung der Bürger *von oben* also zusätzliche Ressourcen, die die Effizienz der öffentlichen Verwaltung erhöhen – und unterstützt dabei gleichzeitig die Inszenierung des autonomen Subjekts. Und je weiter sich die Bürger von den Normen der subjektzentrierten Moderne emanzipieren und nicht nur ihr professionalisiertes Handeln im Bereich ihrer jeweiligen Berufstätigkeit, sondern auch ihr privates Subjektivitäts- und Identitätsverständnis vollständig an der Logik der systemzentrierten Moderne ausrichten, desto attraktiver wird es für die Politik, mehr Beteiligung zu mobilisieren. Im Idealfalle könnte die Umsetzung der angeblich alternativlosen Systemimperative und der zur metaphysischen Norm verklärten Effizienz vollständig *demokratisiert* werden.

Und eine dritte wichtige Funktion der postdemokratischen Partizipation wird schließlich bei eingehenderer Betrachtung der neuen und sich rasch ausbreitenden Verfahren der *network governance* sichtbar. Diese Verfahren zielen darauf, ein möglichst breites Spektrum von Akteuren, sogenannten *stakeholders*, in neue Formen der dezentralisierten, kooperativen, konsensorientierten und oft informellen Politik einzubeziehen. Solche Verfahren erhöhen gewissermaßen die Repräsentativität und Legitimation des *policy-making*. Sie werden aber auch kritisiert, weil sie nämlich die Transparenz, Zurechenbarkeit und Verantwortlichkeit der Politik vermindern. Da die Auswahl der Akteure, die als relevante *stakeholder* zugelassen werden, sowie der genaue Modus ihrer Beteiligung in aller Regel den Vorgaben der Regierung bzw. ihrer Behörden unterliegen und bestimmte gesellschaftliche Gruppen klar begünstigen, spricht zum Beispiel Erik Swyngedouw kritisch von der »Janusköpfigkeit« der *governance-beyond-the-state* (Swyngedouw 2005). Politische Beteiligung, meint auch Jörke, drohe angesichts der ungleichen Verteilung von Partizipationsmöglich- und -fähigkeiten »zu einer Spielwiese der Modernisierungsgewinner zu verkommen« (Jörke 2001, 16). Doch gerade dieser »janusköpfige« Versuch, gleichzeitig einander entgegengesetzte Bedürfnisse zu bedienen, ist das entscheidende Merkmal der postdemokratischen Partizipation. Und insofern angesichts der neuen Grenzen des Wachstums und der ebenso wenig verhandel- wie generalisierbaren Konsum- und Selbstverwirklichungsansprüche moderner Bürger eine Politik der forcierten Ungleichheit und Exklusion unverzichtbar wird, ist gerade diese Fokussierung auf die Modernisierungsgewinner entscheidend. Denn deren postdemokratische Partizipation ist nicht länger eine Bedrohung für die institutionalisierte Politik, und schon gar kein abzuwerfender »Ballast«, sondern geradezu ein unverzichtbares Erfordernis. Postdemokratische Partizipation ist nicht mehr das Gegenstück und Gegengift zu Marginalisierung und Exklusion, sondern sie ist – wie im abschließenden Kapitel noch gründlicher ausgeführt wird – ein wichtiges Mittel und Instrument: Postdemokratische Partizipation bedeutet wesentlich Inklusion in die Exklusionspolitik, kooptierte Teilhabe an der Marginalisierungspolitik, *Demokratisierung* der Politik der zunehmenden Ungleichheit. Denn vor dem Hintergrund sich verschärfender ökologischer und sozialer Konflikte geht es – offen ausgesprochen oder nicht – um die Organisation und Stabilisierung der Politik der Nicht-Nachhaltigkeit, um die Steigerung der gesellschaftlichen Bewältigungskapazitäten (Resilienz) für die auf Dauer gestellte Nicht-Nachhaltigkeit.

4.4 Postdemokratische Repräsentation

Bezüglich der demokratischen Repräsentation besteht in der öffentlichen Diskussion sowie in der entsprechenden wissenschaftlichen Literatur zwar Einigkeit darüber, dass sich in den westlichen Stammländern der Demokratie derzeit eine grundlegende Veränderung vollzieht, die entweder rückwärtsgewandt als Repräsentations*krise* oder eher vorwärtsschauend als *Formwandel* der demokratischen Repräsentation beschrieben wird. Aber die gängigen Ansätze zur Erklärung der Krise bzw. die Versuche, den festgestellten Formwandel begrifflich zu fassen, verfehlen – genau wie im Falle der Partizipation – allesamt den eigentlichen Kern und die oben dargestellten Besonderheiten der postdemokratischen Konstellation. Hinsichtlich der gängigen Erklärungsansätze (vgl. auch Linden und Thaa 2011, 13-24) ist zunächst die nicht nur in der linken Tradition gepflegte These zu nennen, dass vor allem die Wirtschaft, das heißt das Diktat der transnationalen Konzerne und der ihre Interessen vertretenden Akteure (also der EU, der EZB oder des IWF), für den Niedergang der demokratischen

Repräsentation verantwortlich sei. Mehr denn je hätten machtvoll organisierte Wirtschaftslobbys Zugang zur und Einfluss auf die Politik, während die Interessen normaler Bürger auf der Strecke blieben (vgl. z.B. Crouch 2008). Eine wichtige Rolle spielt zweitens die populistische These vom moralischen Verfall der immer korrupteren *politischen Klasse*. Paradigmatisch brachte Richard von Weizsäcker 1992 diese Kritik auf den Nenner, die politischen Eliten seien, statt die legitimen Bedürfnisse und Wünsche der Bürger zu vertreten, »machtversessen und machtvergessen« darauf aus, vor allem ihre persönlichen Vorteile zu verfolgen. Colin Crouch fügt hinzu, Parteien verwandelten sich, der Logik der Marktwirtschaft folgend, zunehmend in *Firmen* (Crouch 2008, 45 ff.), die auf der Jagd nach elektoralen Mehrheiten vor allem ihr Image, ihre *Marke* pflegten. Dabei hätten sie sich von den normalen Bürgern weitgehend abgekoppelt. Die Parteien seien nicht mehr Institutionen für die transparente *bottom-up*-Artikulation, Organisation und schließlich praktische Umsetzung – also die Repräsentation – lebensweltlich relevanter Bürgerinteressen, sondern machten stattdessen hinter verschlossenen Türen eine korrupte Elitenpolitik, die nur noch *top-down* und unter Zuhilfenahme professionalisierter Spindoktoren kommuniziert werde.

Eher soziologisch argumentiert drittens die Differenzierungs- und Komplexitätsthese. Sie führt die Krise der Repräsentation vor allem auf vorpolitische gesellschaftliche Veränderungen (Strukturwandel, Wertewandel, Individualisierung etc.) zurück, die sich gewissermaßen im Selbstlauf, evolutionär, und weitgehend unkontrollierbar vollziehen. Seit seinem Aufkommen in den späten sechziger und frühen siebziger Jahren (Luhmann 1969; Scharpf 1970; Naschold 1972) hat dieser Erklärungsansatz nichts an Aktualität verloren (Zolo 1992; Benz 2010). Im Zuge der fortlaufenden gesellschaftlichen Modernisierung, so das Argument, zerfielen die traditionellen sozialen Milieus und Bindungen, und die Parteien verlören somit ihre sozialstrukturelle Verankerung. Die Ausdifferenzierung der Sozialstruktur, Lebenslagen und Wertorientierungen bewirke, dass die Politik immer weniger in der Lage sei, die gesellschaftliche Realität und die individuellen Interessenlagen abzubilden bzw. zu repräsentieren. Gleichzeitig sei es in ausdifferenzierten, pluralistischen Gesellschaften immer weniger möglich, einen einheitlichen Wählerwillen oder ein zu repräsentierendes Gemeinwohl zu formulieren, so dass die repräsentative Demokratie sich fast unvermeidlich entweder zur Interessen- und Klientelpolitik oder aber zur von der Wählerschaft abgelösten Experten- und Führungspolitik entwickele. Im Gegensatz zu den elitenkritischen Erklärungen geht der Komplexitätsansatz also davon aus, dass die Politik selbst bestenfalls an nachgeordneter Stelle für die Repräsentationskrise verantwortlich ist. Vielmehr wird sie ihrerseits als Opfer von gesellschaftlichen Veränderungsprozessen gesehen, die sie nicht steuern und auf die sie nur schwer reagieren kann.

Elemente sowohl der Komplexitätsthese als auch der elitenkritischen Ansätze nimmt viertens die These auf, dass die Krise der demokratischen Repräsentation letztlich von der partizipatorischen Revolution selbst provoziert worden sei. Die emanzipatorischen sozialen Bewegungen hätten nicht nur die gesellschaftliche Differenzierung und Pluralisierung erheblich vorangetrieben, sondern sie hätten auch selbstbewusste, kritische und artikulationsfähige Bürger hervorgebracht, die, statt sich auf Repräsentanten und Parteien zu verlassen, in erster Linie direkte Partizipationsmöglichkeiten einfordern. Tatsächlich war den emanzipatorischen Bewegungen die repräsentative Demokratie immer bestenfalls ein zweitklassiger Ersatz für die eigentlich im Demokratiebegriff versprochene Volkssouveränität, und je weniger die Repräsentanten willens oder in der Lage zu sein schienen, ihre Aufgabe angemessen zu erledigen, desto kämpferischer forderten sie, dass die Bürger ihre Angelegenheiten selbst in die Hand nehmen sollten. Etwas davon klingt bis heute in den Forderungen von Attac, den Indignados oder Occupy nach. Ulrich Beck hat entsprechend einmal von der »partizipatorischen Entkernung« der repräsentativen Demokratie durch die »subpolitische Bürgergesellschaft« gesprochen (Beck 1993, 226). Ralf Dahrendorf sah in den sozialen Bewegungen den Auslöser für den Übergang von der *repräsentativen* zur *partizipatorischen* Demokratie (Dahrendorf 2000, 311). Eine gewisse Verbindung zu den besprochenen Varianten der Elitenkritik hat dieser Erklärungsansatz, insofern er hervorhebt, dass die partizipatorische Revolution, wie schon mehrfach angedeutet (vgl. z.B. Kapitel 2.4), entgegen ihren erklärten Absichten durchaus auch zur Verzerrung der politischen Repräsentation verschiedener gesellschaftlicher Gruppen beigetragen hat. Tatsächlich hat sich im Zuge der neuen sozialen Bewegungen die Repräsentation der gebildeten und insgesamt bereits sozial privilegierten bürgerlichen Mittelschichten noch weiter verbessert, während schon vorher benachteiligte Schichten weiter an repräsentativem Gewicht verloren (vgl. z.B. Roth 2003; Stoker 2006; Steffek 2008; Böhnke 2011).

Dies führt schließlich zur Exklusionsthese, die die Krise der politischen Repräsentation damit erklärt, dass die marktliberalen Reformen seit den achtziger Jahren die soziale Ungleichheit erheblich verschärft haben. Der Rückbau der sozialstaatlichen Sicherungssysteme einerseits und die planmäßige Schaffung eines Niedriglohnsektors andererseits habe zur Herausbildung einer starken neuen Unterschicht und neuer Armut geführt (z.B. Bude und Willisch 2008; Castel und Dörre 2009). Das Auseinanderdriften der oberen und unteren Wohlstandsgruppen, das Öffnen der sozialen Schere in fast allen modernen Industriegesellschaften, führe zugleich zu mehr politischer Ungleichheit (z.B. Alber und Kohler 2007; Schäfer 2010). Wirtschaftliche und soziale Marginalisierung, so das Argument, ziehen politische Marginalisierung nach sich. Bezogen auf Deutschland haben Linden und Thaa den deutlichen Abbau der Interessenvertretung von Armen ausgerechnet während der rot-grünen Regierungen unter Kanzler Schröder herausgearbeitet. Die Repräsentation von Armen sei in dieser Zeit bewusst geschwächt worden (Linden und Thaa 2009, 9-12). Vor allem die Arbeitslosen, Migranten und Hartz-IV-Empfänger bildeten seither eine neue Schicht der »Überflüssigen« (Bude und Willisch 2008). Und auch das »abgehängte Prekariat« (Neugebauer 2007, 82-84; Castel und Dörre 2009), also das wachsende Heer der kurzfristig, marginal und in hohem Maße unsicher Beschäftigten, fühle sich von der Politik kaum mehr repräsentiert.

Jeder dieser Erklärungsansätze erfasst wichtige Aspekte. Im Rahmen der in diesem Buch entscheidenden modernisierungstheoretischen Perspektive (vgl. Kapitel 1.4) sind besonders die komplexitätsbezogenen Ansätze interessant. Große Bedeutung hat im Hinblick auf die schon verschiedentlich angesprochene postdemokratische Politik der Nicht-Nachhaltigkeit vor allem die Exklusionsthese, die den traditionellen Akzent auf gesellschaftliche Gruppen, die *noch nicht* repräsentiert sind und deren politische Inklusion im fortlaufenden Demokratisierungsprozess erst noch durchzusetzen ist, hin zu solchen Schichten verschiebt, die *nicht mehr* repräsentiert sind, die als im vollen Wortsinn *redundant* aus dem Wettbewerb um nicht mehr für alle ausreichende Ressourcen ausgeschieden sind. Doch den zentralen – spezifisch subjekttheoretischen – Punkt, den die Theorie der postdemokratischen Wende in den Mittelpunkt stellt, verfehlen diese Erklärungsansätze allesamt: Die Emanzipation zweiter Ordnung, mit der die Kategorie der demokratischen Repräsentation gewissermaßen hinfällig wird, weil es, überspitzt gesagt, schlicht nichts Stabiles mehr zu repräsentieren gibt. Dabei macht eine kurze Rückbesinnung auf die Frage, welche Normen in der verbreiteten Klage über die Repräsentationskrise eigentlich als verletzt betrachtet werden, sofort deutlich, wie groß die Bedeutung dieses Kulturwandels, der hier als Emanzipation zweiter Ordnung beschrieben wurde, sowohl für die Erklärung der weithin diagnostizierten Repräsentationskrise als auch für die postdemokratische Neubestimmung des Repräsentationsbegriffs tatsächlich ist.

Drei Bedeutungsdimensionen von Repräsentation lassen sich in der breiten öffentlichen Debatte unterscheiden. Dies ist zuallererst Repräsentation im Sinne von *ernsthaft zuhören* und *wahrheitsgetreu wiedergeben*, das heißt die authentische Abbildung der Werte und Interessen der Bürger durch ihre Repräsentanten. Politische Entscheidungen sollen erkennbar mit den Bürgerinteressen korrespondieren; die Politik soll ein hohes Maß an *Responsivität* zeigen; die Bürger sollen sichtbar der politische Souverän sein. Konstitutiv ist hier die auf Rousseau und Kant zurückgehende Vorstellung vom Bürger als freies, selbstbestimmtes Subjekt, dessen Autonomieanspruch, dessen Subjektstatus, im politischen Prozess seinen Ausdruck finden muss. Konstitutiv ist weiter die Annahme, dass die Bürger bereits vorpolitisch relativ klar definier- und artikulierbare individuelle und kollektive Interessen und Identitäten haben, die sie in den politischen Prozess einbringen. Von den gewählten Volksvertretern wird dann erwartet, dass sie als mit einem *imperativen Mandat* ausgestattete Delegierte die Belange ihrer Wähler unverzerrt im Parlament vortragen und durchsetzen.

Zweitens beziehen sich Diagnosen einer Repräsentationskrise häufig auf die bürgerlich-liberale Vorstellung, nach der die gewählten Repräsentanten als Treuhänder des Gemeinwohls nicht so sehr den speziellen Interessen ihrer jeweiligen Wähler bzw. Wählergruppen, sondern vielmehr dem Gesamtinteresse des Volkes zu dienen und dessen *wahren Willen* zu vollziehen hätten. Entsprechend definiert etwa Fraenkel:

»Repräsentation ist die rechtlich autorisierte Ausübung von Herrschaftsfunktionen durch verfassungsmäßig bestellte, im Namen des Volkes, *jedoch ohne dessen bindenden Auftrag* handelnde Organe [...], die ihre Autorität mittelbar oder unmittelbar vom Volk ableiten und mit dem Anspruch legitimieren, dem *Gesamtinteresse des Volkes* zu dienen und dergestalt *dessen wahren Willen* zu vollziehen.« (Fraenkel 1964, 153; Hervorhebungen hinzugefügt)

Konstitutiv ist hier die Vorstellung eines objektiv benennbaren Volksinteresses, das nicht unbedingt mit dem empirisch ermittelbaren Mehrheitswillen identisch ist. Vom Repräsentanten werden besondere intellektuelle Fähigkeiten, moralische Integrität und charakterliche Festigkeit erwartet, vermittels deren er das *wahre Gemeinwohl* erkennen und politisch umsetzen soll. Während der mit dem imperativen Mandat ausgestattete Delegierte eher als politischer Dienstleister für ihre Selbstbestimmtheit betonende Individualsubjekte zu verstehen ist, wird dem mit freiem Mandat wirkenden Treuhänder eine herausgehobene Stellung zugeschrieben: Er repräsentiert symbolisch den vernünftigen Willen, die Freiheit und die Selbstbestimmung des die Gesamtheit des Volkes umfassenden Kollektivsubjekts.

Drittens geht es in der Debatte um die Krise der Repräsentation regelmäßig um die politischen Parteien und ihre Funktion als Organe der politischen Willensbildung. Im Zentrum steht hier weder das authentische *Abbilden* der bereits vorpolitisch vorhandenen und explizit artikulierten Bürgerinteressen noch die Vertretung des *wahren Gemeinwohls*, das der Repräsentant aufgrund seiner überlegenen intellektuellen und moralischen Qualitäten von den Irrationalitäten der artikulierten Individualinteressen zu unterscheiden weiß. Vielmehr wird Repräsentation hier verstanden als das von den Parteien organisierte, im engen Dialog mit der Parteibasis sich vollziehende *Herausbilden* von kollektiven Wertorientierungen, Problembeschreibungen, Lösungsansätzen und gesamtgesellschaftlichen Zukunftsvorstellungen. Dabei wird angenommen, dass die Parteien soziostrukturell verwurzelt sind und dass sie jeweils vor allem eine bestimmte gesellschaftliche Großgruppe vertreten, deren Angehörige spezifische Lebensformen, Besitzverhältnisse, Wertorientierungen – kurz: Identitäten – und daher Interessenlagen miteinander teilen. Entsprechend wird unterstellt, dass zwischen den Parteien und diesen gesellschaftlichen Gruppen jeweils ein besonderes Vertrauensverhältnis und eine besondere Repräsentationsverpflichtung bestehen. Insofern sie als Volksparteien auftreten, wird von den Parteien darüber hinaus aber auch erwartet, dass sie die gleichberechtigte Teilhabe und Berücksichtigung anderer gesellschaftlicher Gruppen, inklusive der Minderheiten, gewährleisten. Sie sollen auf dem Weg der Kooperation Kompromisse aushandeln, den gesamtgesellschaftlichen Interessenausgleich suchen und eine sachlich kompetente, dem Gemeinwohl förderliche Politik organisieren.

Wenn von der Krise der politischen Repräsentation die Rede ist, dann geht es also allemal um die modernistische Norm des autonomen und identitären Subjekts; es geht um die Repräsentation, die politische Darstellung, der Idee des Subjekts in seiner (a) individuellen, (b) kollektiven und (c) im kantischen Sinne absoluten oder transzendentalen Dimension. Wenn nun aber gerade diese modernistisch-bürgerliche Norm im Zuge der Emanzipation zweiter Ordnung ganz wesentlich an Bedeutung verloren hat, dann ist es eigentlich nicht weiter verwunderlich, dass die demokratische Repräsentation und die repräsentative Demokratie überhaupt in eine grundlegende Krise geraten. Aus den oben skizzierten Erklärungsansätzen muss folglich – ohne dass deswegen die jeweils genannten Aspekte unwichtig wären – genau dieser Punkt als die eigentliche Ursache der sogenannten Repräsentationskrise herausgefiltert werden. Und weil die postdemokratische Wende ja gewissermaßen ein emanzipatorischer Fortschritt ist, dürfte der Zusammenbruch der modernistisch verstandenen Repräsentation eigentlich gar nicht als Problem oder Krise erfahren werden – wenn nur das postdemokratische Paradox nicht bestünde, dass die Subjektivitätsansprüche und Repräsentationserwartungen sich parallel zur Befreiung von der modernistischen Subjektivitätsvorstellung gleichzeitig auch radikalisieren. Vor diesem Hintergrund wird unmittelbar deutlich, dass alle Versuche, die demokratische Repräsentation im traditionellen Verständnis wieder zu verbessern, völlig aussichtslos und zudem normativ fragwürdig sind. Klar ist aber auch, dass Repräsentation nach der postdemokratischen Wende keineswegs irrelevant wird. Es ist daher weiter zu erkunden, wie sich ihre Bedeutung in der postdemokratischen Konstellation neu bestimmt.

Für moderne Konsumentendemokratien liegt das Problem also darin, dass politische Repräsentation im gängigen Sinne (das heißt (a) als authentisches Abbilden der Bürgerinteressen durch Delegierte mit imperativem Mandat, (b) als Vertretung des vernünftigen Gesamtinteresses durch Treuhänder mit freiem Mandat und (c) als partizipatorisch-diskursiver Verhandlungsprozess innerhalb identitärer gesellschaftlicher Gruppen) immer weniger möglich ist, während der Modernisierungsprozess gleichzeitig Repräsentationsansprüche und -erwartungen gerade im erstgenannten Sinne immer weiter aufbläht. In dieser Konstellation, in der die Politik, überspitzt formuliert, in dreierlei Hinsicht etwas repräsentieren muss, was es überhaupt gar nicht (mehr) gibt, verschiebt sich die Bedeutung von Repräsentation zunehmend von *etwas Vorhandenes abbilden* in Richtung von *etwas nicht Vorhandenes zur Vorstellung bringen*. Diese Bedeutung von Repräsentation ist freilich nicht grundsätzlich neu, sondern war unter dem Begriff der *symbolischen Repräsentation* immer schon Teil der Theorie und politischen Praxis der Repräsentation. Hanna Pitkin etwa definierte Repräsentation, nur schwer übersetzbar, in ihrem einschlägigen Standardwerk als »the making present in some sense of something which is nevertheless not present literally or in fact« (Pitkin 1967, 8). Gerade die emanzipatorischen sozialen Bewegungen der neuen selbstbewussten Mittelschichten hatten jedoch den der Repräsentation eigentlich schon immer eingeschriebenen »fundamentalen Dualismus« (Pitkin 1967, 9) von *Abbilden* und *zur Vorstellung bringen* beinahe vergessen gemacht und die Bedeutung von Repräsentation – die für sie, der rousseauschen Tradition folgend, insgesamt stets im Verdacht stand, emanzipierte Bürger zu bevormunden und entmündigen (vgl. auch Agnoli 1968, 465 f.) – nachhaltig in Richtung des authentischen Abbildens klar artikulierter Interessen und Identitäten verschoben.

In der jüngeren Literatur jedoch gewinnt die andere Seite des »fundamentalen Dualismus« wieder an Bedeutung. Ernesto Laclau und Chantal Mouffe (1991) zum Beispiel gehen davon aus, dass es ein vorpolitisches Subjekt, das vom Repräsentanten authentisch abgebildet werden könnte, überhaupt nicht gibt, sondern dass jede Identität sich erst im praktischen Spiel der politischen Machtverhältnisse konstituiert. Young (1997), Ankersmit (1996), Plotke (1997) und viele andere haben grundsätzliche Zweifel an der »Logik der Identität« (Young 1997, 356) geäußert, die »Dekonstruktion einer der politischen Repräsentation vorausgehenden Einheit« (Thaa 2009, 67) betrieben und die konstitutive Dimension der Repräsentation hervorgehoben: Repräsentation sei ein »aktiver, kreativer Prozess und kein Prozess des passiven Aufnehmens von Signalen, die von unten kommen« (Saward 2006b, 186). Dabei haben die einen besonders die Rolle des Repräsentanten hervorgehoben, die anderen eher die dialogische Wechselbeziehung zwischen den beteiligten Seiten. Michael Saward zum Beispiel sieht den Repräsentanten als das eigentliche Subjekt des Repräsentationsprozesses: »Der Repräsentant muß Repräsentationen erschaffen, er muß ein Künstler sein [...]. Es gibt viel weniger Vorgegebenes, viel weniger, das einfach *abgelesen* werden könnte, [...] als [man] gemeinhin annimmt.« (189) Tatsächlich behauptet er: »Die *Interessen* einer politischen Gemeinschaft müssen durch ein Subjekt oder einen Bezeichner *hineingelesen, nicht abgelesen* werden.« (186) Noch einen Schritt weiter geht András Körösényi, in dessen Modell der »leader democracy« die Autonomie der Bürger und die Souveränität des Volkes vollständig aufgehoben werden. An ihre Stelle trete der »politische Unternehmer, der nicht nur existierende Forderungen bedient, sondern neue Forderungen erzeugt, indem er neue Politiken anbietet« (Körösényi 2005, 367). Repräsentation bedeutet für ihn eindeutig nicht mehr die »*Re*-Präsentation oder das Spiegeln von etwas, das bereits existiert«, sondern »das *Erschaffen* von etwas, das zuvor nicht existiert hat« (375). Weniger einseitig sieht demgegenüber zum Beispiel Winfried Thaa den Formwandel der Repräsentation. Er spricht von einer »partizipatorischen Neubestimmung« des Begriffs (Thaa 2008, 2009) und glaubt, dass Repräsentation heute als offener, dialogischer Prozess, als eine auf Dauer gestellte, handlungsermöglichende Beziehung zwischen Repräsentanten und Repräsentierten verstanden werden müsse (vgl. auch Young 1997, 2000; Mansbridge 2003; Urbinati 2006).

Diese Ansätze der jüngeren Demokratietheorie tragen dem oben beschriebenen modernisierungsbedingten Kulturwandel insofern Rechnung, als sie erstens vom bürgerlich-modernistischen Subjekts- und Identitätsbegriff Abstand nehmen. Zweitens schlagen sie ein Repräsentationsverständnis vor, das die konstitutive Dimension des Begriffs betont. Drittens sehen sie in der sich vollziehenden Neubestimmung des Repräsentationsbegriffs ein emanzipatorisches Potenzial und neue Möglichkeiten zur Inklusion. Viertens erkennen sie richtig ein dialogisch-kooperatives Moment. Doch geben diese Ansätze entweder den politischen Eliten erheblich mehr Gestaltungsfreiheit, Steuerungsfähigkeit und Manipulationsmacht, als sie in der systemzentrierten Moderne tatsächlich haben, oder sie verstehen das emanzipatorische Potenzial, die »partizipative Neubestimmung« der Repräsentation, ihren *dialogischen Charakter* (vgl. Thaa 2008), zu sehr aus der Perspektive des traditionellen Subjekts, das heißt als dessen Rehabilitierung und Wiederermächtigung. Damit verfehlen beide Varianten aber letztlich den Kern der postdemokratischen Wende. Beide bleiben befangen in der kritischen Tradition. Den eigentlichen Formwandel der demokratischen Repräsentation, ihren besonderen Charakter in der postdemokratischen Konstellation, erfasst man demgegenüber erst, wenn man die Verschiebungen, die die zitierten Autoren ganz richtig beobachten, aus der Perspektive der postdemokratischen Wende und des postdemokratischen Paradoxes interpretiert. Aus dieser Perspektive sind die manipulative Beherrschung des autonomen Subjekts oder der Kampf um dessen Befreiung dann nicht mehr die relevanten Fragestellungen. Stattdessen kann die konstitutive Dimension nun im Sinne der diskursiven Inszenierung und Erfahrbarmachung jener modernistischen Kategorien verstanden werden, die die Emanzipation zweiter Ordnung radikal infrage stellt (aber eben nicht aufgibt). Die auf Dauer gestellte dialogische Repräsentationsbeziehung kann nun im Sinne des gesamtgesellschaftlichen Simulationsdiskurses verstanden werden, in dem politische Eliten und radikale Demonstranten unabgesprochen an derselben modernistischen gesellschaftlichen Selbstbeschreibung stricken. Die emanzipatorischen Potenziale des Formwandels der Repräsentation stellen sich nun dar als die Einbeziehung (Inklusion) in die Inszenierung des autonomen und identitären Subjekts und als die Teilhabe an der postdemokratischen Politik der Exklusion.

Die postdemokratische Neubestimmung des Repräsentationsbegriffs zielt also vor allem auf das *zur Vorstellung bringen*, die Simulation, dass es identische Subjekte im modernistischen Sinne gebe, deren konsistente Werte und Interessen, deren autonomer individueller Wille von den Repräsentanten als Delegierten *bottom-up* authentisch repräsentiert würden; dass es ein Gemeinschaftsinteresse, eine *volonté général*, eine kollektive Vernunft gebe, die von den Repräsentanten als Treuhändern repräsentiert würde; und dass es politische Institutionen gebe, die diskursiv, partizipatorisch und inklusiv herausarbeiten, was zu repräsentieren ist. Diskursive Simulation stabilisiert und reproduziert also genau die drei Formen von Subjektivität und Repräsentation, die im Zuge der reflexiven Modernisierung tatsächlich immer problematischer und zunehmend unmöglich werden. Um die radikalisierten Repräsentationsansprüche der Bürger zu bedienen, werden die Anstrengungen der politischen Kommunikation im gleichen Maße erhöht, wie sich die postdemokratische Politik faktisch vom modernistischen Subjekt emanzipiert. Auf eigenartige Weise gibt es dabei tatsächlich ein Zusammenspiel zwischen politischen Eliten und der Bürgerschaft – aber nicht in dem Sinne, wie die Theoretiker der »partizipativen Neubestimmung der Repräsentation« sich dies vorstellen (vgl. Thaa 2008), sondern insofern als beide Seiten an der diskursiven Wiederherstellung dessen arbeiten, was die reflexive Modernisierung aufgezehrt und gleichzeitig radikalisiert hat. Dabei ist unproblematisch und durchaus einkalkuliert, dass weder die Simulationsdiskurse der Eliten noch die der aufgebrachten Protestbewegungen in der Substanz wirklich plausibel sind. Vielmehr ist der Widerspruch zwischen der kommunizierten Politik*darstellung* und der postdemokratischen Politik*herstellung* durchaus bekannt. Er wird hingenommen, weil diese Kommunikation den für alle partizipierenden Akteure gleichermaßen wünschenswerten Zweck erfüllt, diskursiv wiederherzustellen und erlebbar zu machen, was sich mit der reflexiven Modernisierung – durchaus mit emanzipatorischem Gewinn – verflüchtigt hat.

4.5 Postdemokratische Legitimation

So bleibt schließlich noch zu erörtern, wie die Formen und Normen der politischen Legitimation sich in der postdemokratischen Konstellation bzw. der simulativen Demokratie verändern. Die verbreitete Rede von einem Legitimitäts*defizit* moderner Regierungsformen und einer Legitimations*krise* der Politik zeigt unmissverständlich an, dass auch in diesem Bereich ein tiefgreifender Wandel wahrgenommen wird. Die Debatte um dieses Legitimitätsdefizit bzw. die Legitimationskrise konzentriert sich vor allem auf zwei Entwicklungen: erstens die zunehmende *Internationalisierung* der Politik, das heißt die Tatsache, dass die lebensweltliche Realität der Bürger und die gesellschaftlichen Verhältnisse insgesamt in immer stärkerem Maße auf supranationaler Ebene und von Akteuren (z.B. der EU-Kommission oder des IWF) gestaltet werden, die sich dem direkten Einfluss der Bürger und ihrer demokratischen Kontrolle entziehen (z.B. Scharpf 1999, 2004; Zürn 1998, 2003, 2004; Nullmeier 2010); und zweitens auf die sogenannte *Entparlamentarisierung*, das heißt die Verlagerung politischer Verhandlungs- und Entscheidungsprozesse weg von den demokratischen Institutionen und die Übertragung politischer Aufgaben und Verantwortlichkeiten auf Expertenkommissionen, Konsensrunden, private Dienstleistungsanbieter, Regulierungsbehörden, Gerichte etc., die allesamt nicht demokratisch legitimiert sind (z.B. Benz 1998; Thatcher und Stone Sweet 2002; Strøm et al. 2003; Siefken 2007). In beiden Fällen ist der Stein des Anstoßes, dass dem demokratischen Souverän die Kontrolle über das politische Handeln und die Gestaltung der gesellschaftlichen Verhältnisse immer weiter entgleitet und dass das Prinzip der demokratischen Selbstregierung damit de facto außer Kraft gesetzt wird.

Nun sind zwar die Phänomene der Internationalisierung und Entparlamentarisierung als solche unstrittig, sie bedeuten aber – wenn sich nämlich lediglich die Legitimationsmuster neu formieren – keineswegs notwendig, dass sich ein immer größeres Legitimitätsdefizit aufbaut und letztlich etwa ein Legitimationskollaps zu befürchten wäre. Weiter ist es auch verkürzend, die an sich richtige Beobachtung, dass die etablierten »Grundlagen des Legitimitätsdenkens brüchig« geworden sind und »die Legitimitätsarchitektur moderner politischer Ordnung insgesamt zur Disposition« steht (Nullmeier und Nonhoff 2010, 16), vor allem auf die »Ausdehnung der Legitimitätsfrage auf die Ebene jenseits des Nationalstaates« zurückzuführen (ebd.). Der eigentliche Auslöser der sogenannten Legitimationskrise liegt vielmehr im fortlaufenden Modernisierungsprozess, und der entscheidende Punkt bei der Untersuchung sich wandelnder Muster und Normen der politischen Legitimation sind die im Zuge dieses Modernisierungsprozesses sich neu arrangierenden Normen der Subjektivität und Identität (Emanzipation zweiter Ordnung). Das wird unmittelbar deutlich, wenn man genauer nachfragt, woraus sich demokratische Legitimation dem gängigen Verständnis nach denn eigentlich ableitet. Genannt werden dann in der Regel erstens das Prinzip der freien, gleichen und alle Bürger einschließenden politischen Partizipation bzw. Repräsentation, zweitens das Prinzip der transparenten Politikgestaltung und der politischen Verantwortlichkeit und drittens das Prinzip der Effektivität und Effizienz politischen Handelns bzw. der politischen Ordnung. Wenn man Politik als Prozess betrachtet, betrifft der erste Punkt primär die Input-Seite, der zweite die prozedurale Dimension und der dritte die Output-Seite. Direkte oder an Repräsentanten delegierte Partizipation erzeugt Input-Legitimation; öffentlicher Diskurs und der Gebrauch öffentlicher Vernunft sowie verbindlich kodifizierte und nachprüfbar angewandte Verfahren erzeugen prozedurale Legitimation; und Entscheidungen bzw. Politikergebnisse, die dem Willen der Bürger entsprechen und ihren Interessen bzw.

ihrem Wohl dienen, erzeugen Output-Legitimität. In jedem Falle aber ist der normative Referenzpunkt, also der Maßstab für zugesprochene oder abgesprochene Legitimität, die modernistische Idee des autonomen Subjekts. Politische Entscheidungen und das Handeln der politischen Eliten und Institutionen werden dann als legitim angesehen, wenn sie erkennbar oder zumindest interpretierbar sind als die Aktualisierung des Subjektstatus (Autonomie, Selbstregierung) der sich als demokratischer Souverän verstehenden Bürger. Entscheidend ist die nicht unterbrochene Legitimationskette, die die Bürger direkt mit allen Phasen des politischen Prozesses verbindet und sie somit in allen Phasen als selbstbestimmt, als Souverän, ausweist: bei der Festlegung der Inhalte, die politisch verhandelt werden sollen (*agenda-setting*), hinsichtlich der Verfahren, vermittels deren verhandelt und entschieden wird, und bezüglich der konkreten Ergebnisse (*outcomes*), die mit diesen Entscheidungen erzielt werden. Schaubild 4.3 fasst diese Kriterien und Dimensionen demokratischer Legitimität vereinfachend zusammen.

Angesichts dieser Zentralität der modernistischen Norm des autonomen Subjekts sowohl in Bezug auf die artikulierten Ansprüche auf Legitimation als auch für die Bewertung realer politischer Handlungen und Ergebnisse als legitim bzw. illegitim sollte eigentlich klar sein, dass es bei der Untersuchung sich wandelnder Normen und Muster der politischen Legitimation in modernen Gesellschaften nicht primär um neue Legitimitätskonzeptionen *jenseits des Nationalstaats* geht, sondern vor allem um neue Legitimitätskonzeptionen *jenseits der modernistischen Subjektnorm* (Emanzipation zweiter Ordnung). Betrachtet aus der Perspektive des politischen Systems, das heißt der Erzeugung von gesellschaftlicher Akzeptanz und Folgebereitschaft für politisches Handeln, lautet die Frage: Wie kann unter Bedingungen hoher Komplexität und vielschichtig-fluider Subjektivitäts- und Identitätsnormen über-

Schaubild 4.3: Kriterien und Dimensionen demokratischer Legitimität

Methode der Legitimitätserzeugung	**Art der Legitimität bzw. Legitimation**	**primäre Referenznorm**
direkte Partizipation; Repräsentation durch selbst bestimmte Vertreter	Input-Legitimität; Legitimation durch Beteiligung	Freiheit, Selbstbestimmung des Subjekts
Deliberation, öffentliche Rechtfertigung; transparente Angewendung verbindlich kodifizierter Verfahren	prozedurale Legitimität; Legitimation durch Verfahren	Gleichheit und Gerechtigkeit zwischen allen Gliedern des kollektiven Subjekts
Optimierung der Effektivität und Effizienz bei politischen Entscheidungen und deren praktischer Umsetzung	Output-Legitimität; Legitimation durch Ergebnis	Wille und Wohl des Souveräns

haupt noch politische Legitimität hergestellt werden? Betrachtet aus der Perspektive moderner Bürger und des mit ihren flexiblen Subjektivitäts- und Identitätsidealen verbundenen postdemokratischen Paradoxes, lautet die Frage: Wie kann der hinsichtlich Input, Prozess und auch Output radikalisierte Anspruch auf Legitimation befriedigt werden, wenn nicht nur die vorherrschenden Muster politischer Partizipation sich in einer Weise verändern (vgl. oben), die die etablierten Verfahren der demokratischen Legitimation immer schwieriger machen, sondern wenn vor allem auch mit der Emanzipation vom modernistischen Subjektbegriff der normative Maßstab für demokratische Legitimität zerfließt?

Bezüglich der ersten Frage wird, seitdem Fritz Scharpf die Unterscheidung zwischen Input- und Output-Legitimation eingeführt hat (Scharpf 1999), gern von einer Verschiebung des Gewichts von der Legitimation durch Input auf die Legitimation durch Output gesprochen. Tatsächlich hatte die klassische Demokratietheorie immer vor allem die Input-Dimension betont. Da aber in komplexen, modernen Gesellschaften und unter Bedingungen der Mehrebenenpolitik politische Legitimation nur noch sehr schwer vermittels direkter Partizipation oder demokratischer Repräsentation erzeugt werden kann, haben die Legitimation durch Verfahren und vor allem die Legitimation durch Ergebnisse an relativer Bedeutung gewonnen. Steffen Schneider und seine Kollegen beschreiben das als »Entdemokratisierung der politischen Legitimation« (Schneider et al. 2006, S. 200-202). Bei Arthur Benz ist von der »*halbierten* Demokratie« die Rede, »deren Legitimationsbasis auf die Output-Seite reduziert« sei (Benz 1998, 212). Bezogen auf die Politik der EU spricht Peter Mair von einer »Demokratie ohne Demos« (Mair 2006, 25). Selbst die Demokratietheorie, so Buchstein und Jörke, konzentriere sich zunehmend auf die Output-Seite und beschleunige damit noch die Entwicklung hin zu einer »Demokratie ohne Demokratie« (Buchstein und Jörke 2007, 189). Sie rechtfertige die Demokratie heute vor allem »als ein politisches System, das gute im Sinne von rationale Politikergebnisse erzeugt oder wenigstens erzeugen soll« (Buchstein und Jörke 2003, 475). Buchstein und Jörke bezeichnen das als eine »Rationalisierung der Demokratie«. »Die Produktion rationaler Politikergebnisse« habe »Vorrang vor allen anderen Aspekten der Demokratie.« (476)

Grundsätzlich ist die Feststellung, dass die Legitimation durch direkte Beteiligung an relativer Bedeutung verliert, sicher richtig. In modernen Gesellschaften bestimmen die Bürger kaum die politische Agenda und tragen angesichts der Komplexität der Problemlagen und ihrer eigenen Lebensführung auch nur wenig direkt zur konkreten Ausgestaltung der Politik bei. Auch die Repräsentation der Bürger durch selbstgewählte Vertreter ist wegen der oben beschriebenen Ausdifferenzierung und Flexibilisierung sozialer Identitäten einerseits und der Internationalisierung der Politik andererseits zunehmend problematisch. Doch ist die Behauptung, das Schwergewicht verschiebe sich in Richtung Legitimation durch Ergebnis, nicht wirklich plausibel. Erstens nämlich zeigen die jüngsten Protestbewegungen eindeutig, dass die Input-Dimension auch weiterhin erhebliche Bedeutung für die Legitimation politischen Handelns behält. Zweitens erzeugt die von den sogenannten Systemimperativen bestimmte Politik nicht ohne Weiteres Output-Legitimität: ihre Ergebnisse – zum Beispiel der umfassende Abbau wohlfahrtsstaatlicher Leistungen – werden aus Subjekt-bezogener Perspektive keineswegs regulär als effektiv, effizient oder rational bewertet. Gerade dies ist ja der Auslöser der vielfältigen Protestbewegungen. Statt von einer Verschiebung des Schwergewichts von der Input- zur Output-Legitimation und einer »Rationalisierung« der Demokratie könnte man genauer von einer *Entsubjektivierung* oder *Objektivierung* der Legitimationsmuster sprechen. Diese Entsubjektivierung ist in allen drei Dimensionen der Legitimation zu beobachten – die im Übrigen alle drei gleichermaßen relevant bleiben.

In gewisser Hinsicht war diese Objektivierung freilich schon immer Teil des demokratischen Prozesses: Von jeher, bis zurück zur athenischen Urdemokratie, war es ein erklärtes Ziel, die Beschränktheit und Irrationalität des Einzelnen, des Privatmanns, der *Ἰδιότης* (*idiotes*), zu überwinden und jenseits der Partikularinteressen das öffentliche Interesse und wahre Gemeinwohl zu erkennen und politisch umzusetzen. Dabei blieb aber die modernistische Idee des autonomen Subjekts – das ja neben seiner individuellen (einzelner Bürger) auch eine kollektive (soziale Gruppe) und eine abstrakt-transzendentale Dimension (Volk, Nation) hat – stets der normative Bezugspunkt. Die angestrebte Objektivierung vollzog sich also innerhalb des Paradigmas der Subjektivität. Genau dies ist jedoch in modernen Gesellschaften und ihrer auf die systemischen Imperative ausgerichteten Politik immer weniger der Fall. In der Input-Dimension schlägt sich das darin nieder, dass die Agenda der zu verhandelnden Themen primär von den jeweils aktuellen Krisen bzw. von internationalen Akteuren und Verträgen bestimmt wird und bestenfalls in untergeordneter Hinsicht von den Interessen, Werten und Bedürfnissen des vermeintlichen Souveräns. Auch wird in modernen Formen von *governance* der weitere politische Input dann ganz wesentlich von entsprechend ausgewiesenen – möglichst unparteiisch-sachorientierten – Experten geleistet (Rentenexperten, Finanzexperten, Klimaexperten, Energieexperten etc.), die statt einer subjektiv-politisierten eine wissenschaftlich fundierte und *evidence-based* Politik ermöglichen sollen. In der prozeduralen Dimension kommt die Entsubjektivierung darin zum Ausdruck, dass das sogenannte *new public management* sich möglichst auf Regelwerke und Verwaltungsverfahren stützen soll, die sachlich begründet und ganz ausdrücklich der Logik des politischen Wettstreits und dem Einfluss konkreter Interessen entzogen sind. Und in der Output-Dimension zeigt sich die Objektivierung darin, dass Politikergebnisse vor allem an abstrakten Maßstäben der systemischen Effizienz gemessen werden (Wirtschaftswachstum, Innovationskraft, Währungsstabilität, Haushaltskonsolidierung, Aktienkurse, Bewertung durch Ratingagenturen etc.), die z.B. mit wachsender sozialer Ungleichheit, Verarmung und Exklusion durchaus vereinbar sind. Festzustellen ist also eine dreidimensionale Entsubjektivierung der Legitimität, eine Objektivierung, die die traditionelle Suche nach dem wahren Guten und dem Gemeinwohl fortführt, sie aber von der modernistischen Idee des autonomen Subjektes abkoppelt und stattdessen mit nichtsubjektiven, abstrakten Normen verknüpft. In hochgradig ausdifferenzierten, vielschichtig international vernetzten und beschleunigten modernen Gesellschaften, gilt das Handeln der Führungseliten und Institutionen dann als besonders legitim, wenn es in möglichst entpolitisierter Art und Weise, möglichst effektiv und effizient das umsetzt, was als objektiv notwendig, nicht verhandelbar, systemrelevant dargestellt wird. Schaubild 4.4 fasst diese Tendenz der dreidimensionalen Entsubjektivierung politischer Legitimität zusammen.

Schaubild 4.4: Dreidimensionale Entsubjektivierung politischer Legitimität

	im Modus der Subjektivierung	**im Modus der Objektivierung**
Input-Legitimität	direkte oder repräsentative Artikulation individueller, kollektiver und ideeller (Volk, Nation) Subjektivität und Autonomie	Feststellung von Sachzwängen; Erhebung von empirischen Daten; Einbringen von wissenschaftlichen Erkenntnissen
prozedurale Legitimität	Deliberation, öffentliche Rechtfertigung, Aktualisierung der kollektiven Vernunft	verbindlich kodifizierte, unparteiische, in der Sache begründete Verfahren der öffentlichen Verwaltung
Output-Legitimität	Effektivität und Effizienz in der Umsetzung des Willens und Wohls des Souveräns	Effektivität und Effizienz in der Umsetzung des objektiv Notwendigen und politisch nicht Verhandelbaren

Nullmeier und Nonhoff beschreiben diese offensichtliche Transformation der etablierten Legitimationsmuster ganz richtig als eine »Ermäßigung der demokratischen Anforderungen« und als »Öffnung gegenüber nicht mehr an politische Gleichheit und inklusive Partizipation gebundenen Legitimitätskonzepten« (Nullmeier und Nonhoff 2010, 17). Genau genommen, geht es aber nicht nur um eine Abschwächung der

Bedeutung von Gleichheit und Inklusivität, sondern um die Erosion der modernistischen Subjektnorm als Bezugspunkt von Legitimität in einem sehr viel umfassenderen Sinne. Aus der Perspektive der kritischen Tradition und der normativen Demokratietheorie erscheint diese Entwicklung als ein Verlust, ein Niedergang, eine sich zuspitzende Legitimationskrise und ein wachsendes Demokratiedefizit. Ebenso könnte man aber auch argumentieren, dass diese Ablösung der Legitimation vom modernistischen Subjektivitätsbegriff eigentlich nur der Tatsache Rechnung trägt, dass die modernistische Idee des autonomen Subjekts im Zuge des fortschreitenden Modernisierungsprozesses (Emanzipation zweiter Ordnung) erheblich an normativer Kraft verloren hat. Jürgen Habermas hatte, als er sein klassisches Buch über die *Legitimationsprobleme im Spätkapitalismus* schrieb (Habermas 1973), eine gesellschaftliche Ordnung, die von jeder demokratischen Willensbildung und lebensweltlich verankerten Vernunft abgekoppelt und selbstlegitimierend ist, noch als furchterregendes Schreckgespenst gesehen. Heute ist diese sich selbst legitimierende Ordnung jedoch weitgehend etabliert, und »die Legitimität der Staatsmacht gewinnt gerade [...] durch die Unmöglichkeit der Wahl angesichts einer die ganze Welt beherrschenden Notwendigkeit immer mehr an Festigkeit« (Rancière 1996, 146). Und in dieser Konstellation, behauptet Rancière, ergebe sich nicht etwa ein zunehmendes Legitimations*defizit*, sondern im Gegenteil ein enormer Legitimations*überschuss*. Die moderne »postdemokratische« Politik, so Rancière, sei daher »weit von jener Delegitimation entfernt, die von einigen Autoren beklagt wird« (148). Vielmehr sei »für sie eine wahre Inflation der Legitimation kennzeichnend, die der Abwesenheit des Volkes und des Politischen korrelativ ist« (ebd.).

In Kapitel 3.2 wurde bereits ausgeführt, dass Rancière die Demokratie als »die Subjektivierungsweise des Politischen« (125) bezeichnet und die heutige Postdemokratie entsprechend als dessen Objektivierung. Im gleichen Maße, wie sich das »Dispositiv der Subjektivierung« erschöpft (ebd.), vollzieht sich für Rancière also eine Objektivierung der politischen Legitimität: »Das Thema des gemeinsamen Willens [wird] ersetzt vom Thema der Abwesenheit des eigenen Willens, des Vermögens zum autonomen Handeln, das mehr wäre als bloße Verwaltung des Notwendigen.« (146) Diese Diagnose wird durchaus von der alltäglichen Realität des politischen Diskurses bestätigt. Allerdings ist, wie oben ebenfalls bereits besprochen wurde, Rancières Vorstellung vom weitgehend ausgeschöpften »Dispositiv der Subjektivierung« zu eindimensional gedacht: Sie blendet aus, dass sich parallel zur Objektivierung der Legitimation im Zuge der hier als Emanzipation zweiter Ordnung beschriebenen Entwicklung die Forderungen nach Subjekt-bezogener Legitimation gleichzeitig auch radikalisieren. Einerseits ist also die Angst vor einer sich selbst legitimierenden Ordnung geschwunden und das Sich-Fügen in das Alternativlose, das politisch nicht Verhandelbare, die systemischen Imperative, wird immer mehr zur alltäglichen Haltung in gesellschaftspolitischen Fragen. Andererseits aber ist – nicht zuletzt in Anbetracht neuer technologischer Risiken (z. B. Atom- oder Gentechnik), unerwarteter Krisen und des grundsätzlichen Misstrauens gegenüber der politischen Klasse und Expertenkultur – eine »zunehmende Subjektivierung der Legitimität« zu beobachten (Sarcinelli 2005, 89): Normen der Legitimität sind stärker denn je an das gebunden, was die Bürger persönlich erfahren und wertschätzen. Ganz zu Recht sagt Nullmeier, Legitimität sei »diskursiv geworden« und die Legitimitätssicherung werde »zu einer immer dringlicheren Aufgabe«: »Legitimität muss stets aufs Neue erzeugt, kommuniziert und erhalten werden.« (Nullmeier 2010, 9) Es ergibt sich also eine markante Spannung zwischen der zunehmenden Objektivierung und der gleichzeitigen Subjektivierung der Legitimität. Entsprechend ist zu klären, wie diese Spannung in der politischen Praxis gehandhabt wird, wie sich in der postdemokratischen Konstellation das Verhältnis zwischen Objektivierung und Subjektivierung politischer Legitimität neu ausbalanciert.

Die entscheidende Rolle spielen hier Verfahren der *performativen* oder *simulativen* Legitimation, die die dominanten Formen der abstrakten, objektivierten Legitimation ergänzen. Sowohl in der Input-Dimension als auch in der prozeduralen und der Output-Dimension vollziehen Verfahren der simulativen Legitimation eine Art Rückkopplung der objektivierten Legitimation an die Idee des souveränen Subjekts und bedienen so die Autonomiebedürfnisse moderner Bürger. In der Input-Dimension, wo die objektivierte Legitimität darauf beruht, dass neutrale, z.B. wissenschaftliche, Beobachter angeblich objektive Handlungsnotwendigkeiten benennen und sachlich angemessene Handlungsvorschläge unterbreiten, kompensieren vor allem die Bemühungen, »Formen der minimalen Beteiligung maximal auszureizen« (Crouch 2008, 143), die Entsubjektivierung der Legitimation. Weiter bilden in besonders politisierten Einzelfällen durchexerzierte Beteiligungs-, Schlichtungs- oder Abstimmungsverfahren (Referenden) ein Gegengewicht zur postdemokratischen Ermächtigung von Sachzwängen und Experten gegenüber dem vermeintlichen Souverän. Und auch die (oftmals ad hoc und informell geregelte) Beteiligung von sogenannten *stakeholders* im Rahmen dezentralisierter *governance*-Prozesse (vgl. Kapitel 5) leistet eine gewisse Resubjektivierung der objektivierten Input-Legitimität. In der prozeduralen Dimension beruht die objektivierte Legitimität auf der strikten Befolgung entpolitisierter Verfahrensregeln, die explizit darauf zielen, die Subjektivität der Entscheidungsträger sowie die der von den Entscheidungen Betroffenen auszublenden. Doch Gebote der Transparenz, Informations- und Rechenschaftspflicht erklären die Bürger dann doch wieder zum normativen Maßstab des entpolisierten Verwaltungshandelns und erheben sie wenigstens formal in den Stand der Souveränität – auch wenn faktisch das politische Geschehen für sie weitgehend undurchsichtig und der Maßstab der Rechenschaftspflicht, also der Wille und das Wohl des Souveräns, unter den Bedingungen der flüchtigen Moderne eine kaum zu präzisierende, theoretische Größe bleibt. In der Output-Dimension schließlich, wo die objektivierte Legitimität in der Effektivität und Effizienz gründet, mit der das als objektiv notwendig und politisch nicht verhandelbar Dargestellte praktisch umgesetzt wird, wird die Verbindung zum autonomen Subjekt dadurch wiederhergestellt, dass politische Eliten und öffentliche Institutionen sich verstärkt als *Dienstleister* der Bürger darstellen, von denen sie ein politisches Mandat erhalten hätten und an deren Bedürfnissen ihr Handeln stets orientiert sei. Wichtig ist darüber hinaus das stete Bemühen der politisch-administrativen Eliten, das als alternativlos notwendig Deklarierte, die kategorischen Imperative des Systems, gleichzeitig als das zu erklären, was der demokratische Souverän nach umfassender Verhandlung und vernünftiger Betrachtung ohnehin frei gewählt und entschieden hätte. *Rationalisierung* bedeutet, so verstanden, nicht die Entsubjektivierung von politischem Handeln, sondern im Gegenteil die nachträgliche Aneignung des Faktischen und Unvermeidbaren durch das Subjekt, die nachträgliche Übersetzung systemischer Imperative in Äußerungen des kollektiven Willens und Gebote der kollektiven Vernunft.

In allen drei Legitimitätsdimensionen geht es mithin darum, die in gewisser Hinsicht überholte, aber doch eben auch keineswegs verabschiedete Norm des identitären, selbstbestimmten Subjekts diskursiv wiedereinzusetzen. Dabei wird nicht etwa der Modus der objektivierten Legitimation suspendiert – dies würde angesichts der bestenfalls noch als Simulation stabilisierbaren Subjektnorm sofort in eine grundlegende Legitimationskrise führen. Doch in Ergänzung zum objektivierten

Schaubild 4.5: Demokratische und postdemokratische Legitimation

	bürgerliche Moderne	**postdemokratische Konstellation**		
	Legitimation im Modus der Subjektivierung	*abstrakte, objektivierte Legitimation*	+	*simulierte, subjektivierte Legitimation*
Input-Legitimation	direkte und repräsentative Partizipation	wissenschaftliche Objektivität, Expertenherrschaft	+	maximale Ausnutzung von Formen minimaler Beteiligung
prozedurale Legitimation	Deliberation, Aktualisierung der kollektiven Vernunft	strikt formalisierte, entpolitisierte Verfahren	+	Transparenz, Informationspflicht, Rechenschaftspflicht
Output-Legitimation	Subjekt-bezogene Effektivität und Effizienz	Systembezogene Effektivität und Effizienz	+	Dienstleister-Image, Kunden- und Serviceorientierung

Modus der Legitimation schaffen simulative Verfahren der Legitimation im Modus der Subjektivität die Möglichkeit, sich vorzustellen, zu erleben, dass die Bürger der eigentliche Souverän seien. So befriedigen solche Verfahren das Bedürfnis nach Subjektivität und Autonomie, ohne sich dabei in den Legitimationsproblemen des postsubjektiven Zustandes zu verfangen. Die Transformation der Legitimationsmuster und Legitimitätsnormen in der postdemokratischen Konstellation sollte entsprechend also nicht einfach als Objektivierung oder Rationalisierung der Legitimität begriffen werden, sondern das unterscheidende Merkmal postdemokratischer Legitimität ist das in Schaubild 4.5 festgehaltene Zusammenspiel von objektivierter und simulativ subjektivierter Legitimität.

Verfahren der simulativen Legitimation erweisen sich als eine taugliche Strategie, um mit der paradoxen Gleichzeitigkeit der fortschreitenden Auszehrung traditioneller Verfahren der demokratischen (Subjekt-bezogenen) Legitimation einerseits und der Radikalisierung des Anspruches auf demokratische Legitimierung andererseits zurechtzukommen. Sie lösen das Problem, dass demokratische Legitimität letztlich immer nur aus der modernistischen Norm des autonomen, identitären Subjekts abgeleitet werden kann, dass im Zuge der Emanzipation zweiter Ordnung dieser normative Bezugspunkt aber zerfällt und unter Bedingungen der flüchtigen Moderne nur noch objektivierte Legitimationsverfahren praktikabel sind. Und je mehr die gesellschaftspolitische Wirklichkeit faktisch von nicht verhandelbaren systemischen Notwendigkeiten, entpolitisierten Verwaltungsinstitutionen und vor allem der fortschreitenden Emanzipation von modernistischen Subjektivitäts- und Identitätsnormen bestimmt wird, desto mehr hängt die Nachhaltigkeit und Überlebensfähigkeit der Demokratie an Verfahren der simulativen Legitimation. Ebenso wie die postdemokratischen Normen und Formen der Partizipation und Repräsentation gehört die postdemokratische rekonfigurierte Legitimation zu den konstitutiven Elementen der simulativen Demokratie.

5. Demokratie und Ökologie

Ausgangspunkt der Überlegungen in diesem Buch war die Frage nach der Nachhaltigkeit, der Zukunftsfähigkeit, der Demokratie. Angesichts der verbreiteten Rede von einer sich zuspitzenden Krise – oder sogar vom drohenden Ende – der Demokratie und der heraufziehenden Postdemokratie sind die vorangegangenen Kapitel vor allem einer ganz speziellen Bedrohung der Demokratie nachgegangen, nämlich der Gefahr, dass die sich fortlaufend entfaltende Moderne schrittweise die normativen Grundlagen, die kulturellen Ressourcen, auszehrt, auf denen die Demokratie unverzichtbar beruht, und eben dadurch ihren Fortbestand ernsthaft gefährden könnte. Dieser Auszehrungsprozess ist vermutlich die allergrößte Herausforderung für die Demokratie, doch in der einschlägigen Literatur findet er im Vergleich zu vermeintlich konkreteren Bedrohungen wie zum Beispiel der fortschreitenden Globalisierung nur wenig Beachtung. Die eingehende Analyse des hier begrifflich als *postdemokratische Wende* gefassten Werte- und Kulturwandels in fortgeschritten modernen Gesellschaften und die Untersuchung der *New Politics 2.0* in der *postdemokratischen Konstellation* haben allerdings gezeigt, dass die fortschreitende Modernisierung die Demokratie als solche nicht grundsätzlich gefährdet. Sie löst lediglich einen Formwandel der Demokratie aus. Deren neue Erscheinungsform in der *dritten Moderne* wurde hier beschrieben als *simulative Demokratie*.

Dieses Ergebnis ist nicht unbedingt ein Signal der Entwarnung, sondern zunächst einmal nur eine Erinnerung an die Tatsache, dass Demokratie schon immer ein grundsätzlich umstrittener Begriff war und ein historisch offenes Projekt. Das Verständnis dessen, was eine Demokratie ausmacht, und die

Vorstellungen bezüglich der angemessenen Institutionalisierung demokratischer Normen waren schon immer einem Prozess der stetigen Neuverhandlung unterworfen. Zur Zeit der neuen sozialen Bewegungen und der von ihnen vorgetragenen Ideale einer »neuen Politik« war dies besonders sichtbar. Die sich in heutigen Wohlstandsdemokratien vollziehende Neuverhandlung demokratischer Werte kommt demgegenüber wesentlich leiser daher – und sie vollzieht sich im Schatten gesellschaftlicher Diskurse, die beim ersten Hinsehen nahelegen, die Ideale der partizipatorischen Revolution seien nunmehr voll zum Mainstream geworden. In den vorangegangenen Kapiteln wurde allerdings klar herausgearbeitet, wie sehr (und warum) sich in modernen Wohlstandsgesellschaften das Verständnis von Demokratie erneut verändert und was die postdemokratische Wende und die neue Politik der postdemokratischen Konstellation konkret bedeuten. Die These vom drohenden Ende der Demokratie ist also verfehlt, und die populäre Rede von der Postdemokratie wenig erhellend. Wenn auch auf eine Weise, die sie kaum im Auge gehabt haben dürften, scheinen vielmehr jene Beobachter recht zu behalten, die schon immer die »Anpassungsfähigkeit der Demokratien an Prozesse des sozialen und politischen Wandels« betont haben und die die Ansicht vertreten, im Zuge ihrer fortlaufenden Anpassung und Innovation würden »demokratische Systeme nicht schwächer, sondern stärker« (Kaase 2007, 793).

Je nach normativer Perspektive kann der beschriebene Formwandel der Demokratie als eine positive oder negative Entwicklung bewertet werden. Aus der Perspektive der modernistischen Subjektivitäts- und Identitätsnorm ist er zweifelsohne zutiefst beunruhigend. Aus der Perspektive der *Emanzipation zweiter Ordnung* wird das Urteil sicher anders ausfallen. Ganz entscheidend bei der bisherigen Analyse war jedoch der Versuch, einen nichtnormativen Ansatz zu verfolgen und eine Theorie der Demokratie zu entwerfen, die im Sinne von Weber, Schumpeter, Bobbio oder Zolo als *realistisch* bezeichnet werden könnte, die also keine Forderungen bezüglich dessen ausspricht, wie Demokratie verstanden und institutionalisiert werden *sollte*, sondern vor allem deskriptiv-analytisch zu fassen versucht, wie sie in fortgeschritten modernen Wohlstandsgesellschaften *tatsächlich* funktioniert. Ich hatte daher den Begriff der simulativen Politik jenseits der postdemokratischen Wende ausdrücklich von der im populären Diskurs viel kritisierten *symbolischen Politik* unterschieden. Symbolische Politik ist ein normativer Terminus aus der Kritischen Theorie. Er will bestimmte Macht- und Herrschaftsverhältnisse sichtbar machen und fordert eine Politik, die als universal vorgestellte demokratische Werte *authentisch* umsetzt. Die Theorie der simulativen Demokratie richtet den Blick demgegenüber auf bestimmte Paradoxa und Dilemmata, die sich im Zuge der fortlaufenden Modernisierung und der Emanzipation zweiter Ordnung ergeben und die zu bewältigen ein Interesse ist, das die unterschiedlichsten gesellschaftlichen Gruppen miteinander teilen. Damit wird nicht behauptet, dass es in fortgeschritten modernen Gesellschaften etwa keine Herrschaftsinteressen, ungleiche Machtverteilung und entsprechend auch symbolische Politik gebe, sondern nur, dass es speziell in Bezug auf das Management des postdemokratischen Paradoxes eine Art stillschweigenden Pakt, eine Art neuen Gesellschaftsvertrag, gibt, der die etablierten gesellschaftlichen Konfliktlinien überbrückt und nicht so sehr auf eine Täuschung der Massen durch die herrschenden Eliten zielt, sondern eher auf eine Art *gesellschaftliche Selbstillusionierung*, zu der die verschiedensten Akteure und Teile der Gesellschaft beitragen. Gerade dieser stillschweigende neue Gesellschaftsvertrag, so war die These, sichert auf eine eigenartige Art und Weise die Nachhaltigkeit, die Zukunftsfähigkeit, der Demokratie. Die sich neu entfaltende Erscheinungsform der Demokratie, die simulative Demokratie, entspricht also gewissermaßen gesamtgesellschaftlichen Bedürfnis- und Problemlagen, die sich im Zuge der fortlaufenden Modernisierung, der postdemokratischen Wende, ergeben; und die lautstarke kritische Rede von sich verschärfenden demokratischen Defiziten erscheint vor diesem Hintergrund selbst als eine kommunikative Praxis der simulativen Demokratie.

Nun ist es aber nicht ausreichend, zu fragen, ob die Demokratie die normativen Ressourcen, auf denen sie unverzichtbar beruht, in hinreichendem Maße reproduzieren kann bzw. ob fortgeschritten moderne Gesellschaften Strategien finden, vermittels deren die Paradoxa und Dilemmata der postdemokratischen Konstellation gehandhabt werden können. Die Frage nach der Nachhaltigkeit oder Zukunftsfähigkeit der Demokratie hat eine zweite Dimension, die auch schon wiederholt angesprochen wurde (vgl. z.B. Kapitel 2.2 oder 3.4): Die Demokratie wird kaum zukunftsfähig sein, wenn sie sich als unfähig erweisen sollte, die sich im Zeichen des fortschreitenden Umweltverbrauchs, des Klimawandels und der unübersehbaren Grenzen des Wachstums zuspitzenden Fragen der (Nicht-)-Nachhaltigkeit moderner Gesellschaften zu bewältigen. Nicht ganz zufällig wird derzeit – auch inspiriert durch die nachhaltigkeitsbezogenen Fortschritte in China – allenthalben laut über die potenziellen Vorteile einer expertokratisch-autoritären Umweltpolitik nachgedacht; und nicht zufällig werden die Sparmaßnahmen, mit denen die nicht nachhaltige Verschuldung vieler Industriestaaten unter Kontrolle gebracht werden soll, meist eher undemokratisch beschlossen und durchgesetzt. Bildeten bei den neuen sozialen Bewegungen und ihrer »neuen Politik« Demokratie und Ökologie (Nachhaltigkeit) noch eine unzertrennliche Einheit, so schwindet gegenwärtig das Vertrauen, dass demokratische Verfahren in der Nachhaltigkeitspolitik wirklich zielführend sind. Tatsächlich erscheint die Demokratie etlichen Beobachtern heute eher als Teil des Problems denn als Teil der Lösung. Offenbar ist gerade vor dem Hintergrund der sich verschärfenden, mehrdimensionalen Nachhaltigkeitskrise eine grundsätzliche Neubestimmung des Verhältnisses zwischen Demokratie und Ökologie im Gange, aus der sich sehr ernsthafte Bedrohungen für die Demokratie ergeben könnten. Ob – und gegebenenfalls in welchem Maße – dem tatsächlich so ist, ist allerdings eine schwierige Frage, in der die populäre Debatte zu Fehlurteilen neigt. Ganz entscheidend für eine differenzierte Betrachtung ist hier nämlich, dass der fortschreitende Prozess der Modernisierung natürlich nicht nur die normativen Grundlagen der Demokratie, sondern auch die ökologischer Problemwahrnehmungen und Lösungsstrategien fortlaufend neu konfiguriert: Dem Heraufziehen der postdemokratischen Konstellation entspricht, wie ich im einleitenden Kapitel bereits angedeutet habe, das Heraufziehen einer *post-ecologist constellation* (vgl. Kapitel 1.5, bes. Schaubilder 1.1 und 1.2). Belastbare Urteile über die Zukunftsfähigkeit der Demokratie erfordern daher eine kritische Untersuchung des Verhältnisses zwischen der postdemokratisch gewendeten Demokratie und der *post-ecologist* gewendeten Ökologie.

Dieses abschließende Kapitel kommt also, ohne den Begriff der Nachhaltigkeit auf seine ökologische Dimension verengen zu wollen, zu dem Themenbereich zurück, bei dem, wie eingangs ausgeführt, meine Überlegungen zum Formwandel der Demokratie einmal ihren Ausgang nahmen. Gleichzeitig soll nun die nichtnormative Analyse der simulativen Demokratie und ihrer Verfahren der gesellschaftlichen Selbstillusionierung um eine sehr viel normativere Kritik der *postdemokratischen Politik der Nicht-Nachhaltigkeit* ergänzt werden. Ich werde die These entwickeln, dass gerade an den neuen Grenzen des Wachstums die postdemokratisch gewendete Demokratie nicht länger ein Instrument zur Emanzipation, Ermächtigung und Gleichstellung der Natur und bisher unterprivilegierter sozialer Gruppen ist, sondern dass es Anzeichen dafür gibt, dass sie sich zu einer Strategie der politischen Legitimation und des praktischen Managements zunehmender ökologischer Ausbeutung und sozialer Ungleichheit und Exklusion entwickelt. Sie kann dann gewissermaßen als *reaktionäre Demokratie* beschrieben werden und als das vielleicht wichtigste Instrument einer Politik der Nicht-Nachhaltigkeit. Der Begriff der reaktionären Demokratie ist im Gegensatz zum deskriptiv-analytischen Konzept der simulativen Demokratie freilich ein eindeutig normativer Begriff. Er beleuchtet die strategische Vereinnahmung demokratischer Werte und Verfahren zur Stabilisierung und Legitimation einer nichtnachhaltigen Ungerechtigkeitsordnung. In der dritten Moderne, so die hinter dem Begriff stehende These, bleibt die enge Verbindung, die die emanzipatorischen Bewegungen zwischen Demokratie und Ökologie sahen, in pervertierter Form erhalten, und gerade diese qualitativ neue Art der Verbindung verleiht der Demokratie eine unerwartete, ideologisch aber durchaus zweifelhafte Zukunftsfähigkeit.

5.1 Ökologische Demokratieskepsis in den Siebzigern

Bei der kritischen Untersuchung des Verhältnisses von Demokratie und Ökologie (Nachhaltigkeit) ist zunächst daran zu erinnern, dass die heutigen Zweifel an der nachhaltigkeitspolitischen Leistungsfähigkeit der Demokratie keineswegs grundsätzlich neu sind. Bereits in den siebziger Jahren waren sie durchaus verbreitet, und es ist kein Zufall, dass die Theorie der »demokratischen Überlastung« (vgl. z. B. King 1975; Nordhaus 1975; Sartori 1975; Brittan 1975; Crozier et al. 1975), die in Kapitel 1.2 im Zusammenhang mit der sogenannten Unregierbarkeitsthese angesprochen wurde, gerade zu der Zeit – nämlich Mitte der siebziger Jahre – vermehrt diskutiert wurde, als die Dynamik des Nachkriegswirtschaftswachstums sich spürbar abschwächte, als Unterbeschäftigung und Arbeitslosigkeit erstmals wieder zum ernsthaften Problem wurden und als die ökonomische Basis der neuen wohlfahrtsstaatlichen Ordnung und damit des sozialen Friedens plötzlich unsicher schien. Auch von ökologischen Vordenkern wurden zu genau dieser Zeit deutliche Zweifel an der Nachhaltigkeitstauglichkeit der Demokratie artikuliert. Die sogenannten »survivalists« (z. B. Ehrlich 1971; Heilbroner 1974; Ophuls 1977) waren überzeugt, dass in Zeiten der – damals ja gerade erst heraufziehenden – ökologischen Krise demokratische Werte zurückstehen müssten hinter den Imperativen des Überlebens. Aus ihrer Perspektive machten die vom Club of Rome diagnostizierten *Grenzen des Wachstums* (Meadows et al. 1972) und die Umweltkrise »die Preisgabe der Gleichheit und der Mehrheitsherrschaft« unumgänglich, und es stand für sie außer Frage, dass »die Demokratie einer Elitenherrschaft Platz machen *muß*« (Ophuls 1977, 159). Ihre Bedenken gründeten sich darauf, dass die Demokratie ja tatsächlich in einer ganzen Reihe von Hinsichten strukturelle Probleme damit hat, auf die ökologische Krise angemessen zu reagieren:

So war die Demokratie zum Beispiel seit je anthropozentrisch und nur sehr eingeschränkt in der Lage, all dasjenige zu repräsentieren – etwa die Eisbären, den Regenwald oder die Flussökologie –, was keine politische Stimme hat und sich nicht in elektoral relevanter Weise artikulieren kann. Sie ist sowohl auf der Seite der Wähler als auch auf der der Gewählten stark gegenwartsfixiert: Sie priorisiert die Interessen des jeweiligen Moments und denkt der Tendenz nach in kurzen Zeitabschnitten, zumeist in Wahlperioden oder ökonomischen Konjunkturzyklen. Schon Platon und Aristoteles hatten kritisiert, dass sie sich schwer damit tut, Verantwortung für die Zukunft zu übernehmen und den langfristigen Interessen der Gemeinschaft genügend Gewicht zu geben (vgl. auch Schumpeter 1947, 456; Kielmannsegg 2003). Weiter tendiert die Demokratie zum Kompromiss, doch gerade in ökologischen Fragen sind oftmals klare, unverwässerte Entscheidungen gefragt. Demokratische Verfahren sind auch zeit- und ressourcenaufwendig und daher vor allem dann ungeeignet, wenn schnelles, entschiedenes Handeln erforderlich ist und/oder die erforderlichen öffentlichen Mittel für inklusive und gründliche Beratungs- bzw. Entscheidungsverfahren fehlen. Zudem geht die Demokratie, zumindest in der empirischen Praxis, nur selten über den Wettbewerb der Individualinteressen hinaus und ist insofern kaum geeignet, tatsächlich das Gemeinwohl zu bestimmen und politisch umzusetzen. Stattdessen richtet sie die Politik nach der zahlenmäßigen Mehrheit aus, obwohl die Präferenzen der Mehrheit – gerade aus der Perspektive der Ökologie und Nachhaltigkeit – bekanntlich nur selten vernünftig sind. Darüber hinaus hat die Demokratie stets einen geografisch-territorialen Bias. Sie tut sich sehr schwer damit, »Fernverantwortung« (Jonas 1979) zu übernehmen, das heißt, Mehrheiten für Politiken zu generieren, die den Wählern Kosten oder Beschränkungen auferlegen, von denen nicht sie selbst, sondern vor allem Menschen in fernen Ländern und Erdteilen profitieren sollen. Umgekehrt fördert sie aber systematisch die Externalisierung ökologischer und sozialer Kosten – zum Beispiel wenn im eigenen Land demokratische Mehrheiten strenge Umweltauflagen beschließen und dadurch Anreize schaffen, Rohstoffe oder Konsumgüter kostengünstiger aus Ländern mit weniger strengen Gesetzen einzukaufen. Und schließlich wird die emanzipatorische Agenda der Demokratie, das heißt ihr stetes Bestreben, die Rechte und Lebensumstände der Menschen zu verbessern, in der Praxis meist vor allem als Verbesserung der *materiellen* Verhältnisse und Ausdehnung der *materiellen* Ansprüche ausgelegt. Die Demokratie erweist sich somit als ein effektiver Beschleuniger des materiellen Konsums und ist wenig geeignet für jede Form der die Mehrheit betreffenden *Einschränkung* von Rechten und materiellen Ansprüchen, wie sie für eine wirklich effektive Politik der Nachhaltigkeit wohl unerlässlich wäre.

All dies sind Bedenken gegenüber der Demokratie, die einige schon in der frühen Phase der modernen Umweltbewegung vorgetragen haben. Im Geiste von Platons berühmtem Gleichnis vom Steuermann (*Der Staat*, 6. Buch, III-IV), das davor warnt, die Führung des Staatsschiffs den vielen selbsternannten Kapitänen zu überlassen, oder von Schumpeters Feststellung, dass »die demokratische Methode« gerade »in unruhigen Zeiten im Nachteil« sei (Schumpeter 1947, 470), forderten sie, unter Bedingungen des ökologischen Notstandes demokratische Prinzipien und Rechte auszusetzen. Entsprechend finden sich in den Schriften von Paul Ehrlich, E. F. Schumacher, Edward Goldsmith, Herbert Gruhl und vielen anderen Vordenkern der Umweltbewegung durchaus ökoautoritäre Töne. Wolfgang Harich (1975) sah im »starken, hart durchgreifenden Zuteilungsstaat« und im »asketischen Verteilungsstaat« den einzigen Weg aus der Umweltkrise. Hans Jonas, dessen 1979 veröffentlichtes Buch *Das Prinzip Verantwortung* unumstritten zu den Kerntexten des modernen ökologischen Denkens gehört, glaubte, »nur eine Elite« könne »ethisch und intellektuell« die erforderliche »Zukunftsverantwortung übernehmen« und wünschte sich, ganz im Geiste von Platons Philosophenkönig, »eine wohlwollende, wohlinformierte und von der richtigen Einsicht beseelte Tyrannis« (Jonas 1979, 262). Allerdings führte dann gerade das Misstrauen gegenüber den politischen und wirtschaftlichen Eliten, gepaart mit dem neuen Selbstvertrauen und Emanzipationsdrang der durch Bildungsreform und Wirtschaftswachstum zu erheblichem Selbstbewusstsein gelangten Mittelschichten, zu der breiten Überzeugung, dass in Fragen der Umweltkrise die demokratische Lösung der einzig aussichtsreiche Weg sei.

Für die neuen sozialen Bewegungen und die entstehenden grünen Parteien in Europa stand außer Frage, dass überhaupt nur eine partizipatorische Revolution der fortschreitenden Ausbeutung und Zerstörung der Natur Einhalten gebieten könnte. Aus ihrer Perspektive, und gerade auch für die Vordenker der radikalen politischen Ökologie (*ecologism*), waren Ökologie und Demokratie insofern fest miteinander verbunden, als erstens für beide die Autonomie des Subjekts die zentrale Referenznorm war – denn sie forderten ja für die Natur den gleichen Subjektstatus, den sie auch für alle Bürger (individuell und kollektiv) verwirklichen wollten (vgl. Kapitel 1.4 und 3.2). Zweitens glaubten sie, dass sowohl die echte Selbstbestimmung der Menschen als auch die Unversehrtheit der Natur unverzichtbar eine Befreiung von den Verzerrungen einer fehlgeleiteten Moderne und von den Perversionen des Kapitalismus und der Konsumindustrie erfordern würde. Die wiederum würde am ehesten auf dem Wege einer radikalen Demokratisierung und in einer basisdemokratischen Ordnung gelingen, die endlich die wahren Bedürfnisse der Menschen in den Mittelpunkt der Politik stellen und mit der wahren Menschlichkeit gleichzeitig die Versöhnung mit der Natur realisieren würde. Anders als die Öko-Autoritären gingen die emanzipatorischen Bewegungen und die politische Ökologie also nicht mehr von einem unversöhnlichen Interessengegensatz zwischen Mensch und Natur aus, der repressive Maßnahmen unerlässlich mache, sondern vielmehr von einem unversöhnlichen Gegensatz zwischen der Logik einer fehlgeleiteten Moderne auf der einen und dem Wohlergehen von Mensch und Natur auf der anderen Seite, der emanzipatorisch-demokratische Maßnahmen unbedingt notwendig mache. Während die einen frühzeitig Defizite der Demokratie in der Nachhaltigkeitspolitik diagnostizierten, diagnostizierten die anderen also vor allem ein Demokratiedefizit, das im Namen der sozialen und ökologischen Nachhaltigkeit zu beheben sei. Das feste Zutrauen in die Fähigkeit zur zivilgesellschaftlichen Selbstregierung, die Überzeugung, dass sich gerade im Angesicht der

Überlebenskrise, der egalisierenden ökologischen Apokalypse, leicht genügend Gemeinsinn und eine vernunftgestütze ökosoziale Pflichtethik mobilisieren lassen müssten, zerstreuten alle Zweifel an der Demokratie. Nicht zuletzt bestätigt von der verheerenden Umweltbilanz der osteuropäischen Staaten, die mit dem Zusammenbruch des Sowjetimperiums sichtbar wurde, etablierte sich in der Folgezeit daher der bis in die frühen nuller Jahre weitgehend unangefochtene Konsens:

> »Wenn man die Bürger auf verschiedenen Ebenen aktiv an gesellschaftlichen Diskussionen über eine Reduzierung des Konsumniveaus und den Wert umweltfreundlicher Lebensstile beteiligt, werden sie erkennen, welche Vorteile eine gewandelte Einstellung gegenüber Ressourcenverschwendung hat und dass es sinnvoll ist, die Natur mit größerer Sorgfalt zu behandeln.« (de Geus 2004, 96)

5.2 Jenseits der politischen Ökologie

Solange Demokratie und Ökologie im Sinne der emanzipatorischen Bewegungen untrennbar miteinander verknüpft waren, ging von der Nachhaltigkeitskrise, wie immer sie sich zuspitzen mochte, also kaum eine Bedrohung für die Demokratie aus. Allerdings können Demokratie und Demokratisierung wohl nur so lange als brauchbares Mittel für ökologische Ziele angesehen werden, wie vor allem die herrschenden gesellschaftlichen Eliten und ihre etablierten Institutionen, also die Repräsentanten der *falschen Logik des Systems*, die Ursache des Umweltproblems sind und die Bürger bzw. die Zivilgesellschaft umgekehrt die Subjekte einer *unterdrückten authentischen Vernunft*, die es zu befreien und an die Macht zu bringen gilt. Mit anderen Worten: Der emanzipatorisch-demokratische Optimismus der sozialen Bewegungen verliert in dem Moment seinen Boden, in dem Emanzipation nicht mehr als Befreiung aus der *das authentische Selbst und die Natur knechtenden Logik* des Industrialismus, des Produktivismus, der Effizienz, des Konkurrenz- und Rationalisierungsdrucks und des Konsumterrors verstanden, sondern systemkonform als die volle Verwirklichung stetig wachsender Anspruchs-, Bereicherungs- und Konsumpotenziale ausgelegt wird. Der emanzipatorisch-demokratische Ansatz mutiert also zum Problem, wenn der demokratische Souverän selbst zum Repräsentanten des Systems der Nicht-Nachhaltigkeit wird und nicht länger als Subjekt einer ökologisch und sozial nachhaltigen Vernunft gesehen werden kann. Genau dies ist in heutigen Konsumentendemokratien aber wohl längst der Fall. Der modernisierungsbedingte Werte- und Kulturwandel hat nicht nur, wie oben beschrieben, einen Formwandel der Demokratie ausgelöst, sondern gleichzeitig hat er die normativen Grundlagen des umweltpolitischen Denkens neu konfiguriert.

Vieles von dem, was die frühe Umweltbewegung und die politische Ökologie als in hohem Maße problematisch angesehen hatten – etwa die immer neue Handlungsfelder durchdringende Automatisierung, die Ausdehnung der Konsumindustrie oder die moderne Computer- und Kommunikationstechnologie –, ist inzwischen längst vollständig normalisiert und nicht mehr wegzudenken. Ebenso erscheint viel von dem, was sie als geeignete Problemlösungsvorschläge und alternative Gesellschaftsentwürfe angeboten hatten – etwa die Befreiung vom Konsumkapitalismus oder das Ideal des wahrhaft erfüllenden Lebens in kleinen, weitgehend enttechnisierten und autarken Landkommunen –, mittlerweile als vollständig unplausibel und unattraktiv. Nun waren natürlich die Vorstellungen der Radikalökologen, der sogenannten Öko-Fundamentalisten, noch nie repräsentativ für die gesamte Umweltbewegung oder gar den gesellschaftlichen Mainstream. Doch bei aller Verschiedenheit ihrer vielfältigen Strömungen war für die frühe Umweltbewegung die Kritik an der als sozial und ökologisch entfremdend und zerstörerisch empfundenen technologisch-industriellen Moderne und am Konsumkapitalismus eine Art integrierender Grundtenor – genau wie die Vision einer befreiten und ökologisch wie sozial versöhnten Gesellschaft jenseits des sich verselbständigenden Konkurrenz-, Effizienz-, Ausbeutungs- und Konsumsystems. Die Vordenker der politischen Ökologie (vgl. z. B. Commoner 1971; *The Ecologist* 1972; Marcuse 1972; Schumacher 1973; Gorz 1975; Die Grünen 1980; Bookchin 1982; Porritt 1984) waren sowohl in ihrer radikalen Kritik als auch in ihren Gegenentwürfen zur technologisch-industriekapitalistischen Moderne besonders explizit, doch die Diagnose einer grundlegenden Krise der westlichen Kultur und *Risikogesellschaft* (Beck 1986) fand auch weit jenseits der politischen Ökologie und der emanzipatorisch-linken Bewegungen überhaupt breiten gesellschaftlichen Widerhall. Das hatte seinen Grund unter anderem darin, dass die Umweltbewegung Kernelemente der sehr viel älteren Kulturkritik von Rousseau, Weber, Durkheim, Oswald Spengler, Horkheimer und Adorno sowie vieler anderer Denker ganz unterschiedlicher geistiger Provenienz aufnahm.

In heutigen Konsumgesellschaften ist demgegenüber zwar die Feststellung von Umweltproblemen und das Bemühen um deren Behebung zum unangefochtenen Teil des Mainstream geworden, doch sowohl das Gefühl der grundlegenden Entfremdung durch die technologisch-industrielle Moderne als auch die Sehnsucht nach einer grundsätzlich anderen Lebens- und Gesellschaftsform sind weitgehend verflogen. Sicher gibt es vielfältige Bewegungen – von *urban gardening* über *transition towns* zu Attac und Occupy –, in denen gegenteilige Diskurse gepflegt werden. Auch scheint die stetig wachsende Nachfrage nach ökologisch-esoterischen Produkten und Dienstleistungen im Lebensberatungs-, Wellness- und Glücksgewerbe einen großen Hunger nach Sinngebung und authentischer Selbsterfahrung anzuzeigen. Doch artikuliert sich hier bei genauerer Betrachtung eigentlich nicht die Suche nach wahrhaften Alternativen zur Logik der bestehenden Ordnung (und der Moderne), sondern das mehr oder weniger gelungene Sowohl-als-Auch einer in die Logik des Marktes, des Konsums, der Technologie und der Effizienz integrierten *Inszenierung des Alternativen*. Moderne Bürger stehen nämlich der Technologie, dem Konsum, der immer schnelleren Innovation etc. positiver gegenüber denn je. Sie haben die Prinzipien des Marktkapitalismus fest verinnerlicht. Das von der politischen Ökologie gehegte Unbehagen an der fortschreitenden Automatisierung oder der Macht der Werbung; die Angst vor dem technologischen Fortschritt, der Computerisierung oder dem Wettbewerbs- und Effizienzdenken sind kaum noch nachvollziehbar. Nach heutiger Wahrnehmung sind diese konstitutiven Elemente der fortschreitenden Moderne nicht mehr Kern des Problems, sondern sie müssen vielmehr Kernelemente jeder überzeugenden Lösungsstrategie sein. Moralisierende Rezepte der Genügsamkeit oder gar des Verzichts, Forderungen nach Enttechnologisierung oder Verlangsamung erscheinen demgegenüber vielleicht als romantisch-liebenswürdig, ansonsten aber vollständig unrealistisch und antiquiert. Das Gleiche gilt für wie immer geartete Vorstellungen einer ökologischen Pflichtethik oder das von Hans Jonas propagierte *Prinzip Verantwortung*. Stattdessen haben die stetig wachsenden Bedürfnisse moderner Bürger und Gesellschaften den Status der völligen Selbstverständlichkeit und Unverhandelbarkeit angenommen. Verlangten die frühe Umweltbewegung und die politische Ökologie noch eine radikale Lebens- und Gesellschaftsreform nach den Vorgaben kategorischer, das heißt nicht verhandelbarer, ökologisch-sozialer Imperative, so besteht der kategorische Imperativ heute darin, dass unbedingt Wege gefunden werden müssen, diese Bedürfnisse zu bedienen. Die einstmals als unverhandelbar vorgestellten ökologischen Imperative werden dabei – wie etwa im sogenannten *Green New Deal* oder der *ökologischen Industriepolitik* (vgl. Blühdorn

2010a) – so umformuliert, dass sie mit den Wachstums- und Entwicklungsprioritäten möglichst wenig in Konflikt geraten.

Dieser *post-ecologist turn* (vgl. z.B. Blühdorn 2004b, 2007c), also die Abkehr von den Vorstellungen der frühen Umweltbewegung und der politischen Ökologie, der Zerfall ihrer normativen Grundlagen (Fundamentalismen), war zum einen die Folge der fortschreitenden Gewöhnung an die Umweltkrise. Was zunächst als Überlebenskrise erschien, wurde zum Normalzustand. Die These von den Grenzen des Wachstums erwies sich als unzureichend begründet; die apokalyptischen Prophezeiungen der Untergangspropheten traten nicht ein; die behauptete Alternative zwischen *Ende oder Wende* (Eppler 1975) bestand so nicht; die beobachtbaren Umweltveränderungen erwiesen sich als erträglicher und der zivilisatorische Fortschritt als komfortabler, als die Kritiker zunächst angenommen hatten. Eine wesentliche Rolle spielte zweitens die Entpolitisierung der ökologischen Frage durch die neue Theorie und Praxis der *ökologischen Modernisierung* (vgl. z.B. Prittwitz 1993; Hajer 1995; Mol und Sonnenfeld 2000; Mol et al. 2009). Waren vordem die Logik der industriellen Moderne und die der Nachhaltigkeit als Gegenpole verstanden worden; war vor allem die moderne Wachstumsökonomie als radikal unverträglich mit den Erfordernissen der Ökologie gesehen worden, stellten die Vordenker der ökologischen Modernisierung Umweltprobleme nun als eine Frage des mangelnden Managements und der ineffizienten Ressourcenausnutzung dar. Die Bewältigung dieser Probleme, so das Versprechen der neuen Lehre, erfordere nicht etwa den Ausstieg aus der Moderne oder aus dem Konsumkapitalismus und entsprechend auch keinen radikalen Werte- und Strukturwandel, sondern sei durchaus innerhalb der bestehenden Ordnung zu erreichen: Die Kombination von forcierter technologischer Innovation, verbesserten Managementpraktiken und marktwirtschaftlichen Anreizen würde möglicherweise eine fortgesetzte Effizienzrevolution auslösen (vgl. z. B. Weizsäcker et al. 1995, 2010), durch die letztlich das Ziel der Nachhaltigkeit verwirklicht werden könnte. Drittens führte die Ausdifferenzierung des umweltpolitischen Diskurses in eine immer größere Vielzahl von Denkrichtungen und Interessengruppen zu einer Pluralisierung – und damit Relativierung – umweltpolitischer Werte und Imperative. Und der vielleicht wichtigste Grund dafür, dass die Normen der frühen Umweltbewegung und der politischen Ökologie immer mehr an gesellschaftlicher Resonanz verloren haben, war schließlich der in Kapitel 3.2 beschriebene Wandel der vorherrschenden Idealvorstellungen von Subjektivität und Identität. Nicht nur zerfiel mit der Emanzipation zweiter Ordnung, das heißt mit der Revision des modernistischen Ideals des autonomen Subjekts, auch die zentrale Referenznorm aller ökologischen Imperative, sondern mit dem flexiblen Selbst setzte sich ein Subjektivitäts- und Identitätsverständnis durch, dass die Nicht-Nachhaltigkeit geradezu zum Prinzip erhebt: Das von der Wirtschaft und von modernen, innovationsoffenen Bürgern gleichermaßen favorisierte neue Selbstverständnis ist fundamental nichtnachhaltig, insofern es erstens per definitionem flexibel, flüssig und flüchtig, also eben gerade nicht konsequent, konsistent und konstant ist; zweitens ist es ganz wesentlich auf die Gegenwart fixiert, wird nach Maßgabe der jeweils gegebenen Bedingungen kontinuierlich neu entworfen und fühlt sich dabei weder der Vergangenheit noch der Zukunft in besonderem Maße verpflichtet; und drittens setzt dieses neue Identitätsideal als Mittel der Selbstverwirklichung und Selbsterfahrung ganz wesentlich auf Konsumhandlungen, wobei es insbesondere auf den flüchtigen Symbol- und Neuigkeitswert der jeweiligen Produkte ankommt, was immer schnelleren Neukonsum erforderlich macht. Im gleichen Maße aber wie ein solches strukturell nichtnachhaltiges Selbstverständnis, ein intendiertermaßen nicht zukunftsfähiges Identitäsideal, zur gesellschaftlichen Norm wird, wird man davon ausgehen müssen, dass die Bürger ebendiese Norm und die auf sie gegründeten Interessen in den demokratischen Prozess einspeisen werden und repräsentiert sehen wollen. Bezüglich der Aussichten auf eine demokratisch organisierte sowie legitimierte und dennoch effektive Strategie für eine Wende zur Nachhaltigkeit ist dieser Siegeszug des ausdrücklich nichtnachhaltigen Subjekts jedoch fatal. Die Hoffnung auf eine Begrenzung und Verminderung des Konsums oder auf eine Ethik sozialer und ökologischer Verantwortung entschwindet damit. Die Hoffnung, dass das individuelle und kollektive Handeln sich auf irgendwelche ökologische und soziale Normen verpflichten ließen, wird immer unbegründeter. Im Gegenteil bedeutet die Emanzipation zweiter Ordnung ja gerade die Befreiung von solchen Verantwortungen und Pflichten, die besonders an den heute überdeutlichen Grenzen des Wachstums als übermäßig restriktiv empfundenen werden (vgl. Kapitel 3.4).

Wenn also, wie etwa bei Hamilton, weiterhin die Ansicht vertreten wird, dass »die Klimakrise über uns gekommen ist, weil die Demokratie korrumpiert wurde; dass Macht und Einfluss an die Stelle der Repräsentation getreten sind und dass die Tricks der Spindoktoren die ehrliche Kommunikation ersetzt haben« (Hamilton 2010, 223); wenn es heißt, »dass eine revitalisierte Demokratie das einzige Mittel darstellt, um die Effekte des Klimawandels auf eine humane Weise zu bekämpfen« (218), dass die vorherrschende Politik der Nicht-Nachhaltigkeit also nur korrigiert werden kann, indem der demokratische Souverän die Eliten »machtvoll zur Räson« ruft (Leggewie und Welzer 2008, 136), und dass die zur Bewältigung der Klima- und Umweltkrise unverzichtbare »kulturelle Revolution« »mehr, nicht weniger Demokratie« erfordere (174), dann sind das Behauptungen, die gesellschafts- und demokratietheoretisch auf tönernen Füßen stehen. Wenn grüne Politiker insistieren, die Demokratie sei der einzige »Schlüssel zu den vielfältigen Herausforderungen« der Nachhaltigkeitskrise, »nur mit Demokratie« könne man »die großen Zukunftsfragen anpacken« und die weitere Demokratisierung sei »der einzig gute Weg zu guten Lösungen« (Bündins 90/Die Grünen 2011, 15-17), dann zeigt sich darin vor allem ein klares Verständnis der parteipolitischen Notwendigkeit, der *demokratischen Marke* treu zu bleiben, die die grüne Wählerklientel von ihrem Polit-Provider erwartet. Aus sozialwissenschaftlicher Perspektive drängt sich jedoch eher der Verdacht auf, dass gerade in fortgeschritten modernen Gesellschaften *mehr Demokratie*, also eine engere Orientierung der Politik an den Wertpräferenzen der Bürger, wohl zu noch *weniger Nachhaltigkeit* führen würde. Bezeichnend ist diesbezüglich die empirische Feststellung, dass gerade die von den jungen, gebildeten und politisch mobilisierten Mittelschichten gepflegten Lebensstile oft eine relativ schlechte Ökobilanz aufweisen (z.B. Singlehaushalte, Reisebegeisterung, Konsumfreude), während Angehörige eher traditioneller Milieus und sozial benachteiligter Gruppen ungewollt und unbewusst oftmals einen deutlich kleineren ökologischen Fußabdruck haben (BMU 2010, 74-77).

5.3 Das Paradox der modernen Nachhaltigkeitspolitik

Mit dem Abschied von der politischen Ökologie bzw. mit dem modernisierungsbedingten Werte- und Kulturwandel haben sich die altbekannten nachhaltigkeitspolitischen Bedenken gegen die Demokratie also erheblich verstärkt. Entsprechend setzt sich in den Sozialwissenschaften heute wieder vorsichtig die Ansicht durch, »die Überlegenheit der Demokratie« werde »häufig überschätzt« (Schmidt 2003, 272). Die Demokratie, schreibt Kielmannsegg, sei »keine Staatsform, die in besonderer Weise zu zukunftsverantwortlichem Handeln befähigt ist« (Kielmannsegg 2003, 591). Eher müsse man, »was diesen Punkt angeht, von einer Schwäche« (ebd.), ja sogar von einer »eklatanten Zukunftsschwäche« sprechen (593). Diese Zukunftsschwäche der Demokratie – einige Beobachter gehen so weit, ihr ökologisches Totalversagen zu diagnostizieren (Westra 1998, 53-80; Shearman und Smith 2007) – scheint angesichts der sich zuspitzenden Nachhaltigkeitskrise eine erhebliche Bedrohung für die Demokratie zu bedeuten: Die Demokratie könnte, warnt Kielmannsegg, »an den Herausforderungen des neuen Jahrhunderts scheitern« (Kielmannsegg 2003, 593). Wenn international namhafte Sozialwissenschaftler wie Anthony Giddens die basisdemokratischen Orientierungen der sozialen Bewegungen für ökopolitisch kontraproduktiv erklären (Giddens 2009, 56) und einen starken, interventionistischen Staat als *den* »zentralen« nachhaltigkeitspolitischen Akteur bezeichnen (5); wenn intellektuelle Journalisten behaupten, die »Folgen der Globalisierung« könne man nur beherrschen, »indem man die politisch Verantwortlichen von den betroffenen Interessenverbänden und deren Kampagnen, mithin von dem enormen Druck der Demokratie, abschirmt« (Zakaria 2007, 233), scheint das die Befürchtung des Scheiterns zu bestätigen. Deutlicher noch als Giddens und Zakaria fordern zum Beispiel Shearman und Smith, die Umweltbewegung solle ihre »Romanze mit der Demokratie« beenden (Shearman und Smith 2008, 121); stattdessen setzen sie auf ein Regieren mithilfe »autoritärer Managementstrukturen«, wie man sie von der Intensivstation eines Krankenhauses her kenne (135f.). In solchen Szenarien hätte die Demokratie nicht einmal im schumpeterschen Sinne, das heißt als Methode zur Auswahl und Legitimierung der Führungseliten, eine Zukunft, sondern bestenfalls noch als Methode zur nachträglichen Ratifizierung expertokratisch ausgearbeiteter Politiken, also als Methode, die öffentliche Folgebereitschaft und damit die Effektivität und Effizienz der Expertenpolitik in der Phase ihrer Implementierung zu erhöhen.

Diese eher populistischen Strategiekonzepte sind jedoch weder umweltpolitisch noch demokratietheoretisch wirklich zielführend. Im Hinblick auf die erhoffte Wende zur Nachhaltigkeit lassen sie ungeklärt, wie die favorisierte Expertenherrschaft eigentlich institutionalisiert werden sollte, wie sie ihre Autorität erhalten sollte, wie sie sich vor dem Einfluss einseitiger Interessen(gruppen) schützen sollte, um tatsächlich »fair und gerecht im Dienste der Menschheit« arbeiten zu können (Shearman und Smith 2007, 136), oder woher sie im Zeitalter der radikalen – auch wissenschaftlichen – Unsicherheit überhaupt die wissenschaftliche Gewissheit ihrer Richtigkeit nehmen sollte. Mit Blick auf das behauptete nachhaltigkeitspolitische Versagen der Demokratie und entsprechend ihrer angeblichen Zukunftslosigkeit sind diese Konzepte unbefriedigend, weil sie von einem viel zu flachen Verständnis der Problemwahrnehmungen und Prioritäten in der modernen Nachhaltigkeitspolitik ausgehen. Tatsächlich haben die, die das Scheitern der Demokratie voraussehen, ebenso wie auch jene, die sie für den einzigen »Schlüssel zu den vielfältigen Herausforderungen« der Nachhaltigkeitskrise halten, eine stark normativ verengte Vorstellung davon, worum es in der modernen Nachhaltigkeitspolitik überhaupt geht, was also eigentlich die *Herausforderungen* sind, an denen die Demokratie sich bewähren muss. Ein fundierteres Urteil über das Verhältnis zwischen Demokratie und Ökologie in fortgeschritten modernen Gesellschaften und bezüglich der Bedrohung, die die Nachhaltigkeitskrise für die Demokratie bedeuten könnte, wird aber erst möglich, wenn man zunächst noch einmal kritisch der besonderen Qualität des umweltpolitischen Diskurses jenseits der politischen Ökologie nachgeht.

Diese besondere Qualität, das unterscheidende Merkmal der Umweltpolitik in der dritten Moderne, liegt in ihrer inneren Zerrissenheit und Widersprüchlichkeit. Denn für fortgeschritten moderne Gesellschaften gilt zwar, wenn die oben angestellte Analyse zutrifft, dass die Angst vor der zunehmenden Entfremdung durch Technologie, Konsum und Fortschritt weitgehend verflogen ist, dass die Hoffnung auf die wahre Erfüllung in einer grundsätzlich anderen Lebens- und Gesellschaftsform jenseits der technologisch-kapitalistischen Moderne sich im Wesentlichen erschöpft hat und dass moderne Selbstverwirklichungsmuster mehr denn je die Beibehaltung und den weiteren Ausbau der Logik und der Strukturen des etablierten sozioökonomischen Systems erforderlich machen. Gleichzeitig ist allerdings das gesellschaftliche Bewusstsein, das kognitive Verständnis, der mehrdimensionalen Nachhaltigkeitskrise gerade dieses Systems heute wohl tiefer verankert als jemals zuvor. Die breite Diskussion über den Klimawandel, über die sich stetig weiter öffnende Ungleichheitsschere, über die Schulden- und Eurokrise, über die Möglichkeit einer *Postwachstumsökonomie* (Paech 2011, 2012) sowie eines *Wohlstands ohne Wachstum* (Jackson 2009; Miegel 2010) oder über die Neudefinition von Glück in Zeiten des Klimawandels (Pfriem 2011) zeigen an, in welchem Maße die Nachhaltigkeitskrise ins Zentrum der gesellschaftlichen Kommunikation gerückt ist. Jede Firma, jede Behörde, jede Organisation hat ihre eigene Nachhaltigkeitsstrategie und bekennt sich zur ökologischen Modernisierung ihrer jeweiligen Tätigkeiten und Prozesse. Die Einsicht, dass sich soziale und ökologische Beben tektonischen Ausmaßes, wenn überhaupt, dann wohl nur durch einen radikalen Werte-, Kultur- und Strukturwandel verhindern (oder zumindest noch begrenzen) ließen, gehörte nie zuvor so sehr zum Mainstream des umwelt- und nachhaltigkeitspolitischen Diskurses wie heute. Dennoch sind moderne Gesellschaften – unter dem Druck der systemischen Imperative einerseits und der materialisierten und radikalisierten Selbstverwirklichungsansprüche der Bürger andererseits – fester denn je entschlossen, die etablierten Werte und Strukturen ungeachtet ihrer weithin bekannten Nicht-Nachhaltigkeit mit allen zur Verfügung stehenden Mitteln zu verteidigen. Zwar müssen die Wissenschaften ihre jeweils aktuellen Prognosen zur globalen umwelt- und klimapolitischen Entwicklung auch weiterhin fortgesetzt zum Negativen korrigieren, doch die Banken-, Kredit-, Schulden- und Eurokrise hat unmissverständlich klargemacht, wo die eigentlichen Prioritäten liegen: Verbissen wird um die Stabilisierung genau jener Strukturen gekämpft, die eigentlich fundamental umarrangiert werden müssten. Mit großem Aufwand werden Sicherheitsapparate geschaffen bzw. ausgebaut, die wenigstens noch eine Zeit lang den Fortbestand dessen ermöglichen sollen, was eigentlich längst auf breiter Front als ruinös eingestuft wird. Dabei geht der kategorische Imperativ des »Weiter so«, dies sei noch einmal betont, keineswegs nur von den sogenannten *systemrelevanten* Institutionen (z.B. den Banken) aus, sondern ebenso sehr von den Glücksvorstellungen, Selbstverwirklichungsidealen und Verständnissen von Lebensqualität, die moderne Bürger für selbstverständlich und nicht verhandelbar halten. Es ergibt sich also für den einzelnen Bürger und für kollektive Akteure ein tiefer Widerspruch zwischen der rationalen Einsicht in die fundamentale Nicht-Nachhaltigkeit der bestehenden Verhältnisse und der festen Entschlossenheit zu deren Verteidigung. Die Erfahrung dieses nicht auflösbaren, speziell für die *post-ecologist constellation* bezeichnenden Paradoxes ist allen Gliedern der modernen Gesellschaft gemein. Die Notwendigkeit, mit seinen psychologischen und empirisch konkreten Implikationen fertigzuwerden, ist eine gesamtgesellschaftliche Herausforderung.

Die Gleichzeitigkeit des in einem solchen Ausmaß nie zuvor verfügbaren gesellschaftlichen Wissens um die Probleme der Nicht-Nachhaltigkeit sowie des umfassenden Konsenses bezüglich der eigentlich unverzichtbaren Kulturrevolution und der durch den *post-ecologist turn* auf eine neue Weise verfestigten Entschiedenheit, die etablierten Werte und Strukturen dennoch um jeden Preis zu verteidigen, markiert den Übergang in eine qualitativ neue Phase der Umweltpolitik: von der traditionellen Politik der Nachhaltigkeit zur neuen *Politik der Nicht-Nachhaltigkeit*. Diese neue Politik der Nicht-Nachhaltigkeit dreht sich nicht mehr primär um die Frage, wie individuelle Wertorientierungen oder Verhaltensweisen, gesellschaftliche Strukturen und die etablierte Logik der Moderne insgesamt so verändert werden können, dass sie sozial und ökologisch nachhaltig werden, sondern ihre vordringliche Sorge gilt der Frage, wie die bereits eingetretenen bzw. klar vorhersehbaren Konsequenzen der fortgesetzten Nicht-Nachhaltigkeit beherrscht werden können. In ihrer lebens- oder individualpolitischen Dimension konzentriert sie sich auf das Problem, wie moderne Bürger mit dem vollen Bewusstsein der Nicht-Nachhaltigkeit und der sozialen bzw. ökologischen Konsequenzen ihrer präferierten Wertorientierungen, Lebensstile und Selbstverwirklichungsmuster zurechtkommen können. In ihrer gesellschaftlichen Dimension kreist sie um die Frage, wie die sich national und international stetig verschärfenden ökologisch-sozialen Konflikte politisch verwaltet und gesellschaftlich erträglich gemacht werden können. Die Politik der Nicht-Nachhaltigkeit ist also – dies ist ein ganz entscheidender Punkt – nicht einfach eine wenig erfolgreiche oder sogar gescheiterte Politik der Nachhaltigkeit, sondern vielmehr eine Politik, die bereits in ihrem Ansatz – zumindest implizit – vom als *unvermeidlich* betrachteten Wandel der Umwelt- und Klimabedingungen ausgeht und sich auf den Ausbau der individuellen und gesellschaftlichen Fähigkeiten zur *Anpassung* an das gewissermaßen *Schicksalhafte* und der Kapazitäten zur *Bewältigung* (*resilience*) seiner sozialen Implikationen konzentriert. Dieser qualitative Wandel der modernen Umweltpolitik, der sich aus dem *post-ecologist turn* unvermeidlich ergibt, wird freilich nicht breit thematisiert. Die Verschiebung der Priorität von der *Vermeidung* zur *An-*

passung kann insofern auch mit gewisser Überzeugungskraft bestritten werden, als die neue Politik der Nicht-Nachhaltigkeit die traditionellere Politik der Nachhaltigkeit natürlich nicht vollständig ablöst. Die umweltpolitischen Akteure bleiben auch weiterhin ernsthaft dem Nachhaltigkeitswandel verpflichtet. Nur zielt die moderne Umweltpolitik eben mindestens ebenso stark auf den Erhalt der Nicht-Nachhaltigkeit. Das ist das unausweichliche Paradox und die zentrale Herausforderung, das bzw. die der modernisierungsbedingte Wertewandel heraufbeschwört.

Vor allem in ihrer sozialen Dimension lässt diese Herausforderung, dieses *post-ecologist paradox* (Blühdorn 2013), sich auch gut in Begriffen des demokratischen Paradoxes beschreiben und zwar in dem Sinn, in dem Chantal Mouffe das Konzept verwendet hat: Mouffe bezeichnet mit diesem Terminus (vgl. Kapitel 3.5) die in der Idee der Demokratie angelegte Spannung zwischen dem Prinzip der Gleichheit und dem der Freiheit (Mouffe 2000). In modernen Gesellschaften konnte diese Spannung bisher durch die wohlfahrtsstaatliche Umverteilungs- und Ausgleichspolitik befriedet werden, die ihrerseits auf der Annahme eines stetigen Wirtschaftswachstums gründete. Die in den frühen siebziger Jahren diagnostizierten Grenzen dieses Wachstums konnten mithilfe verschiedener Strategien zunächst verschoben und die Kosten dieser Strategien wiederum externalisiert werden. In einem Kontext jedoch, wo die ökologischen und sozialen Kosten des Wachstums so hoch geworden sind, dass sie sich nicht mehr ohne Weiteres externalisieren lassen, wo die öffentliche und private Verschuldung an ihre Grenzen gestoßen ist und wo die Ansprüche auf Selbstbestimmung und Selbstverwirklichung modernisierungsbedingt gleichzeitig materialistischer und kompromissloser denn je geworden sind, funktionieren die etablierten Befriedungsstrategien immer weniger. An den neuen Grenzen des Wachstums geht die Freiheit der einen unmittelbarer und sichtbarer denn je auf Kosten der Gleichheit der anderen, das heißt, der Konflikt zwischen den beiden konstitutiven Prinzipien der Demokratie bricht vehement und unversöhnlich auf. Eine wirksame Politik der Nicht-Nachhaltigkeit, das heißt eine individuelle und gesellschaftliche Politik, die darauf zielt, die etablierten Werte und Strukturen in dieser Konstellation dennoch zu erhalten, muss daher große Anstrengungen unternehmen, ihr eigentlich unterscheidendes Merkmal zu verleugnen und sich selbst sowie die übrigen gesellschaftlichen Akteure davon zu überzeugen, dass sie mit aller Entschiedenheit das Ziel der umfassenden Systemveränderung und des radikalen Nachhaltigkeitswandels verfolgt.

Ihr wichtigstes Mittel zur Bewältigung dieser Herausforderung sind genau die Verfahrensweisen, die in Kapitel 4.1 und 4.2 als simulative Politik beschrieben wurden. Strategien der Simulation leisten einen entscheidenden Beitrag sowohl zur Bewältigung der Widersprüche im Bereich der individuellen Wertorientierungen bzw. der Zerrissenheit des individuellen Bewusstseins als auch zur Befriedung der sich verschärfenden sozialen Konflikte. Sie betreiben die Produktion und Reproduktion von (persönlichen und gesellschaftlichen) Selbstbeschreibungen, denen zufolge die jeweiligen individuellen oder kollektiven Akteure (a) den Ernst und die Dringlichkeit der Nachhaltigkeitskrise voll erkennen und akzeptieren, (b) eine relativ klare Vorstellung davon haben, welche Gegenmaßnahmen erforderlich sind, (c) über den Willen und die Fähigkeit verfügen, diese Maßnahmen umzusetzen, und (d) den richtigen Weg eigentlich bereits eingeschlagen haben und nur noch eines relativ kleinen zusätzlichen Stimulus oder etwas zusätzlicher Unterstützung bedürfen, um ihn konsequent zu Ende gehen zu können. Diese Erzählungen sind gewissermaßen ein funktionales Äquivalent zum nicht mehr tragfähigen Versprechen vom Wachstum für alle. Sie schaffen Zuversicht, dass das Problem der Nicht-Nachhaltigkeit ernst genommen und mit aller Entschiedenheit und Aussicht auf Erfolg bearbeitet wird. Sie eröffnen einen diskursiven Raum, in dem individuelle Bürger, kollektive Akteure und die moderne Gesellschaft insgesamt ihre Verpflichtung auf Werte der sozialen und ökologischen Nachhaltigkeit artikulieren und erfahren können, ohne dabei ihre gleichstarke Fixierung auf Werte, Lebensstile und Strukturen der Nicht-Nachhaltigkeit preisgeben zu müssen. Zu diesen Simulationsdiskursen gehören zum Beispiel die oben erwähnten Narrative der *ökologischen Modernisierung* und des *Green New Deal*, die Erzählung vom *nachhaltigen Konsum* und *alternativen Hedonismus*, die Geschichte von der »science of sustainability«, die angeblich »rock-solid foundations« für die nachhaltige Entwicklung schaffen kann (Porritt 2006, 21), die im einführenden Kapitel angesprochene Erzählung von der sich bereits formierenden internationalen Widerstandsbewegung, die den Konsumkapitalismus letztlich in die Knie zwingen werde, und eine Vielzahl anderer individueller, gruppenspezifischer und gesamtgesellschaftlicher Narrative.

Jeder für sich und alle zusammen inszenieren diese vielfältigen Simulationsdiskurse die theoretische Möglichkeit, den gesellschaftlichen Willen und die politische Fähigkeit, die etablierte Logik der Nicht-Nachhaltigkeit auszusetzen und umzukehren. Völlig verfehlt wäre es, sie im Gestus moralisierender Überheblichkeit als bloße Lügen, Fassaden oder Inszenierungen abzutun. Sie spiegeln vielmehr eine ernsthafte Überzeugung und sind eine Methode, mit dem nicht auflösbaren Paradox der modernen Umweltpolitik fertigzuwerden. Sie helfen, das Dilemma zu bewältigen, dass fortgeschritten moderne Individuen und Gesellschaften jenseits der politischen Ökologie zwar nicht über die nötigen – vor allem normativ-kulturellen – Ressourcen verfügen, die Nachhaltigkeitskrise zu überwinden, aber auch nicht über jene, die etablierten Arrangements der Nicht-Nachhaltigkeit ohne Weiteres beizubehalten. Auf diese Simulationsdiskurse trifft all das zu, was in Kapitel 4.2

zur simulativen Politik gesagt worden ist. Insbesondere gilt auch hier, dass diese Diskurse die verschiedensten gesellschaftlichen Akteure einbeziehen und dabei – getreu dem alten grünen Ausspruch, dass die Politik der Nachhaltigkeit *weder rechts noch links, sondern vorn* sei – etablierte politische Konfliktlinien überbrücken. Öffentliche Institutionen, NGOs, politische Parteien, wissenschaftliche Institute, privatwirtschaftliche Unternehmen, aufgeklärte Konsumenten, internationale Organisationen etc.: Sie alle haben ein gemeinsames Interesse daran, sich selbst und ihre jeweiligen Beobachter davon zu überzeugen, dass sie das Nachhaltigkeitsproblem voll erkannt haben und entschlossen an seiner Lösung arbeiten. Angesichts des Dilemmas der modernen Umweltpolitik besteht ein großes gesellschaftliches Bedürfnis nach Erzählungen, die eine solche Rückversicherung geben. Und wenn entsprechende Angebote wenigstens ein gewisses Maß an Plausibilität für sich in Anspruch nehmen können, werden sie von den verschiedensten gesellschaftlichen Akteuren bereitwillig aufgenommen und weiterentwickelt. Wir haben es also auch hier wieder mit Praktiken der gesellschaftlichen Selbstillusionierung zu tun. Auf eigentümliche Weise geben sie der Politik der Nicht-Nachhaltigkeit eine Art demokratisches Fundament; sie stellen die Politik der fortgesetzten Marginalisierung und Exklusion auf eine breite gesellschaftliche Basis.

Es mag mithin durchaus richtig sein, dass die Demokratie – vor allem jenseits der postdemokratischen Wende – nicht geeignet ist, den gesellschaftlichen Strukturwandel zur Nachhaltigkeit zu organisieren. Es gibt aber keinen Grund zu der Annahme, dass dies überhaupt die vorrangige Besorgnis und Herausforderung der modernen Umweltpolitik ist, und daher wäre es auch verfehlt, von der nachhaltigkeitspolitischen Untauglichkeit der Demokratie gleich auf ihren Niedergang zu schließen. Vielmehr zeigt die genauere Analyse, dass die Nachhaltigkeitspolitik fortgeschritten moderner Gesellschaften zutreffender als eine Politik der Nicht-Nachhaltigkeit beschrieben werden müsste, während die Demokratie, wie wir gesehen haben, ihrerseits im Zuge des modernisierungsbedingten Wertewandels ihre Qualität verändert. Unter Bedingungen relativ geringer gesellschaftlicher Komplexität und einfacher Konfliktlinien war sie der emanzipatorisch-egalitäre Zusammenschluss der vielen Unterprivilegierten gegen die herrschenden Eliten. In einem Kontext des stetigen Wachstums wurde sie angelegt als eine Zugewinnausgleichsgemeinschaft, deren Attraktivität für die einen, die Unterprivilegierten, vor allem auf ihrem impliziten Prosperitätsversprechen (größere materielle und kulturelle Freiräume) beruhte und für die anderen, die Eliten, auf dem Versprechen sozialer Ruhe, Stabilität und Berechenbarkeit. An den Grenzen des Wachstums jedoch, unter Bedingungen hoher gesellschaftlicher Komplexität und angesichts der modernisierungsbedingten Umwertung der Begriffe von Emanzipation und Progressivität verwandelt sich die Demokratie leise vom egalitär-redistributiven Instrument der Ausgeschlossenen zu einem Instrument der (noch) Eingeschlossenen zur Verteidigung ihres etablierten Status. Und entgegen der Befürchtung, dass »die Grenzen des Wachstums uns erstmals auch unerbittlich über die Grenzen der Demokratie« belehren könnten (Guggenberger 1994, 199), hat gerade diese postdemokratisch gewendete Demokratie in der neuen Politik der Nicht-Nachhaltigkeit eine entscheidende Bedeutung. Tatsächlich ist die Politik der Nicht-Nachhaltigkeit nämlich recht erfolgreich darin, sowohl demokratische Werte als auch demokratische Verfahren für sich zu vereinnahmen, und gerade dadurch sichert sie der (postdemokratisch gewendeten) Demokratie ihre Zukunftsfähigkeit. Populäre Plädoyers für eine expertokratisch-autoritäre Nachhaltigkeitspolitik sowie das Gerede von der drohenden Ökodiktatur erweisen sich diesbezüglich sogar noch als höchst förderlich: Sie provozieren gerade bei denen, die vom Ausschluss bedroht sind, populistisch-demokratische Gegenreflexe, die nicht selten ihrerseits antiegalitär, antilibertär und damit der Politik der Marginalisierung und Exklusion durchaus zuträglich sind.

5.4 Postdemokratische Politik der Nicht-Nachhaltigkeit

An den Grenzen des Wachstums stellt sich also die Frage, wie es gelingt, die sich innerstaatlich sowie zwischenstaatlich immer schneller vergrößernde soziale und ökologische Ungleichheit so zu organisieren, dass die im aktualisierten Sinne *progressiven* und gesellschaftlich tonangebenden Teile der Bevölkerung ihren Wohlstand, ihre etablierten Lebensstile sowie ihre Selbstverwirklichungsformen beibehalten und möglichst sogar noch weiter ausbauen können. Am entgegengesetzten Ende der Wohlstandsskala müssen entsprechend das dafür erforderliche Maß an Marginalisierung und Exklusion organisiert und die unvermeidlich damit einhergehenden sozialen Konflikte kontrolliert werden. Um die Demokratie dafür als Mittel vereinnahmen zu können, muss sie von einem Instrument, das die Umverteilung von *oben nach unten* erreichen soll, in eines umfunktioniert werden, das die umgekehrte Umverteilung von *unten nach oben* zumindest legitimiert und nach Möglichkeit auch noch unterstützt.

Von großer Bedeutung ist dabei zunächst ein Aspekt, der bereits verschiedentlich angesprochen wurde (vgl. z.B. Kapital 2.4 und 4.4), dass nämlich die Demokratie noch nie wirklich soziale und politische Gleichheit geschaffen, sondern immer schon bevorzugt den Interessen derer gedient hat, die sich besonders effektiv organisieren und artikulieren können (Schattschneider 1960). Diese Tendenz ist von jeher bekannt. Seit den frühen siebziger Jahren, als gewerkschaftlich-linke Kritiker der aufkommenden Umweltbewegung den Verdacht aussprachen, das mobilisierte neue Bürgertum sorge sich nicht wirklich um das gesamtgesellschaftliche Gemeinwohl, sondern vor allem um seine eigenen Mittelklasseninteressen, wurde er konkret auch auf die emanzipatorischen sozialen Bewegungen bezogen: »Sie sind bei der Auswahl ihrer Anliegen äußerst selektiv, und militant werden sie vor allem dann, wenn es um Gefahren für das ländliche Idyll und die Tierwelt und all die schönen Flecken geht, die sie schätzen.« (Crosland 1971, 5) Den Interessen der weniger Privilegierten würden diese *neuen* Bewegungen im Gegensatz zur älteren Arbeiter- und Gewerkschaftsbewegung aber eigentlich schaden: »Im Grunde genommen, obgleich natürlich nicht bewußt, wollen sie die Strickleiter hinter sich kappen.« (Ebd.) Um die Wende zu den achtziger Jahren richtete sich dieselbe Kritik verstärkt auf die neu gegründeten Grünen. Tatsächlich hat sich inzwischen in den Sozialwissenschaften ein breiter Konsens herausgebildet, dass die partizipatorische Revolution der gut gebildeten und ebenso organisations- wie artikulationsstarken Mittelklasse entgegen ihren erklärten Absichten zugleich die politische Ungleichheit befördert hat. Zwar hatten die emanzipatorischen Bewegungen es sich zum Ziel gesetzt, insbesondere denjenigen eine politische Stimme zu geben, die bisher im politischen Prozess marginalisiert oder gänzlich von ihm ausgeschlossen gewesen waren, und sie waren darin auch durchaus erfolgreich. Doch ihre Akteure mobilisierten intellektuelle, soziale und ökonomische Ressourcen, die ihnen selbst in besonderem Maße zur Verfügung standen und die sie selbst kontrollieren konnten. Sicherlich ohne dass es irgendwer beabsichtigt hätte, lief die von den sozialen Bewegungen betriebene Demokratisierung daher faktisch auf eine Verschiebung von politischen Einflussmöglichkeiten zugunsten der ohnehin schon privilegierten bürgerlichen Mittelklasse hinaus (vgl. z.B. Dalton et al. 2004). Umgekehrt ist der relative Einfluss der bildungsfernen und anderweitig benachteiligten Bevölkerungsschichten deutlich geringer geworden: »Die Interessen der sozial Schwächeren werden sukzessive weniger in den demokratischen Prozess integriert, Entfremdungsprozesse intensivieren sich und grundlegende Gerechtigkeitsfragen stellen sich in neuartiger Dringlichkeit.« (Schaal 2010, 6; vgl. auch Linden und Thaa 2009, 2011) Die »intensivere Partizipation der gut ausgebildeten Mittelschichten«, stellt auch Jörke fest, droht gerade »bei gleichzeitigem Rückzug der Modernisierungsverlierer von den Kanälen der politischen Willensbildung soziale Spaltungsprozesse zu beschleunigen« (Jörke 2011, 17).

So hat die Demokratie in der Praxis sogar in den Händen der neuen sozialen Bewegungen, die sich ganz ausdrücklich eine egalitär-partizipatorische Graswurzelpolitik auf die Fahnen geschrieben hatten, letztlich vor allem gerade jene begünstigt, die den gesellschaftlichen Wertewandel und mithin auch die Emanzipation zweiter Ordnung in besonderer Weise betrieben und davon profitiert haben. Diese bürgerlichen Mittelschichten konnten demokratische Verfahren und die entsprechenden Institutionen in ihrem eigenen Sinne fortentwickeln. »Die Gesetze und Institutionen der formalen Demokratie«, schreibt Rancière im Anklang an Marx, »sind sowohl der Schein, hinter dem die Macht der bürgerlichen Klasse ausgeübt wird, als auch ihr Instrument.« (Rancière 2011, 9) »Der Kampf gegen diesen Schein«, heißt es weiter, »war der Weg hin zu einer *realen* Demokratie, in der die Freiheit und Gleichheit nicht mehr von den Institutionen des Gesetzes und des Staates repräsentiert, sondern in den Formen des materiellen Lebens und der sinnlichen Erfahrung verkörpert würden.« (Ebd.) Genau dies war in der Tat das Projekt der emanzipatorischen sozialen Bewegungen, doch der emanzipatorische Impuls selbst verkehrte diese Agenda in ein Projekt »liberalisierender Entdemokratisierung« (Schmitter 2003, 157), das heißt der kontinuierlichen Aufwertung des Freiheitsprinzips zulasten des Gleichheitsprinzips. Die Emanzipation zweiter Ordnung bedeutete, dass »die Demokratie nach und nach ihre volksherrschaftlichen Potenziale abschütteln und sich einfach in ein Teilgebiet der Kultur verwandeln würde, das eine funktionale Rolle bei der Aufrechterhaltung und Reproduktion der modernen Macht übernimmt« (Wolin 2001, 571). Die Demokratie, heißt es bei Wolin weiter, »würde irgendwann als ein unverzichtbarer, kontinuierlich angepasster Mythos betrachtet werden, der dazu da ist, die politischen und ökonomischen Interessen« der gesellschaftlich tonangebenden Schichten »zu befördern« (Wolin 2001, 571). Direkter noch schreibt Fareed Zakaria: »Irgendwann wird man unter Demokratie genau das verstehen, was sie längst ist: ein bloß theoretisch zugängliches und durchlässiges System, in dem de facto organisierte, reiche oder einfach nur fanatische Minderheiten das Sagen haben, die sich auf Kosten kommender Generationen im Hier und Jetzt besserstellen.« (Zakaria 2007, 245) Keane schließlich spricht mit Blick auf die amerikanische Außenpolitik davon, die Demokratie sei eine »Tarnkappe für brutale Machtmanöver« zugunsten der »materiellen Interessen der dominanten Weltmacht, ob es dabei nun um Ölquellen geht oder um geografische Vorteile« (Keane 2009, 807; vgl. auch Schmidt 2003, 273).

Wenn man an der tradierten Begrifflichkeit festhält, könnte man also sagen, die Demokratie verwandelt sich von einem *progressiven* in ein *reaktionäres* Instrument. Entgegen Schmitters Terminologie geht es dabei aber eigentlich nicht um einen Prozess der *Ent*demokratisierung, sondern vielmehr um eine Weiterentwicklung der Demokratie, die den modernisierungsbedingten Wertewandel reflektiert. Die Revolte der privilegierten Mittelklasse gegen die geplante Hamburger Schulreform illustriert auf lokal- bzw. landespolitischer Ebene, wie demokratische Werte für eine Agenda der Privilegienverteidigung mobilisiert werden. Die Aufkündigung der Solidarität mit den Verliererländern der Eurokrise – gerade in Deutschland, das wie kein zweites Land von der Gemeinschaftswährung profitiert hat – ist ein nationalpolitisches Pendant. Die amerikanische Tea-Party-Bewegung, die sich im Namen des Volkes und der wahren Demokratie nicht nur gegen den Ausbau der sozialstaatlichen Fürsorge stemmt, sondern im Verein mit der Industrie und rechtsgerichteten Thinktanks gegen die Klimawissenschaft und eine effektivere Klimapolitik zu Felde zieht, zeigt, wie demokratische Werte konkret für die Politik der ökologischen Nicht-Nachhaltigkeit mobilisiert werden. Hier verteidigt eine neuartige Allianz ganz verschiedener sozialer Gruppen, verängstigt von der Aussicht, dass der Klimawandel und die neuen Grenzen des Wachstums »der Regierung ein Argument liefern könnten, um sich überall einzumischen, die Wahlfreiheit der Konsumenten oder ihre Eigentumsrechte zu beschneiden und den Umfang des Staates und der Überwachung zu erweitern« (Antonio und Brulle 2011, 197), verbissen den *American way of life*, der ja gerade als Inbegriff der sozialen und ökologischen Nicht-Nachhaltigkeit gesehen werden kann. In Europa zielt der demokratische Populismus rechter Bewegungen wie jener von Timo Soini, Marine Le Pen, Umberto Bossi, Nigel Farage, Heinz-Christian Strache oder Geert Wilders insofern in eine ähnliche Richtung, als auch hier die Angst vor dem Statusverlust und dem (weiteren) sozialen Abstieg die treibende Kraft für eine intolerante und antiegalitäre Exklusionspolitik darstellt. Sehr viel subtiler – und daher weniger angreifbar – vereinnahmt schließlich das *Big-Society*-Projekt des britischen Premierministers Cameron Werte der demokratischen Beteiligung und zivilgesellschaftlichen Selbstregierung, um damit eine Politik des massiven Sozialabbaus und der steigenden sozialen Ungleichheit zu legitimieren.

In dieser reaktionären und im Zweifelsfall militanten Demokratie werden also demokratische Werte aktiviert, um in der Mitte der Gesellschaft Privilegien zu verteidigen und am unteren Rand wachsende Exklusion zu rechtfertigen. Demokratie ist nicht mehr das Instrument der Ermächtigung und

Gleichstellung der Unterprivilegierten, sondern das Instrument der politischen Legitimation und des praktischen Managements zunehmender Ungleichheit. Wie bereits in Kapitel 3.4 angedeutet, können die erneut wachsenden Unterschichten von der Demokratie immer weniger erwarten. Entsprechend ziehen sich die als »abgehängtes Prekariat« oder als »Überflüssige« (Neugebauer 2007) Bezeichneten von der Politik zurück (vgl. Embacher 2009). Denjenigen aber, die etwas zu verlieren und verteidigen haben, dient die Demokratie vor allem als Instrument zur Sicherung von Lebensformen, die im Zeichen der sich zuspitzenden Nachhaltigkeitskrise immer sichtbarer auf zunehmender Ungleichheit und Exklusion (national und international) und auf fortschreitender Ausbeutung der Natur beruhen. In einem Kontext, in dem es nicht mehr um die Verteilung von Zugewinnen geht, sondern insbesondere um die Verteilung von Einschnitten, lässt sich die bedrohte Mittelklasse leicht mobilisieren. Die neoliberale Neudefinition von Freiheit als das Recht auf Konsumfreiheit und breite Produktauswahl (*consumer choice*), von Gleichheit als Chancengleichheit und von Brüderlichkeit als Schutz nur der »wirklich Bedürftigen« spielt dabei eine wesentliche Rolle. Gerade das britische Beispiel zeigt deutlich, wie die Mobilisierung der bedrohten Mittelschichten zum kraftvollen Instrument im Kampf gegen die noch vorhandenen Reste wohlfahrtsstaatlicher Umverteilungspolitik (Premierminister Camerons »welfare war«) wird, oder gegen jede Form der strengeren Sozialgesetzgebung, Finanzmarktregelung oder Solidarabgaben, die dem Vereinigten Königreich etwa von der EU »aufgezwungen« werden könnten. Bezogen auf Deutschland und die sogenannten Wutbürger stellte Dirk Kurbjuweit fest:

»Wer in Stuttgart brüllt, würde vielleicht nicht für Sarrazin schreien, und umgekehrt. Aber es gibt Parallelen, es geht jeweils um Zukunftsvergessenheit. Der Wutbürger wehrt sich gegen den Wandel, und er mag nicht Weltbürger sein. Beide Proteste sind Ausdruck einer skeptischen Mitte, die bewahren will, was sie hat und kennt, zu Lasten einer guten Zukunft des Landes.« (Kurbjuweit 2010, 26)

Die Mobilisierung der gefühlt oder tatsächlich vom sozialen Abstieg Bedrohten gibt der Politik der Nicht-Nachhaltigkeit von der gesellschaftlichen Mitte her eine solide postdemokratische Basis.

Ein wichtiger Faktor bei dieser Demokratisierung der Politik der Nicht-Nachhaltigkeit sind darüber hinaus moderne Verfahren der *governance beyond the state*, das heißt zum einen die Übertragung von Entscheidungsbefugnissen und Verantwortlichkeiten an regionale und lokale Institutionen, die innerhalb eines vorgegebenen Möglichkeitsrahmens als solche nicht verhandelbare Politikvorgaben *demokratisch* in die Praxis umsetzen sollen, und zum anderen die zunehmende Bedeutung von meist informell konstituierten *policy networks*, die verschiedenste gesellschaftliche Gruppen und Organisationen in den *policy*-Prozess einbeziehen. Bereits seit den achtziger Jahren haben konservative bzw. marktwirtschaftlich orientierte Regierungen vermehrt auf innovative Verfahren von *governance* gesetzt und die selektive Verschiebung von *government* (das heißt zentralstaatlicher Zuständigkeit) zu *governance* (das heißt dezentralisierten und verschiedene Akteure einbindenden Verfahren) als Strategie genutzt, den Staatshaushalt zu schonen, Verantwortlichkeiten an regionale bzw. lokale Institutionen zu delegieren und gegebenenfalls einer elektoralen Bestrafung aus dem Weg zu gehen. Im Zuge des hegemonial werdenden Neoliberalismus haben diese innovativen Verfahren erheblich an Bedeutung gewonnen. Charakteristisch für diese Formen des Regierens ist, dass sie wesentliche Forderungen der partizipatorischen Revolution und ihrer »neuen Politik« aufnehmen, nämlich das Prinzip der Dezentralisierung und Subsidiarität sowie das Prinzip der verstärkten Bürgerbeteiligung. Entsprechend können sie als Maßnahmen der fortschreitenden Demokratisierung dargestellt werden. Sie pervertieren die Forderungen der emanzipatorischen Bewegungen aber insofern, als mit der Übertragung von Verantwortlichkeit für die konkrete Politikimplementierung in der Regel weder die Freiheit zu grundlegenden strukturellen Entscheidungen noch eine wirklich ermächtigende Finanzausstattung einhergeht. Daher sind diese Strategien, wie oben bereits zitiert, auch dafür kritisiert worden, dass sie Strukturen, die die Bürger sich einmal erkämpft hatten, um gegenüber ihren Regierungen mehr Macht zu haben, umfunktionieren zu Instrumenten, mit denen die Machthaber die Bürger kontrollieren (Parkinson 2004, 382). Linke Beobachter haben betont, dass der »demokratische Charakter« der »neuen Politik« hier zerstört werde und dass vermeintlich deliberative Praktiken die Bürger »auf den Status von Objekten [reduzieren], anstatt sie zu Subjekten zu machen« (385).

Zudem verschärfen diese innovativen Strukturen der *stakeholder governance* die Ungleichheit der politischen Partizipation und Repräsentation, denn die *policy networks* sind angesichts ihres informellen Charakters für jene sozialen Gruppen besonders zugänglich und nutzbar, die gut organisiert sind und klar definierte Interessen haben. Erik Swyngedouw spricht daher, wie oben bereits angedeutet, von der »Janusköpfigkeit« dieser dezentralisierten, relativ beteiligungsoffenen *governance*-Verfahren (Swyngedouw 2005): Auf der einen Seite scheinen sie genau das umzusetzen, was die emanzipatorisch-demokratischen Bewegungen gefordert hatten – auch indem sie Raum für neue Diskurskoalitionen und strategische Allianzen schaffen, die die etablierten politischen Konfliktlinien überbrücken. Auf der anderen Seite reproduzieren sie aber auch genau die *organisierte Unverantwortlichkeit* (Beck 1988), die die sozialen Bewegungen dem etablierten politischen System vorgehalten hatten. Denn diese informellen Konsultationsrunden oder *stakeholder*-Foren sind per definitionem nicht formal konstituiert und funktionieren nicht auf der Grundlage nach außen hin transparenter Verfahrensregeln; sie sind in Bezug auf ihre Mitgliedschaft in hohem Maße selektiv und abhängig von den politischen Kräften, die sie einsetzen und/oder in deren Namen sie arbeiten; meist bleibt ungeklärt, in welcher Weise sie eigentlich repräsentativ sind und welche Form von Legitimität sie haben oder erzeugen; und schließlich bleiben ihre konkreten Zielsetzungen und politischen Prioritären oftmals undurchsichtig. Swyngedouw kritisiert diese neuartigen Arrangements der *stakeholder governance* darum als »in sich widersprüchlich« und wirft ihnen vor, »perverse Effekte« zu haben, insofern sie zwar den Anschein erweckten, »die Zivilgesellschaft zu ermächtigen«, tatsächlich aber das ohnehin schon »substanzielle demokratische Defizit« noch weiter vergrößerten (Swyngedouw 2005, 1999-2001).

Für die Politik der Nicht-Nachhaltigkeit sind diese modernen *governance*-Formen aber besonders zuträglich. Denn erstens verschieben sie, wie gesagt, die politischen Macht- und Einflussverhältnisse zugunsten der Modernisierungsgewinner und ihrer spezifischen Interessen. Zweitens nehmen sie für sich in Anspruch, weit weniger hierarchisch und sehr viel flexibler, kooperativer und bürgernäher zu sein als traditionelle Formen des zentralstaatlichen Regierens. Sie bedienen damit die gewachsenen demokratischen Erwartungen der Bürger sowie deren mittlerweile recht ausgeprägtes Verständis der Nicht-Nachhaltigkeit, denn gerade in der Umweltpolitik stehen Formen der kooperativen, konsensorientierten, verschiedene Akteure einbindenden *governance* bis heute in dem Ruf, die Qualität, Legitimität und Implementierbarkeit umweltpolitischer Maßnahmen deutlich zu erhöhen (vgl. z.B. Newig und Fritsch 2009). Drittens schließlich zerstreuen sie politische Verantwortlichkeiten und machen es so sehr viel schwerer, konkrete Akteure der Politik der Nicht-Nachhaltigkeit überhaupt zu benennen, geschweige denn zur Rechenschaft zu ziehen. Gerade indem sie in scheinbar demokratischer Art und Weise eine Vielzahl von Akteuren in den politischen Prozess einbinden, verfestigen sie die strukturell angelegte Verantwortungslosigkeit. Swyngedouw beschreibt die partizipativen und konsenssuchenden *governance*-Formen als »Trojanisches Pferd«, das neoliberale Kräfte benutzen, um zu verschleiern, »dass der Markt die beherrschende institutionelle Form« geworden ist, und um gleichzeitig diese Vorherrschaft des Marktes zu »konsolidieren« (Swyngedouw 2005, 2003). Sie seien kennzeichnend für eine Situation, »in welcher der demokratische Charakter der politischen Sphäre zunehmend von Marktkräften erodiert wird, welche der Gesellschaft und der Politik ihre Spielregeln aufdrängen (1993). Swyngedouw sieht diese *governance*-Formen »als integralen Bestandteil eines aufgezwungenen und autoritären Neoliberalismus, der die Tugenden der Risikobereitschaft, wirtschaftlichen Klugheit und Eigenverantwortung zelebriert« (1998). Doch blenden sowohl diese Kritik als auch die zitierten Anmerkungen von Parkinson aus, dass erst die postdemokratische Wende und die Emanzipation zweiter Ordnung die Voraussetzungen für die so rasche Verbreitung dieser Verfahren geschaffen haben und dass in fortgeschritten modernen Gesellschaften eine »neue Politik« im Sinne der neuen sozialen Bewegungen gar nicht (mehr) möglich und für Bürger mit *progressiven* Wertorientierungen tatsächlich auch überhaupt nicht wünschenswert wäre (vgl. Kapitel 3.4). Die neuen *governance*-Formen hingegen entsprechen gerade in ihrer kritisierten Widersprüchlich- oder Janusköpfigkeit genau den besonderen Bedürfnissen der postdemokratischen bzw. *post-ecologist*-Konstellation, in der einerseits gestiegene demokratische Ansprüche und Forderungen nach einer effektiven Nachhaltigkeitspolitik bedient werden müssen, andererseits aber auch der Zustand der Nicht-Nachhaltigkeit und organisierten Unverantwortlichkeit festgeschrieben werden soll. Entsprechend können diese Regierungsformen als Simulationsdiskurse im oben beschriebenen Sinne verstanden werden. Sie reagieren gleichzeitig auf die Überlastung, die der Zentralstaat sich an den neuen Grenzen des Wachstums eingestehen muss, und auf die unausweichlichen Paradoxa, die sich sowohl in demokratie- als auch in umweltpolitischer Hinsicht im Zuge der Weiterentwicklung des emanzipatorischen Bewegungsprojekts ergeben (Emanzipation zweiter Ordnung). Sie schaffen eine neuartige Allianz zwischen Staat, Zivilgesellschaft und den Kräften des Marktes, die gemeinschaftlich die Machtlosigkeit der Politik gegenüber den hegemonialen Systemimperativen verwaltet und dabei gleichzeitig die Politik der Nicht-Nachhaltigkeit demokratisiert.

Im Ergebnis können wir also festhalten, dass die Erscheinungsformen der postdemokratisch gewendeten Demokratie in besonderem Maße geeignet sind, die Politik der Nicht-Nachhaltigkeit zu organisieren. Tatsächlich sind das gewandelte Verständnis demokratischer Werte und die neuen Formen der *governance* ein unverzichtbares Instrument zum Management der nachhaltigen Nicht-Nachhaltigkeit. Sie sichern den Einfluss der privilegierten Mittelklasse und erleichtern die Ausgrenzung der neuen Unterklasse. Indem sie eine Vielzahl von Akteuren einbinden, geben sie der Politik der Nicht-Nachhaltigkeit Legitimität, Stabilität und eine breite (post)demokratische Basis. Kooperative und konsenssuchende Formen der *governance* erlauben die Gleichzeitigkeit von demokratischen und nichtdemokratischen Normen; sie bedienen demokratische Standards, die sie gleichzeitig untergraben und aushebeln. Sie sind einerseits die Weiterführung der »neuen Politik«, andererseits ihre Überführung in ein neues Regime der Privilegienverteidigung und Exklusion. Je nach Perspektive können moderne Spielarten der *governance* also entweder als Verfallsform oder als Weiterentwicklung der »neuen Politik« der sozialen Bewegungen gesehen werden. In jedem Falle aber handelt es sich dabei um eine politische Praxis, die sich im Zuge der *post-ecologist* und postdemokratischen Wende herausbildet und sich als äußerst geeignete Organisationsform der Politik der Nicht-Nachhaltigkeit erweist. Und insofern als sich mit der Emanzipation zweiter Ordnung die Kraft der zentralen Bezugsnorm einer »neuen Politik«, so wie die sozialen Bewegungen sie sich vorgestellt hatten, fortschreitend relativiert, geht die Kritik an den »perversen Effekten« der neuen *governance*-Formen und an ihrem Beitrag zum »demokratischen Defizit« politisch ins Leere. Schaubild 5.1 stellt die postdemokratische *governance* der Nicht-Nachhaltigkeit der traditionellen zentralstaatlichen Umweltpolitik und der Bewegungsidee der Neuen (Umwelt-)Politik gegenüber. Angedeutet wird ein Dreiphasenmodell der Entwicklung, das allerdings nicht als Beschreibung der tatsächlichen umweltpolitischen Praxis (etwa in Deutschland) verstanden werden darf, sondern das in der mittleren Spalte normative Forderungen und partielle politische Einflüsse der emanzipatorischen Bewegungen zusammenfasst und in der rechten zentrale Punkte des hier entwickelten deskriptiv-analytischen Theorieangebots stichpunktartig bündelt.

So zeigt sich also, dass die Zukunftsfähigkeit der Demokratie durch die Nachhaltigkeitskrise mitnichten bedroht ist. Die Behauptung oder Befürchtung, dass dem so wäre, beruht auf den drei normativen Annahmen, dass erstens demokratische Werte universale Gültigkeit hätten und unveränderlich seien, dass zweitens die sogenannte Nachhaltigkeitskrise unbedingt gelöst und ein Weg zur gesellschaftlichen Nachhaltigkeit gefunden werden müsse und dass sich drittens die Politik der Nachhaltigkeit damit beschäftige, diese strukturelle Wende zur Nachhaltigkeit tatsächlich zu organisieren. Alle drei Annahmen sind jedoch falsch – und die entsprechenden Erzählungen ideologisch. Vielmehr sind demokratische Werte und Strukturen, wie wir gesehen haben, in hohem Maße anpas-

Schaubild 5.1: Drei Modelle der Umwelt- bzw. Nachhaltigkeitspolitik

zentralstaatliche Umweltpolitik	**Neue (Umwelt-) Politik der emanzipatorischen sozialen Bewegungen**	**postdemokratische Politik der Nicht-Nachhaltigkeit**
weitgehend unbestritten bis in die frühen siebziger Jahre	emanzipatorisch-partizipatorisches Politikideal der siebziger und achtziger Jahre	Theoriemodell der politischen Praxis insbesondere seit der Jahrtausendwende
Staat als Treuhänder des Gemeinwohls	ermächtigt Zivilgesellschaft als Subjekt der wahren Vernunft	ermächtigt organisationsstarke *stakeholder* und privilegierte Mittelklasse
Schwerpunkt auf Natur-/Umweltschutz	Schwerpunkt auf Autonomie/Selbstbestimmung des Subjekts und Gleichheit der Natur	Schwerpunkt auf Verteidigung emanzipatorischer Errungenschaften und gesellschaftliche Kapazitäten zur Bewältigung ihrer Nicht-Nachhaltigkeit (Resilienz)
Staatliche Behörden haben Definitionsmacht bei Umweltproblemen und notwendigen Schutzmaßnahmen.	Bürger/Zivilgesellschaft haben Definitionsmacht bei sozialen und ökologischen Problemen und notwendigen Schutzmaßnahmen.	Innovative halb offene *policy networks* haben Definitionsmacht bei Nachhaltigkeitsproblemen und notwendigen Gegenmaßnahmen.
Staat schützt treuhänderisch Natur/Umwelt vor Missbrauch durch Bürger oder Wirtschaft.	Zivilgesellschaft verteidigt Autonomie des sozialen und ökologischen Subjekts gegen Entfremdung durch Pakt zwischen Staat und Wirtschaft.	Staat, zivilgesellschaftliche Akteure und Wirtschaft verteidigen gemeinschaftlich Grundlagen moderner Selbstverwirklichungsmuster.
Nur staatliche Verantwortlichkeit kann legitime, effektive und effiziente Umweltpolitik sichern.	Nur zivilgesellschaftliche Selbstregierung kann den legitimen, effektiven und effizienten Schutz der Autonomie des sozialen und ökologischen Subjekts sichern.	Zusammenarbeit verschiedenartiger Akteure sichert Legitimität, Effektivität und Effizienz der Politik der Nicht-Nachhaltigkeit.

Staat als wesentlicher umweltpolitischer Akteur steht Bürgern und Wirtschaft gleichermaßen kritisch gegenüber.	Zivilgesellschaft als wesentlicher umweltpolitischer Akteur steht Staat und Wirtschaft gleichermaßen kritisch gegenüber.	Neuartige Interessengemeinschaft zwischen staatlichen, zivilgesellschaftlichen und wirtschaftlichen Akteuren; neue Diskurskoalitionen und strategische Allianzen überbrücken traditionelle politische Konfliktlinien.
gelegentliche Interessenkonflikte, aber keine wesentliche Unvereinbarkeit zwischen Ökonomie, Ökologie und authentischer Subjektivität	grundsätzliche Konflikte und Vermutung einer radikalen Unvereinbarkeit zwischen Ökonomie, Ökologie und wahren Bürgerinteressen	grundsätzlicher Einklang zwischen Interessen der Ökonomie und modernen Selbstverwirklichungsmustern bei gleichzeitigem Bewusstsein fundamentaler sozialer und ökologischer Nicht-Nachhaltigkeit
Zielt auf Interessenausgleich und gegebenenfalls Konfliktregelung.	Zielt auf radikalen gesellschaftlichen Strukturwandel.	Zielt auf Resilienz, das heißt Statuserhalt und Ausbau der Kapazitäten zum Management der unvermeidbaren sozial-ökologischen Konsequenzen/Konflikte der anhaltenden Nicht-Nachhaltigkeit.
vornehmlich auf das nationalstaatliche Territorium bezogen	internationalisierende Perspektive; Forderung nach grenzübergreifender Zusammenarbeit in der *Weltrisikogesellschaft*	Forderung nach zukünftiger internationaler Zusammenarbeit als strategisches Instrument, um einstweilen weiter Partikularinteressen zu verteidigen

sungsfähig an den modernisierungsbedingten gesellschaftlichen Wandel. Und der Zustand der Nicht-Nachhaltigkeit kann genau so lange erhalten werden, wie (a) sich neue Wege finden lassen, seine unvermeidbaren Konsequenzen zu reduzieren und externalisieren (z.B. durch technologische Effizienzinnovationen oder die Verlagerung bestimmter Industriezweige in Länder mit niedrigeren Sozial- und Umweltstandards), (b) gesellschaftliche Werte und Erwartungshaltungen so angepasst werden können, dass diese unvermeidbaren Konsequenzen nicht mehr als untragbar wahrgenommen werden (Normalisierung bzw. gezielte Neudefinition bestimmter Werte wie *Gerechtigkeit* oder *Verantwortung*), und (c) gesellschaftliche Strategien entwickelt werden, um die sozialen Konflikte, die von den auch weiterhin als untragbar wahrgenommenen Konsequenzen ausgelöst werden, politisch beherrschbar zu machen (z.B. durch neue Sicherheitsgesetze, Überwachungssysteme, Sanktionen). Genau hier hat die Demokratie ihre entscheidende Funktion. Sie mag nicht in der Lage sein, den Strukturwandel zur Nachhaltigkeit zu organisieren – und große Zweifel sind angebracht, dass expertokratisch-autoritäre Strategien wirklich tauglicher wären. Sie ist aber weit wichtiger, als die expertokratisch-autoritären Varianten ihr noch zugestehen: Als das zentrale Instrument der Politik der Nicht-Nachhaltigkeit hat die postdemokratisch gewendete Demokratie durchaus gute Zukunftsperspektiven. In einer Situation, in der die modernistischen Grundlagen, das normative Fundament, auf dem sie einst beruhte, weitgehend ausgezehrt sind, wird die Demokratie zum vielleicht wichtigsten Instrument der Politik der Nicht-Nachhaltigkeit.

Ihre Anpassungsfähigkeit an den modernisierungsbedingten Wandel der gesellschaftlichen Verhältnisse macht die Demokratie also entgegen allem Gerede von ihrer Krise und ihrem Niedergang tatsächlich »stärker und nicht schwächer« (Kaase 2007, 793; Inglehart und Welzel 2005, 15). Während die neuen sozialen Bewegungen und ihre »neue Politik« die Demokratie als zentrales Mittel zur Abkehr von der institutionalisierten Politik der Nicht-Nachhaltigkeit gesehen hatten und wo expertokratisch-autoritäre Ansätze ihr bestenfalls noch die Rolle der Effizienzsteigerung in der Implementierungsphase nicht demokratisch verhandelter Maßnahmen zubilligen, ist sie im Zuge der postdemokratischen und *post-ecologist* Wende tatsächlich zum zentralen Instrument der Stabilisie-

Schaubild 5.2: Drei umweltpolitische Funktionsbestimmungen der Demokratie

	partizipatorische Bewegungen und politische Ökologie	**expertokratisch-autoritäre Nachhaltigkeitspolitik**	**Politik der Nicht-Nachhaltigkeit**
Demokratietyp	emanzipatorische Demokratie	Folgebereitschaft sichernde Demokratie	reaktionäre Demokratie
Funktion	Demokratisierung als Instrument zur Entmachtung der etablierten Eliten und Überwindung der entfremdenden und destruktiven Logik des Systems	Demokratie als Methode zur nachträglichen Legitimierung expertokratisch festgelegter Ziele und Strategien der Nachhaltigkeit	Vereinnahmung demokratischer Werte und Strukturen zur Sicherung der fortgesetzten Nicht-Nachhaltigkeit
zentrale Referenznorm	Freiheit und Gleichheit für autonome Subjekte/unversehrte Natur	objektivistisch bestimmte Notwendigkeiten	paradoxe Ansprüche hinsichtlich Demokratie und Nachhaltigkeit nach der postdemokratischen/*post-ecologist* Wende
wesentliche Akteure	Bürger und zivilgesellschaftliche Organisationen als Subjekte der wahren Vernunft und der wahren Werte/Bedürfnisse/Humanität, die gleichzeitig die Unversehrtheit der Natur garantieren	Wissenschaft/Experten/Technokraten; Zivilgesellschaft und Bürger in unterstützender Rolle zur effizienteren/effektiveren Umsetzung *top-down* verkündeter Maßnahmen	Allianz/Pakt verschiedenster Akteure mit gemeinsamem Interesse an simulativer Politik; Koalition der Willigen

rung und Bewältigungsfähigkeit (Resilienz) der Nicht-Nachhaltigkeit geworden. Die bisherige Resilienzforschung hat sich immer noch vorwiegend mit dem Aufbau gesellschaftlicher Kapazitäten für den sozialen und ökologischen Nachhaltigkeitswandel beschäftigt. Ebenso hat die Forschung die Entwicklung der Demokratie bisher fast immer im Hinblick auf die Annäherung demokratischer Systeme an, bzw. ihre Entfernung von, vermeintlich unveränderliche(n) demokratische(n) Normen (Einlösung demokratischer Versprechen) untersucht. In beiden Bereichen ist es – gerade auch aus kritischer Perspektive – an der Zeit, ernsthaft die Frage nach der anderen Dimension zu stellen: Resilienz als Fähigkeit, die Nicht-Nachhaltigkeit zu stabilisieren, und demokratischer Wandel als Transformation der Demokratie in ein Mittel der sozial-ökologischen Ungleichheit und Exklusion. Schaubild 5.2 stellt die sehr verschiedenen Funktionen einander gegenüber, die der Demokratie von den sozialen Bewegungen bzw. der politischen Ökologie, von den Befürwortern einer expertokratisch-autoritären Nachhaltigkeitspolitik und im Theoriemodell der Politik der Nicht-Nachhaltigkeit zugeschrieben wurden bzw. werden.

5.5 Zum Schluss

So haben wir also abschließend die Frage nach der Zukunftsfähigkeit der Demokratie auch noch aus der ökologischen Perspektive bzw. aus der Perspektive der Nachhaltigkeitskrise im umfassenderen Sinne betrachtet. Ausgehend von der vielerseits beklagten Krise oder sogar vom bevorstehenden Ende der Demokratie, hatte das Buch es sich zum Ziel gesetzt, kritisch zu prüfen, was genau es mit dieser sogenannten Krise eigentlich auf sich hat, wie sie sich erklären lässt und was die beobachteten Symptome für die weitere Entwicklung der Demokratie tatsächlich bedeuten. Insbesondere war dabei auch von Interesse, was eigentlich aus dem Bewegungsprojekt der »neuen Politik« geworden ist, das die Demokratie ja umfassend erneuern und ernsthaft demokratisieren, das heißt, bisher unerfüllt gebliebene Versprechen der Demokratie endgültig einlösen wollte. Der Analyseansatz, der zur Beantwortung dieser Fragen in diesem Buch gewählt wurde, war ein modernisierungs- bzw. subjekttheoretischer. Die zugrunde liegende These war, dass die sogenannte Krise der Demokratie sich nicht befriedigend erklären und theoretisieren lässt etwa als Folge der Globalisierung oder der Übermacht der kapitalistischen Konzerne, sondern letztlich nur aus der modernisierungsbedingten Erosion oder Rekonfiguration ihrer normativen Grundlagen: Im fortschreitenden Prozess der Modernisierung ist das zentrale Fundament, auf dem die Demokratie unverzichtbar beruht, nämlich die modernistische Norm des autonomen und identitären Subjekts, brüchig geworden. Der emanzipatorische Impuls hat ihre normative Kraft relativiert, und genau dies löst die Veränderungsprozesse aus, die von vielen Seiten als Krise wahrgenommen werden und die Anlass zu der Prophezeiung gegeben haben, dass Ende der Demokratie stünde bevor. Tatsächlich ist aber, wie wir gesehen haben, ein solches Ende der Demokratie nicht abzusehen, in modernen Konsumentendemokratien erleben wir vielmehr einen grundlegenden Formwandel der Demokratie. Bei der Untersuchung dieses Formwandels haben wir uns sehr gründlich und kritisch mit der populären und sozialwissenschaftlichen Literatur zur sogenannten *Postdemokratie* sowie mit jenen Stimmen auseinandergesetzt, die davon ausgehen, dass fortgeschritten moderne Gesellschaften sich weiterhin kontinuierlich der Verwirklichung der ursprünglichen demokratischen Ideale annähern. Von beiden Ansätzen hat die hier entwickelte Analyse zwar wichtige Elemente aufgenommen, wegen ihrer mangelnden empirischen Plausibilität und ihrer normativen Festlegung blieben sie jedoch letztlich beide unbefriedigend.

Stattdessen hat dieses Buch die Grundzüge einer nichtnormativen, einer deskriptiv-analytischen, *realistischen* Demokratietheorie entwickelt, die der Demokratieforschung neue – durchaus unbequeme – Wege weist. Es wird dabei natürlich nicht der Anspruch erhoben, eine erschöpfende Beschreibung der modernen Demokratie geliefert zu haben, und zwar schon allein aus dem Grund, dass es so etwas wie *die* Demokratie gar nicht gibt, sondern nur eine Vielzahl sehr verschiedener Versuche, demokratische Ideale in institutionelle Arrangements und die politische Praxis umzusetzen. Die Analyse hat sich speziell auf postindustrielle westliche Konsumgesellschaften konzentriert. Und dabei ging es darum, besonders jene Aspekte auszuleuchten, denen bisher zu wenig Aufmerksamkeit geschenkt wurde: Ohne behaupten zu wollen, dass Faktoren, die aus anderen Perspektiven, etwa der globalisierungs- oder der kapitalismus- und herrschaftskritischen Perspektive, durchaus ihre Berechtigung haben, unwichtig wären, hat der hier gewählte modernisierungs- bzw. subjekttheoretische Ansatz bestimmte (eben subjekt-bezogene) Elemente in den Vordergrund stellt. Ein Gesamtbild, eine umfassende Zustandsbeschreibung der Demokratie, ergibt das freilich nicht, es wurde jedoch ein in sich schlüssiger Beschreibungs- und Erklärungsansatz entwickelt, der mit anderen sinnstiftenden Erzählungen zusammen gelesen werden muss. Die Argumentation folgte ausdrücklich nicht der Logik des Entweder/oder, sondern der des Sowohl-als-auch.

Das letzte Kapitel schließlich ging dann noch einmal einer ganz besonderen Bedrohung der Demokratie nach, nämlich der Umwelt-, Klima- und Nachhaltigkeitskrise. Es hat aus dieser spezielleren Perspektive nach der Zukunftsfähigkeit der Demokratie gefragt. Relevant war dabei zum einen die Frage, ob die Demokratie in der Lage ist, die Herausforderungen der umfassenden Nachhaltigkeitskrise zu bewältigen und den gesellschaftlichen Strukturwandel zur Nachhaltigkeit zu organisieren, und zum anderen die Frage, ob die Demokratie selbst angesichts dieser Herausforderungen zukunftsfähig ist. Wir haben dabei interessante Erkenntnisse über das Verhältnis zwischen Demokratie und Ökologie bzw. Nachhaltigkeit gewonnen, die die unbequemen Aspekte der hier vorgelegten Theorie zuspitzen und wichtige neue Forschungsperspektiven vorzeichnen. Gerade dieser Exkurs hat geholfen, zu illustrieren, was *neue Politik jenseits der postdemokratischen Wende* bedeutet: eine mit demokratischem Anspruch und demokratischer Legitimation daherkommende Politik, die etablierte Konfliktlinien neu zieht und sich auf die Verteidigung emanzipatorischer Errungenschaften bzw. auf die Verteidigung moderner Lebensstile und Selbstverwirklichungsmuster konzentriert, welche sich gerade an den neuen Grenzen des Wachstums als weder nachhaltig noch generalisierbar erweisen. Das emanzipatorische Projekt der neuen sozialen Bewegungen mutiert also zum Projekt des (post)demokratischen Managements zunehmender ökologisch-sozialer Ungleichheit und Exklusion.

Gerade die Ausführungen in diesem letzten Kapitel mögen als Provokation gelesen werden. Herausgefordert werden erstens die traditionellen Verteidiger der Demokratie, deren normative Behauptungen einen klaren Blick auf die politischen Verhältnisse in fortgeschritten modernen Gesellschaften eher verstellen und die so letztlich zur Stabilisierung von Diskursen der gesellschaftlichen Selbstillusionierung beitragen; zweitens die Befürworter expertokratisch-autoritärer Politikansätze, die kaum plausibel machen können, dass ihre Strategien nachhaltigkeitspolitisch wirklich zielführend sind; und drittens auch weite Teile der Sozialwissenschaften, deren Analysen und Politikempfehlungen allzu oft auf schwachen gesellschaftstheoretischen Fundamenten und unreflektierten normativen Annahmen beruhen. Wenn hier nun das, was in den vorhergehenden Kapiteln neutraler als *New Politics 2.0* und *simulative Politik* beschrieben worden ist, als *reaktionäre Demokratie* bezeichnet wird, kehrt freilich auch diese Begrifflichkeit wieder in den normativen Bereich zurück, den die Analyse zuvor zu vermeiden gesucht hat. Das ist insofern richtig und notwendig, als es in der postdemokratischen *New Politics 2.0* eben ganz wesentlich um die Verteidigung von Privilegien und die Organisation zunehmender Ungleichheit und Exklusion geht. Sie dreht sich zwar nicht mehr um die traditionellen Herrschaftsinteressen, mit denen die postmarxistische Kritische Theorie sich befasst hatte, denn in der postdemokratischen Konstellation und an den neuen Grenzen des Wachstums werden ja die politischen Konfliktlinien neu gezogen und die strategischen Allianzen neu arrangiert. Doch auch in der Politik der Nicht-Nachhaltigkeit geht es unzweideutig um die ungleiche Verteilung gesellschaftlicher Möglichkeiten und politischer Macht. Das will der Begriff der reaktionären Demokratie offenlegen, obwohl die gesellschaftstheoretische Analyse, die hier angestellt wurde, die normative Idee einer noch zu verwirklichenden *authentischen* Demokratie verabschiedet und den Begriff der reaktionären Demokratie damit eigentlich zu einem widersprüchlichen macht.

Die Feststellung der postdemokratischen Wende, die Analyse der postdemokratischen Konstellation und das Modell der Politik der Nicht-Nachhaltigkeit sind zunächst einmal nicht normative Theorien und Beschreibungen. Sie sind auf gar keinen Fall als normative Forderungen gemeint, sondern sollen vor allem neue Forschungsrichtungen weisen. Sicher besteht die Gefahr, dass sie für politische Interessen vereinnahmt werden, die hier nicht vertreten werden, aber wie wir gesehen haben, sind die etablierten Erzählungen der Kritischen Theorie, der Befürworter technokratisch-autoritärer Ansätze oder auch der ökologischen Modernisierung dieser Gefahr im gleichen Maße ausgesetzt. Dennoch stellt sich die Frage, was denn nun mit dieser Analyse konkret anzufangen sei, ob sie nicht unangemessen pessimistisch ist und welche politischen Handlungsempfehlungen aus ihr folgen. Hinsichtlich des Pessimismus-Verdachts ist da zunächst noch einmal zu betonen, dass es nicht die Aufgabe der Sozialwissenschaften ist, Optimismus zu verbreiten, sondern konsistente und plausible Beschreibungs- und Erklärungsmodelle zu liefern. Pessimismus und Optimismus sind keine wissenschaftlichen Kategorien. Vielmehr ist es die Aufgabe der Sozialwissenschaften, all jenen kritisch auf die Finger zu schauen, die entweder unbegründete Hoffnungen (Kapitel 2) oder aber unbegründete Befürchtungen verbreiten (Kapitel 3), und zu klären, welchen politischen Zielen damit bewusst oder auch ungewollt gedient wird. Theoretische und empirische Plausibilität sind dabei der allein gültige Bewertungsmaßstab. Wenn die angestellte Analyse nun ihrerseits für politische Interessen vereinnahmt werden sollte, die hier nicht geteilt werden, kann man sich erstens explizit dagegen verwahren und solche Versuche aus dem vorgestellten Theoriemodell heraus auszuhebeln versuchen. Zweitens kann man hoffen, dass der kritische Nutzen davon, Konstellationen und Mechanismen sichtbar gemacht zu haben, die eine Politik der nachhaltigen Nicht-Nachhaltigkeit stützen, die Gefahr einer politischen Vereinnahmung vermindert oder aufwiegt. Diese Analyse exponiert Tendenzen, die sie zwar nicht stoppen oder umkehren, deren (un)heimliche Ausbreitung sie aber wenigstens sichtbar machen kann.

Hinsichtlich der Frage, was für politische Handlungsempfehlungen sich aus der vorgestellten Analyse ableiten lassen, ist festzuhalten, dass auch dies nicht in den Kernbereich der Gesellschaftstheorie gehört, ebenso wenig wie die Produktion von Hoffnung. Zwar stehen die Sozialwissenschaften immer mehr unter dem fatalen Zwang, für diejenigen, in deren Auftrag sie arbeiten und von deren Finanzierung sie abhängig sind, Politikberatung und Problemlösungsdienste leisten zu müssen. Und engagierte Sozialwissenschaftler haben oft auch das genuine Bedürfnis, die Politik zu beraten und zur Lösung konkreter gesellschaftlicher Probleme beizutragen. Allerdings zeigt die Flut der Literatur, die sich darum bemüht, die Demokratie zu retten oder zu erneuern und die Nachhaltigkeitskrise zu lösen, dass die Sozialwissenschaft gut daran täte, sich diesen Dienstleistungszwängen zu widersetzen. Gerade weil an einschlägigen Handlungsempfehlungen einstweilen keinerlei Mangel herrscht, sehr wohl aber an gründlichen Analysen, warum diese eigentlich so selten ihre erklärten Ziele erreichen, sondern oftmals eher zur Stabilisierung als nichtnachhaltig erkannter Strukturen beitragen, ist es an der Zeit, dass die Gesellschaftswissenschaften sich in Bescheidenheit üben und auf ihre deskriptiv-analytische bzw. gesellschaftstheoretische Dimension besinnen. *Soziologische Aufklärung* im luhmannschen Sinne ist für sich schon eine vollwertige Agenda. Bereits die bloße Darstellung der reaktionären Demokratie und die schlichte Analyse der postdemokratischen Politik der Nicht-Nachhaltigkeit sind ein wesentlicher Beitrag zu einer kritischen Sozialwissenschaft, die sichtbar macht, thematisiert, zur Diskussion stellt, politisiert. Diese Sozialwissenschaft gibt zwar keine politischen Handlungsanweisungen, aber schon allein indem sie zeigt, wie und warum die Demokratie zu dem geworden ist, was sie derzeit ist, indem sie die speziellen Bedingungen ihrer Entwicklung herausarbeitet, zeigt sie an, dass die Dinge auch ganz anders sein könnten. Der Zwang hingegen, jede Analyse sogleich in konkret umsetzbare Politikempfehlungen zu übersetzen, ist nichts weiter als ein Kastrations- und Gleichschaltungsinstrument. Er zielt darauf, politische Energien, die durch die Beschreibung und Analyse der postdemokratischen Politik der Nicht-Nachhaltigkeit freigesetzt werden, sogleich zu binden und in kontrollierte Bahnen zu lenken. Eine solchermaßen gleichgeschaltete Sozialwissenschaft wird immer vor allem der Stabilisierung der bestehenden Ordnung dienen. Wirklich radikale und vielleicht transformatorische Potenziale werden sich aber, wenn überhaupt, nur dann entfalten, wenn man die sozialwissenschaftliche Analyse von Dienstleistungszwängen entbindet, den von ihr freigesetzten Energien zunächst einmal ihren Lauf lässt und darauf verzichtet, sie umgehend zu instrumentalisieren, kanalisieren und damit politisch unschädlich zu machen. Revolutionär wäre es, wenn mein plappernder Wellensittich tatsächlich sprechen lernte.

Literaturverzeichnis

Agnoli, Johannes (1968), »Thesen zur Transformation der Demokratie und zur außerparlamentarischen Opposition«, in: *Grundprobleme der Demokratie*, herausgegeben von Ulrich Matz, Darmstadt: Wissenschaftliche Buchgesellschaft (S. 461-471).

Alber, Jens/Ulrich Kohler (2007), »Die Ungleichheit der Wahlbeteiligung in Europa und den USA und die politische Integrationskraft des Sozialstaats«, in: *Leviathan* 35/4 (S. 510-539).

Allen, Robert/Edward Goldsmith, (1972), *A Blueprint for Survival*, London: Penguin.

Almond, Gabriel/Sidney Verba (1963), *The Civic Culture. Political Attitudes and Democracy in Five Nations*, London: Sage.

Almond, Gabriel/G. Bingham Powell (1996), *Comparative Politics Today. A World View*, New York: Longman.

Ankersmit, Frank (1996), *Aesthetic Politics. Political Philosophy Beyond Facts and Value*. Stanford: Stanford University Press.

Antonio, Robert/Robert Brulle (2011), »The unbearable lightness of politics: climate change denial and polititical polarization«, in: *The Sociological Quarterly* 52/2 (S. 195-202).

APUZ (2010), *Politische Führung*, Themenheft *Aus Politik und Zeitgeschichte* 2-3.

–, (2011), *Postdemokratie?*, Themenheft *Aus Politik und Zeitgeschichte* 1-2.

Arendt, Hannah (1993), *Was ist Politik? Fragmente aus dem Nachlaß*, herausgegeben von Ursula Ludz, München/Zürich: Piper Verlag.

Arzheimer, Kai (2002), *Politikverdrossenheit. Bedeutung, Verwendung und empirische Relevanz eines politikwissenschaftlichen Begriffs*, Wiesbaden: Westdeutscher Verlag.

Atkinson, Will (2008), »Not all that was solid has melted into air (or liquid): A critique of Bauman on individualization and class in liquid modernity«, in: *The Sociological Review* 56/1 (S. 1-17).

–, (2010), »The myth of the reflexive worker: Class and work histories in neo-liberal times«, in: *Work, Employment and Society* 24/3 (S. 413-429).

Barber, Benjamin (1984), *Strong Democracy: Participatory Politics For a New Age*, Berkeley: University of California Press.

–, (2008), *Consumed!: Wie der Markt Kinder verführt, Erwachsene infantilisiert und die Demokratie untergräbt*, München: C. H. Beck.

Barnes, Samuel/Max Kaase et al. (1979), *Political Action: Mass Participation in Five Western Democracies*, Beverly Hills: Sage.
Baudrillard, Jean (1981), *Simulacres et simulation*, Paris: Editions Galilée.
Bauman, Zygmunt (2003), *Flüchtige Moderne*, Frankfurt am Main: Suhrkamp Verlag.
–, (2007), *Leben in der flüchtigen Moderne*, Frankfurt am Main: Suhrkamp Verlag.
–, (2008), *Flüchtige Zeiten. Leben in der Ungewissheit*, Hamburg: Hamburger Edition.
–, (2009), *Leben als Konsum*, Hamburg: Hamburger Edition.
Beck, Ulrich (1986), *Risikogesellschaft. Auf dem Weg in eine andere Moderne*, Frankfurt am Main: Suhrkamp Verlag.
–, (1988), *Gegengifte. Die organisierte Unverantwortlichkeit*, Frankfurt am Main: Suhrkamp Verlag.
–, (1993), *Die Erfindung des Politischen*, Frankfurt am Main: Suhrkamp Verlag.
–, (1995), *Die feindlose Demokratie*, Stuttgart: Reclam.
–, (2004), *Der kosmopolitische Blick oder: Krieg ist Frieden*, Frankfurt am Main: Suhrkamp Verlag.
–, (2007), *Weltrisikogesellschaft. Auf der Suche nach der verlorenen Sicherheit*, Frankfurt am Main: Suhrkamp Verlag.
Beck, Ulrich/Anthony Giddens/Scott Lash (1994), *Reflexive Modernization. Politics, Tradition and Aesthetics in the Modern Social Order*, Cambridge: Polity.
Beck, Ulrich/Wolfgang Bonß/Christoph Lau (2003), »The theory of reflexive modernization: Problematic, hypotheses and research programme«, in: *Theory, Culture & Society* 20/2 (S. 1-33).
Beck, Ulrich/Edgar Grande (2004), *Kosmopolitisches Europa*, Frankfurt am Main: Suhrkamp Verlag.
Bell, Daniel (1973), *The Coming of Post-Industrial Society. A Venture in Social Forecasting*. New York: Basic Books.
–, (1976), *The Cultural Contradictions of Capitalism*, New York: Basic Books.
Benz, Arthur (1998), »Postparlamentarische Demokratie. Demokratische Legitimation im kooperativen Staat«, in: *Demokratie – eine Kultur des Westens*, herausgegeben von Michael Th. Greven, Opladen: Leske + Budrich (S. 201-222).
–, (2010), »Blockiert durch Komplexität? Demokratie in Mehrebenensystemen föderaler und transnationaler Politik«, in: *Vorgänge* 190 (S. 64-72).
Berelson, Bernard R./Paul F. Lazarsfeld/William N. McPhee (1954), *Voting. A Study of Opinion Formation in a Presidential Campaign*, Chicago/London: University of Chicago Press.

Bertelsmann Stiftung (Hg.) (2004), *Politische Partizipation in Deutschland*, Bonn: Bundeszentrale für politische Bildung.

Birch, Anthony (1984), »Overload, ungovernability and delegitimation: The theories and the British case«, in: *British Journal for Political Science* 14/2 (S. 135-160).

Blaug, Ricardo (2002), »Engineering democracy«, in: *Political Studies* 50/1 (S. 102-116).

Blond, Phillip (2010), *Red Tory: How Left and Right Have Broken Britain and How We Can Fix it*, London: Faber and Faber.

Blühdorn, Ingolfur (1997), »A theory of post-ecologist politics«, in: *Environmental Politics* 6/3 (S. 125-147).

–, (2000), *Post-Ecologist Politics. Social Theory and the Abdication of the Ecologist Paradigm*, London: Routledge.

–, (2004a), »Future-fitness and reform-gridlock. Towards social inequality and post-democratic politics?«, in: *Debatte. Review of Contemporary German Affairs* 12/2 (S. 114-136).

–, (2004b), »Post-ecologism and the politics of simulation«, in: *Liberal Democracy and Environmentalism. The End of Environmentalism?*, herausgegeben von Marcel Wissenburg und Yoram Levy, London: Routledge (S. 35-47).

–, (2006a), »Billig will Ich: Post-demokratische Wende und Simulative Demokratie«, in: *Forschungsjournal Neue Soziale Bewegungen* 19/4 (S. 72-83).

–, (2006b), »Self-experience in the theme park of radical action? Social movements and political articulation in the late-modern condition«, in: *European Journal of Social Theory* 9/1 (S. 23-42).

–, (2007a), »Democracy, efficiency, futurity: Contested objectives of societal reform«, in: *Economic Efficiency – Democratic Empowerment. Contested Modernisation in Britain and Germany*, herausgegeben von Ingolfur Blühdorn und Uwe Jun, Lanham, MD: Rowman & Littlefield (S. 69-98).

–, (2007b), »The third transformation of democracy: On the efficient management of late-modern complexity«, in: *Economic Efficiency – Democratic Empowerment. Contested Modernisation in Britain and Germany* (S. 299-331).

–, (2007c), »Sustaining the unsustainable: Symbolic politics and the politics of simulation«, in: *Environmental Politics* 16/2 (S. 251-275).

–, (2007d), »Self-description, self-deception, simulation. A systems-theoretical perspective on contemporary discourses of radical change«, in: *Social Movement Studies* 6/1 (S. 1-20).

–, (2009a), »Democracy beyond the modernist subject: Complexity and the late-modern reconfiguration of legitimacy«, in: *In Search of Legi-*

timacy. Policy Making in Europe and the Challenge of Societal Complexity, herausgegeben von dems., Opladen/Farmington Hills, MI: Barbara Budrich (S. 17-50).

–, (2009b), »Locked into the politics of unsustainability«, in: *Eurozine*, online verfügbar unter: {http://www.eurozine.com/articles/2009-10-30-bluhdorn-en.html} (Stand: Januar 2013).

–, (2010a), »Win-Win-Szenarien im Härtetest. Die Umweltpolitik der Großen Koalition 2005-2009«, in: *Die Große Koalition – Eine Bilanz*, herausgegeben von Sebastian Bukow und Wenke Seeman, Wiesbaden: VS Verlag für Sozialwissenschaften (S. 209-225).

–, (2010b), »Nachhaltigkeit und postdemokratische Wende. Zum Wechselspiel von Demokratiekrise und Umweltkrise«, in: *Vorgänge* 190 (S. 44-54).

–, (2011a), »The politics of unsustainability: COP15, post-ecologism and the ecological paradox«, in: *Organization & Environment* 24/1 (S. 34-53).

–, (2011b), »The sustainability of democracy: On limits to growth, the post-democratic turn and reactionary democrats«, in: *Eurozine*, online verfügbar unter: {http://www.eurozine.com/articles/2011-07-11-bluhdorn-en.html} (Stand: Januar 2013).

–, (2011c), »Das postdemokratische Doppeldilemma. Politische Repräsentation in der simulativen Demokratie«, in: *Krise und Reform politischer Repräsentation*, herausgegeben von Marcus Linden und Winfried Thaa, Baden-Baden: Nomos (S. 45-74).

–, (2013), »The governance of unsustainability: Ecology and democracy after the post-democratic turn«, in: *Environmental Politics* 22/1 (S. 56-77).

Blühdorn, Ingolfur/Uwe Jun (Hg.) (2007), *Economic Efficiency – Democratic Empowerment. Contested Modernisation in Britain and Germany*, Lanham, MD: Rowman & Littlefield.

Blühdorn, Ingolfur/Ian Welsh (Hg.) (2008), *The Politics of Unsustainability. Eco-Politics in the Post-Ecologist Era*, London/New York: Routledge.

BMU (Bundesministerium für Umwelt, Naturschutz und Reaktorsicherheit), (2006), *Ökologische Industriepolitik – Memorandum für einen »New Deal« von Wirtschaft, Umwelt und Beschäftigung*, online verfügbar unter: {http://www.bmu.de/fileadmin/bmu-import/files/pdfs/allgemein/application/pdf/memorandum_oekol_industriepolitik.pdf} (Stand: Januar 2013).

–, (2010), *Umweltbewusstsein in Deutschland 2010. Ergebnisse einer repräsentativen Bevölkerungsumfrage*, online verfügbar unter: {http://www.umweltdaten.de/publikationen/fpdf-l/4045.pdf} (Stand: Januar 2013).

Böckenförde, Ernst-W. (1991) [1967], »Die Entstehung des Staates als Vorgang der Säkularisation«, in: ders., *Recht, Staat, Freiheit. Studien zur Rechtsphilosophie, Staatstheorie und Verfassungsgeschichte*, Frankfurt am Main: Suhrkamp Verlag (S. 92-114).

Bohman, James (1998), »The coming of age of deliberative democracy«, in: *Journal of Political Philosophy* 6/4 (S. 400-425).

Böhnke, Petra (2011) »Ungleiche Verteilung politischer und zivilgesellschaftlicher Partizipation«, in: *Aus Politik und Zeitgeschichte* 1-2 (S. 18-25).

Boggs, Carl (2000), *The End of Politics. Corporate Power and the Decline of the Public Sphere*, New York/London: The Guilford Press.

Bookchin, Murray (1982), *The Ecology of Freedom*, Palo Alto: Cheshire Books.

Brittan, Samuel (1975), »The economic contradictions of democracy«, in: *British Journal of Political Science* 5/2 (S. 129-159).

Brodocz, André/Marcus Llanque/Gary Schaal (Hg.) (2008), *Bedrohungen der Demokratie*, Wiesbaden: VS Verlag für Sozialwissenschaften.

Brunnengräber, Achim/Ansgar Klein/Heike Walk (2005), *NGOs im Prozess der Globalisierung. Mächtige Zwerge – umstrittene Riesen*, Bonn: Bundeszentrale für politische Bildung.

Buchstein, Hubertus/Dirk Jörke (2003), »Das Unbehagen an der Demokratietheorie«, in: *Leviathan* 31/4 (S. 470-496).

–, (2007), »Redescribing democracy«, in: *Redescriptions* 11 (S. 178-197).

Buchstein, Hubertus/Frank Nullmeier (2006), »Postdemokratie: Ein neuer Diskurs?«, in: *Themenheft Forschungsjournal Neue Soziale Bewegungen* 19/4 (S. 2-5).

Bude, Heinz/Andreas Willisch (Hg.) (2008), *Exklusion. Die Debatte über die Überflüssigen*, Frankfurt am Main: Suhrkamp Verlag.

Bündnis 90/Die Grünen (2011) *Zukunftsforum Demokratie: Abschlussbericht*, online verfügbar unter: {http://gruen-digital.de/wp-content/uploads/2011/09/110817_Zukunftsforum_Demokratie_Gr%C3%BCne_Abschlussbericht.pdf} (Stand: Januar 2013).

Burke, Edmund (1999) [1790], »Reflections on Revolution in France«, in: *The Portable Burke*, herausgegeben von Isaac Kramnick, London: Penguin (S. 438-444).

Busse, Tanja (2008), *Die Einkaufsrevolution. Konsumenten entdecken ihre Macht*. München: Heyne Verlag.

Cameron, David (2010), »Big society speech« (19. Juli 2010), online verfügbar unter: {http://www.number10.gov.uk/news/speeches-and-transcripts/2010/07/big-society-speech-53572} (Stand: Januar 2013).

Castel, Robert/Klaus Dörre (Hg.) (2009), *Prekariat, Abstieg, Ausgren-*

zung. Die soziale Frage am Beginn des 21. Jahrhunderts, Frankfurt am Main: Campus Verlag.
Christoff, Peter. (1996), »Ecological modernisation, ecological modernities«, in: *Environmental Politics* 5 (S. 476-500).
Churchill, Winston S. (1974), *Winston S. Churchill. His Complete Speeches, 1897-1963*, Bd. VII, 1943-1949, herausgegeben von Robert R. James, New York/London: Chelsea House Publishers.
Commoner, Barry (1971), *The Closing Circle* , New York: Alfred A. Knopf.
Crenson, Matthew/Benjamin Ginsberg (2003), *Downsizing Democracy: How America Sidelined its Citizens and Privatised its Public*, Baltimore: Johns Hopkins University Press.
Crosland, Anthony (1971), *A Social Democratic Britain*, London: Fabian Society.
Crouch, Colin (2004), *Post-Democracy*, Cambridge: Polity.
–, (2008), *Postdemokratie*, Frankfurt am Main: Suhrkamp Verlag.
Crozier, Michel/Samuel P. Huntington/Joji Watanuki (1975), *The Crisis of Democracy. Report on the Governability of Democracies to the Trilateral Commission*, New York: New York University Press.

Dahl, Robert (1972), *Polyarchy, Participation and Opposition*, New Haven: Yale University Press.
–, (1989), *Democracy and its Critics*, New Haven: Yale University Press.
–, (1994), »A democratic dilemma: System effectiveness versus citizen participation«, in: *Political Science Quarterly* 109/1 (S. 23-34).
–, (2000), »A democratic paradox«, in: *Political Science Quarterly* 115/1 (S. 35-40).
Dalton, Russell (2004), *Democratic Challenges, Democratic Choices. The Erosion of Political Support in Advanced Industrial Democracies*, Oxford: Oxford University Press.
–, (2008a), »Citizenship norms and the expansion of political participation«, in: *Political Studies* 56/1 (S. 76-98).
–, (2008b), *Citizen Politics. Public Opinion and Political Parties in Advanced Industrial Democracies*, Washington, D. C.: CQ Press.
Dalton, Russell/Hans-Dieter Klingemann (2007), »Citizens and political behavior«, in: *The Oxford Handbook of Political Behavior*, herausgegeben von Russell J. Dalton und Hans-Dieter Klingemann, Oxford: Oxford University Press (S. 3-28).
Decker, Frank, »Volksgesetzgebung oder Volksveto? Überlegungen zur institutionellen Ausgestaltung der Direktdemokratie in der Bundesrepublik«, in: *Jahrbuch für direkte Demokratie*, herausgegeben von Lars P. Feld, Peter M. Huber, Otmar Jung, Hans-Joachim Lauth und Fabian Wittreck, Baden-Baden: Nomos (S. 37-62).

De Geus, Marius (2004), »The environment versus individual freedom and convenience«, in: *Liberal Democracy and Environmentalism. The End of Environmentalism?*, herausgegeben von Marcel Wissenburg und Yoram Levy, New York: Routledge (S. 87-99).
Die Grünen (1980), *Das Bundesprogramm*, Bonn: Die Grünen.
Ditfurth, Jutta (2000), *Das waren die Grünen. Abschied von einer Hoffnung*, München: Econ Verlag.
Downs, Anthony (1968), *Ökonomische Theorie der Demokratie*, Tübingen: Mohr Siebeck.
Dryzek, John (2000), *Deliberative Democracy and Beyond*, Cambridge: Polity.
Dunn, John (1979), *Western Political Theory in the Face of the Future*, Cambridge: Cambridge University Press.

Ecologist, The (1972), *A Blueprint for Survival*. London: Penguin.
Edelman, Murray (2005), *Politik als Ritual*, Frankfurt am Main: Campus Verlag.
Ehrlich, Paul (1971), *The Population Bomb*, Cutchogue, NY: Buccaneer Books.
Elster, Jon (1986), »The market and the forum: Three varieties of political theory«, in: *Foundations of Social Choice Theory. Studies in Rationality and Social Change*, herausgegeben von Jon Elster und Aanund Hylland, Cambridge: Cambridge University Press (S. 103-132).
Elstub, Steven (2010), »The third generation of deliberative democracy«, in: *Political Studies Review* 8/3 (S. 291-307).
Embacher, Serge (2009), *Demokratie! Nein Danke?*, Bonn: Verlag J. H. W. Dietz Nachf.
Eppler, Erhard (1975), *Ende oder Wende. Von der Machbarkeit des Notwendigen*, Stuttgart: Kohlhammer.
Etzioni, Amitai (1996), *The New Golden Rule: Community and Morality in a Democratic Society*, New York: Basic Books.
–, (2001), *The Monochrome Society*, Princeton: Princeton University Press.

Featherstone, Mike (2007), *Consumer Culture and Postmodernism*, London: Sage.
Fishkin, James (1991), *Democracy and Deliberation. New Directions for Democratic Reform*, New Haven/London: Yale University Press.
Fraenkel, Ernst (1991), *Deutschland und die westlichen Demokratien. Mit einem Nachwort über Leben und Werk Ernst Fraenkels*, herausgegeben von Alexander von Brünneck, Frankfurt am Main: Suhrkamp Verlag, 2. Auflage.

Freedom House (2010), *Freedom in the World 2010. Erosion of Freedom Intensifies*, Washington, D. C.: Freedom House.
–, (2011), *The Authoritarian Challenge to Democracy*, online verfügbar unter: {http://www.freedomhouse.org/report/freedom-world-2011/essay-freedom-world-2011-authoritarian-challenge-democracy} (Stand: Januar 2013).
–, (2012), *Freedom in the World 2012. The Arab Uprisings and their Global Repercussions*, Washington, D. C.: Freedom House.
Fuchs, Dieter (1998), »Kriterien demokratischer Performanz in Liberalen Demokratien«, in: *Demokratie – eine Kultur des Westens?* (S. 151-179).
Fuchs, Jean (2005), *Der grüne Verrat: Niedergang einer Vision*, Essen: Die Blaue Eule.
Fukuyama, Francis (2000), *The Great Disruption. Human Nature and the Reconstitution of Social Order*, London: Profile.
Furedi, Frank (2004), »Reflections of some uncomfortable realities«, in: *Democracy and Participation. Popular Protest and New Social Movements*, herausgegeben von Malcolm Todd und Gary Taylor, London: Merlin (S. viii-xviii).
–, (2005), *Politics of Fear. Beyond Left and Right*, London: Continuum.

Geißel, Brigitte (2011), *Kritische Bürger. Gefahr oder Ressource für die Demokratie?*, Frankfurt am Main/New York: Campus Verlag.
Giddens, Anthony (2009), *The Politics of Climate Change*, Cambridge: Polity.
Goodin, Robert E. (2008), *Innovating Democracy. Democratic Theory and Practice after the Deliberative Turn*, Oxford: Oxford University Press.
Gorz, André (1975), *Écologie et politique*, Paris: Éditions Galilée.
Graeber, David (2012), »Wir werden dramatische Umbrüche erleben«, Interview mit *Spiegel Online*, online verfügbar unter: {http://www.spiegel.de/wirtschaft/interview-mit-david-graeber-von-occupy-a-833789.html} (Stand: Januar 2013).
Greven, Michael Th. (2003), »Sind Demokratien reformierbar? Bedarf, Bedingungen und normative Orientierungen für eine Demokratiereform«, in: *Demokratisierung der Demokratie. Diagnosen und Reformvorschläge*, herausgegeben von Claus Offe, Frankfurt am Main: Campus Verlag (S. 72-91).
–, (2009a), »War die Demokratie jemals *modern*? Oder: des Kaisers neue Kleider«, in: *Berliner Debatte Initial* 20/3 (S. 67-73).
–, (2009b) »The erosion of democracy – the beginning of the end?«, in: *Rediscriptions. Yearbook of Political Thought, Conceptual History and Feminist Theory*, Münster: LIT Verlag (S. 83-102).

Grimm, Fred (2008), *Shopping hilft die Welt verbessern*, München: Goldmann.
Guéhenno, Jean-Marie (1993), *La fin de la démocratie*, Paris: Flammarion.
Guggenberger, Bernd (1994), »Grüne Verfassungsphantasien an die Macht. Anmerkungen zur Demokratie- und Verfassungsdiskussion vor der Jahrtausendwende«, in: *Grüne an der Macht. Widerstände und Chancen grün-alternativer Regierungsbeteiligungen*, herausgegeben von Winfried Thaa, Dieter Salomon und Gerhard Gräber, Köln: Bund-Verlag (S. 192-210).
Gutmann, Amy (1996), »Democracy, philosophy and justification«, in: *Democracy and Difference*, herausgegeben von Seyla Benhabib, Princeton: Princeton University Press (S. 340-347).
Gutmann, Amy/Dennis Thompson (2004), *Why Deliberative Democracy?*, Princeton: Princeton University Press.

Habermas, Jürgen (1969), »Über den Begriff der politischen Beteiligung«, in: Habermas, Jürgen/Ludwig von Friedeburg/Christopf Oehler/Friedrich Weltz, *Student und Politik. Eine soziologische Untersuchung zum politischen Bewußtsein Frankfurter Studenten*, Neuwied: Luchterhand (S. 11-55).
–, (1973), *Legitimationsprobleme im Spätkapitalismus*, Frankfurt am Main: Suhrkamp Verlag.
–, (1996a), *Die Einbeziehung des Anderen*, Frankfurt am Main: Suhrkamp Verlag.
–, (1996b), *Strukturwandel der Öffentlichkeit*, Frankfurt am Main: Suhrkamp Verlag.
Hajer, Maarten (1995), *The Politics of Environmental Discourse: Ecological Modernization and the Policy Process*, Oxford: Oxford University Press.
Hamilton, Clive (2010), *Requiem for a Species. Why We Resist the Truth About Climate Change*, London/Washington D. C.: Earthscan.
Harich, Wolfgang (1975), *Kommunismus ohne Wachstum? Babeuf und der »Club of Rome«*, Reinbek bei Hamburg: Rowohlt Verlag.
Hausknost, Daniel (2011), »Die Kunst des Unmöglichen. Zivilgesellschaftliche Organisationen und die Grenzen demokratischen Wandels«, in: *Wissenschaft & Umwelt Interdisziplinär* 14 (S. 124-134).
Heilbroner, Robert (1974), *An Inquiry Into the Human Prospect*, New York: W. W. Norton & Company.
Held, David (1995), *Democracy and the Global Order: From the Modern State to Cosmopolitan Governance*, Cambridge: Polity.
–, (2006), *Models of Democracy*, Cambridge: Polity, 3. überarbeitete Auflage.

Hennig, Eike (2010), »Totgesagte leben lange. Zum Aussagewert postdemokratischer Theorien«, in: *Vorgänge* 190 (S. 26-34).

Hennis, Wilhelm/Peter Graf Kielmansegg/Ulrich Matz (Hg.) (1977), *Regierbarkeit. Studien zu ihrer Problematisierung*, Stuttgart: Klett-Cotta.

Hermand, Jost (1991), *Grüne Utopien in Deutschland. Zur Geschichte des ökologischen Bewußtseins*, Frankfurt am Main: Fischer Taschenbuch Verlag.

Hermet, Guy (2008), »Willkommen im nachdemokratischen Zeitalter«, in: *Internationale Politik* 63/4 (S. 108-113).

Hirsch, Michael (2010), *Die Zwei Seiten der Entpolitisierung. Zur politischen Theorie der Gegenwart*, Wiesbaden: Franz Steiner Verlag.

Höffe, Otfried (2009), *Ist die Demokratie zukunftsfähig?*, München: C. H. Beck.

Honneth, Axel (Hg.) (2002), *Befreiung aus der Mündigkeit. Paradoxien des gegenwärtigen Kapitalismus*. Frankfurt am Main: Campus Verlag.

–, (2002), »Organisierte Selbstverwirklichung. Paradoxien der Individualisierung«, in: ders., *Befreiung aus der Mündigkeit. Paradoxien des gegenwärtigen Kapitalismus*.

Hopf, Wulf (2010), *Freiheit – Leistung – Ungleichheit: Bildung und soziale Herkunft in Deutschland*, Weinheim: Juventa Verlag.

Huntington, Samuel P. (1975), »The democratic distemper«, in: *Public Interest* 41 (S. 9-38).

–, (1991), *The Third Wave: Democratization in the Late Twentieth Century*, Norman: University of Oklahoma Press.

Hutton, Will (2011), *Them and Us: Changing Britain – Why We Need a Fairer Society*, London: Little, Brown and Company.

Ignazi, Piero (1992), »The silent counter-revolution: Hypotheses on the emergence of extreme right wing parties in Europe«, in: *European Journal of Political Research* 22 (S. 3-34).

Infratest Dimap (2010), *ARD-DeutschlandTREND Dezember 2010*, online verfügbar unter: {http://www.infratest-dimap.de/uploads/media/dt10 12_bericht.pdf} (Stand: Januar 2013).

Inglehart, Ronald (1971), »The silent revolution in Europe. Intergenerational change in post-industrial societies«, in: *American Political Science Review* 65/4 (S. 991-1017).

–, (1977), *The Silent Revolution: Changing Values and Political Styles Among Western Publics*, Princeton: Princeton University Press.

–, (1988), »The renaissance of political culture«, in: *American Political Science Review* 82 (S. 1203-1230).

–, (1995), »Public support for environmental protection: Objective prob-

lems and subjective values in 43 societies«, in: *Political Science & Politics* 28 (S. 57-72).
–, (1997), *Modernization and Postmodernization. Cultural, Economic, and Political Change in 43 Societies*, Princeton: Princeton University Press.
–, (2007), »Postmaterialist values and the shift from survival to self-expression values«, in: *Oxford Handbook of Political Behavior*, herausgegeben von Russell Dalton und Hans-Dieter Klingemann, Oxford: Oxford University Press (S. 223-239).
–, (2008), »Changing values among Western publics from 1970 to 2006«, in: *West European Politics* 31 (S. 130-146).
Inglehart, Ronald/Christian Welzel (2005), *Modernization, Cultural Change and Democracy: The Human Development Sequence*, Cambridge: Cambridge University Press.

Jackson, Tim (Hg.) (2006), *Sustainable Consumption*, London: Earthscan.
–, (2009), *Prosperity without Growth. Economics for a Finite Planet*, London: Earthscan.
Jay, Martin (2010), »Liquidity crisis: Zygmunt Bauman and the incredible lightness of modernity«, in: *Theory, Culture & Society* 27 (S. 95-106).
Jay, Peter (1977), »Englanditis«, in: *The Future that Doesn't Work: Social democracy's Failure in Britain*, herausgegeben von Robert E. Tyrrell, New York: Doubleday (S. 176-182).
Jonas, Hans (1979), *Das Prinzip Verantwortung. Versuch einer Ethik für die technologische Zivilisation*, Frankfurt am Main: Insel Verlag.
Jörke, Dirk (2011) »Bürgerbeteiligung in der Postdemokratie«, in: *Aus Politik und Zeitgeschichte* 1-2 (S. 13-18).

Kaase, Max (1982), »Partizipatorische Revolution – Ende der Parteien?«, in: *Bürger und Parteien: Ansichten und Analysen einer schwierigen Beziehung*, herausgegeben von Joachim Raschke, Bonn: Bundeszentrale für politische Bildung (S. 173-189).
–, (1984), »The challenge of the ›Participatory Revolution‹ in pluralist democracies«, in: *International Political Science Review* 5/3 (S. 299-318).
–, (2007), »Perspectives on political participation«, in: *Oxford Handbook of Political Behavior* (S. 783-796).
Kaase, Max/Kenneth Newton (1995), *Beliefs in Government*, Oxford: Oxford University Press.
Kant, Immanuel (2011) [1784], »Beantwortung der Frage: Was ist Aufklärung«, in: *Immanuel Kant. Werke in sechs Bänden*, Bd. VI, herausgegeben von Wilhelm Weischedel, Darmstadt: Wissenschaftliche Buchgesellschaft (S. 53-61), 11. Auflage.

–, (2011) [1784], »Idee zu einer allgemeinen Geschichte in weltbürgerlicher Absicht«, in: *Immanuel Kant. Werke in sechs Bänden*, Bd. VI (S. 33-50).
Keane, John (2009), *The Life and Death of Democracy*, London: Pocket Books.
Kellner, Douglas (1995), *Media Culture. Cultural Studies, Identity and Politics Between the Modern and the Postmodern*, London: Routledge.
Kelly, Petra (1980), »Die vierte Partei – Eine wählbare ökologische, gewaltfreie, soziale und basisdemokratische Anti-Partei«, in: *Die Grünen: Personen, Projekte, Programme*, herausgegeben von Werner Lüdke und Olaf Dinné, Stuttgart: Seewald (S. 62-80).
–, (1983), *Um Hoffnung kämpfen. Gewaltfrei in eine grüne Zukunft*, Göttingen: Lamuv Verlag.
Kielmansegg, Peter Graf (1977), »Demokratieprinzip und Regierbarkeit«, in: *Regierbarkeit. Studien zu ihrer Problematisierung*, herausgegeben von Wilhelm Hennis, Peter Graf Kielmansegg und Ulrich Matz, Stuttgart: Klett-Cotta (S. 118-133).
–, (2003), »Können Demokratien zukunftsverantwortlich handeln?«, in: *Merkur* Heft 651 (S. 583-594).
King, Anthony (1975), »Overload: Problems of governing in the 1970s«, in: *Political Studies* 71/2 (S. 167-176).
Klein, Naomi (2003), *Über Zäune und Mauern. Berichte von der Globalisierungsfront*, Frankfurt am Main: Büchergilde Gutenberg.
–, (2005), *No Logo! Der Kampf der Global Players um Marktmacht – Ein Spiel mit vielen Verlierern und wenigen Gewinnern*, München: Goldmann.
Körösényi, András (2005), »Political representation in leader democracy«, in: *Government & Opposition* 40/3 (S. 358-378).
Kurbjuweit, Dirk (2010), »Der Wutbürger. Stuttgart 21 und Sarrazin-Debatte: Warum die Deutschen so viel protestieren«, in: *Der Spiegel* 41 (S. 26-27).

Laclau, Ernesto/Chantal Mouffe (1991), *Hegemonie und radikale Demokratie: Zur Dekonstruktion des Marxismus*, Wien: Passagen Verlag.
Lee, Raymond L. M. (2005), »Bauman, liquid modernity and dilemmas of development«, in: *Thesis Eleven* 83 (S. 61-77).
–, (2006), »Reinventing modernity: Reflexive modernization vs liquid modernity vs multiple modernities«, in: *European Journal of Social Theory* 9/3 (S. 355-368).
Leggewie, Claus/Christoph Bieber (2003), »Demokratie 2.0. Wie tragen neue Medien zur demokratischen Erneuerung bei?«, in: *Demokratisierung der Demokratie. Diagnosen und Reformvorschläge* (S. 124-151).
Leggewie, Claus/Harald Welzer (2008), »Können Demokratien den Kli-

mawandel bewältigen?«, in: *Transit, Europäische Revue* Nr. 36 (S. 27-45).
Lehmbruch, Gerhard (1975), »Die ambivalenten Funktionen politischer Beteiligung in hochindustrialisierten Demokratien«, in: *Geschichte und Politische Wissenschaft*, herausgegeben von Beat Junker, Peter Gilg und Richard Reich, Bern: Francke Verlag (S. 237-264).
Lijphart, Arend (1999), *Patterns of Democracy. Government Forms and Performances in Thirty-Six Countries*, New Haven: Yale University Press.
Linden, Markus/Michael Thaa (Hg.) (2009), *Die politische Repräsentation von Fremden und Armen*, Baden-Baden: Nomos.
–, (2011), *Krise und Reform politischer Repräsentation*, Baden-Baden: Nomos.
Linse, Ulrich (1986), *Ökopax und Anarchie. Eine Geschichte der ökologischen Bewegungen in Deutschland*, München: Deutscher Taschenbuch Verlag.
Lipset, David/Jackson Lakin (2004), *The Democratic Century*, Norman: Oklahoma University Press.
Lipset, Seymour M. (1959), »Some social requisites of democracy: Economic development and political legitimacy«, in: *American Political Science Review* 53/1 (S. 69-105).
–, (1960), *Political Man. The Social Bases of Politics*, New York: Doubleday.
Luhmann, Niklas (1969), »Komplexität und Demokratie. Zu Frieder Naschold: ›Demokratie und Komplexität‹«, in: *Politische Vierteljahresschrift* 10 (S. 314-325).
–, (1984), *Soziale Systeme*, Frankfurt am Main: Suhrkamp Verlag.
Lyotard, Jean-François (1987), *Der Widerstreit*, München: Wilhelm Fink Verlag.
–, (2009), *Das postmoderne Wissen*, Wien: Passagen Verlag, 6. überarbeitete Auflage.

Macpherson, Crawford B. (1977), *The Life and Times of Liberal Democracy*, Oxford: Oxford University Press.
Mair, Peter (2006), »Ruling the void? The hollowing of Western democracy«, in: *New Left Review* 42/1 (S. 25-51).
Mansbridge, Jane (1980), *Beyond Adversary Democracy*, Chicago: University of Chicago Press.
–, (2003), »Rethinking representation«, in: *American Political Science Review* 97/4 (S. 515-528).
Marcuse, Herbert (1972), *Konterrevolution und Revolte*, Frankfurt am Main: Suhrkamp Verlag.

Meadows, Dennis/Donella Meadows/Jorgen Randers (1972), *Die Grenzen des Wachstums*, Stuttgart: Deutsche Verlags-Anstalt.

Meyer, David/Sidney Tarrow (Hg.) (1998), *The Social Movement Society: Contentious Politics for a New Century*, Lanham, MD: Rowman and Littlefield.

Micheletti, Michele (2003), *Political Virtue and Shopping: Individuals, Consumerism, and Collective Action*, New York: Palgrave Macmillan.

Miegel, Meinhard (2010), *Exit: Wohlstand ohne Wachstum*, Bonn: Bundeszentrale für politische Bildung.

Mill, John Stuart (1986) [1859], *Über die Freiheit*, Ditzingen: Reclam.

Mol, Arthur/David Sonnenfeld (Hg.) (2000), *Ecological Modernisation Around the World*, Sonderheft *Environmental Politics* 9/1.

Mol, Arthur/David Sonnenfeld/Gert Spaargaren (Hg.) (2009), *The Ecological Modernisation Reader*, London: Routledge.

Morris, Richard (1999), *The New Prince. Machiavelli Updated for the Twenty-First Century*, Los Angeles: Renaissance Books.

Mouffe, Chantal (1993), *The Return of the Political*, London: Verso Books.

–, (1999), »Deliberative democracy or agonistic pluralism?«, in: *Social Research* 66 (S. 745-758).

–, (2000), *The Democratic Paradox*, London: Verso Books.

–, (2011), »*Postdemokratie* und die zunehmende Entpolitisierung«, in: *APUZ* 1-2 (S. 3-5).

Müller, Christa (2011), *Urban Gardening: Über die Rückkehr der Gärten in die Stadt*, München: oekom Verlag.

Müller-Rommel, Ferdinand/Thomas Poguntke (Hg.) (1995), *New Politics*, Aldershot: Dartmouth.

Naschold, Frieder (1968), »Demokratie und Komplexität«, in: *PVS* 9 (S. 494-518).

–, (1971), »Die systemtheoretische Analyse demokratischer politischer Systeme«, in: *PVS* Sonderheft 2, *Probleme der Demokratie heute* (S. 3-39).

–, (1972), *Organisation und Demokratie. Untersuchungen zum Demokratisierungspotential in komplexen Organisationen*, Stuttgart: Kohlhammer, 3. Auflage.

–, (1996), »Partizipative Demokratie. Erfahrungen mit der Modernisierung kommunaler Verwaltungen«, in: *Demokratie am Wendepunkt. Die demokratische Frage als Projekt des 21. Jahrhunderts*, herausgegeben von Werner Weidenfeld, Berlin: Siedler Verlag (S. 294-307).

Neidhardt, Friedhelm/Dieter Rucht (1993), »Auf dem Weg in die *Bewegungsgesellschaft*? Über die Stabilität sozialer Bewegungen«, in: *Soziale Welt* 44 (S. 305-326).

Neugebauer, Gero (2007), *Politische Milieus in Deutschland*, Bonn: Verlag J. H. W. Dietz Nachf.

Newig, Jens/Oliver Fritsch (2009), »More input – better output: Does citizen involvement improve environmental governance?«, in: *In Search of Legitimacy. Policy Making in Europe and the Challenge of Societal Complexity*, herausgegeben von Ingolfur Blühdorn, Opladen/Farmington Hills, MI: Barbara Budrich (S. 205-224).

Nietzsche, Friedrich (1954), *Werke in drei Bänden*. München: Carl Hanser Verlag.

Nordhaus, William D. (1975), »The political business cycle«, in: *Review of Economic Studies* 42 (S. 169-190).

Nordmann, Jürgen/Katrin Hirte/Walter Otto Ötsch (Hg.) (2012), *Demokratie! Welche Demokratie? Postdemokratie kritisch hinterfragt*, Marburg: Metropolis.

Norman, Jesse (2010), *The Big Society. The Anatomy of the New Politics*, Buckingham: University of Buckingham Press.

Norris, Pippa (Hg.) (1999), *Critical Citizens. Global Support for Democratic Government*, Oxford: Oxford University Press.

–, (2002), *Democratic Phoenix. Reinventing Political Activism*, Cambridge: Cambridge University Press.

Nullmeier, Frank (2010), »Einleitung«, in: *Prekäre Legitimitäten. Rechtfertigungen von Herrschaft in der postnationalen Konstellation*, herausgegeben von dems. et al., Frankfurt am Main: Campus Verlag.

Nullmeier, Frank/Martin Nonhoff (2010), »Der Wandel des Legitimitätsdenkens«, in: *Prekäre Legitimitäten. Rechtfertigungen von Herrschaft in der postnationalen Konstellation*.

Offe, Claus (1972), *Strukturprobleme des kapitalistischen Staates*, Frankfurt am Main: Suhrkamp Verlag.

–, (1979), »*Unregierbarkeit*. Zur Renaissance konservativer Krisentheorien«, in: *Stichworte zur »Geistigen Situation der Zeit«*, Bd. 1, *Nation und Republik*, herausgegeben von Jürgen Habermas, Frankfurt am Main: Suhrkamp Verlag.

–, (Hg.) (2003), *Demokratisierung der Demokratie. Diagnosen und Reformvorschläge*, Frankfurt am Main: Campus Verlag.

–, (2008), »Wie der Markt die Politik vergiftet. Die Finanzkrise als Demokratieverlust: Colin Crouchs Lagebericht«, in: *Frankfurter Allgemeine Zeitung* (22. September) (S. 37).

Okun, Arthur (1975), *Equality and Efficiency: The Big Trade-Off*, Washington, D. C.: Brookings Institution.

Ophuls, William (1977), *Ecology and the Politics of Scarcity*, San Francisco: W. H. Freeman.

Paech, Niko (2011), *Nachhaltiges Wirtschaften jenseits von Innovationsorientierung und Wachstum. Eine unternehmensbezogene Transformationstheorie*, Marburg: Metropolis-Verlag.
–, (2012), *Befreiung vom Überfluss: Auf dem Weg in die Postwachstumsökonomie*, München: oekom Verlag.
Palmer, Boris (2012), »Die Nichtssager«, in: *Zeit Online* (24. Mai), online verfügbar unter: {http://www.zeit.de/2012/22/P-Piratenpartei} (Stand: Januar 2013).
Parkinson, John (2003), »Legitimacy problems in deliberative democracy«, in: *Political Studies* 51/1 (S. 180-196).
–, (2004), »Why deliberate? The encounter between deliberation and new public managers«, in: *Public Administration* 82/2 (S. 377-395).
Pateman, Carole (1970), *Participation and Democratic Theory*, Cambridge: Cambridge University Press.
Pattie, Charles/Patrick Seyd/Paul Whiteley (2004), *Citizenship in Britain: Values, Participation and Democracy*, Cambridge: Cambridge University Press.
Pettit, Philip (2004), »Depoliticizing democracy«, in: *Ratio Juris* 17/1 (S. 52-65).
Pfriem, Reinhard (Hg.) (2011), *Wieviel Glück ist möglich in Zeiten des Klimawandels?*, Oldenburg: Deutscher Buchverlag.
Pharr, Susan/Robert Putnam (2000), *Disaffected Democracies. What's Troubling the Trilateral Countries?*, Princeton: Princeton University Press.
Phillips, Anne (1995), *The Politics of Presence*, Oxford: Oxford University Press.
Pitkin, Hanna (1967), *The Concept of Representation*, Berkeley: Berkeley University Press.
Plotke, David (1997), »Representation is democracy«, in: *Constellations* 4/1 (S. 19-34).
Porritt, Jonathon (1984), *Seeing Green. The Politics of Ecology Explained*, Oxford: Basil Blackwell.
–, (2006), *Capitalism as if the World Matters*, London: Earthscan.
Prittwitz, Volker von (Hg.) (1993), *Umweltpolitik als Modernisierungsprozess*, Opladen: Leske + Budrich.
Putnam, Robert (2000), *Bowling Alone: The Collapse and Revival of American Community*, New York: Simon and Schuster.
Putnam, Robert/Kristin Goss (2002), »Introduction«, in: *Democracies in Flux: The Evolution of Social Capital in Contemporary Society*, herausgegeben von Robert Putnam, Oxford: Oxford University Press (S. 3-20).

Quenzel, Gudrun/Klaus Hurrelmann (2010), *Bildungsverlierer: Neue Ungleichheiten*, Wiesbaden: VS Verlag für Sozialwissenschaften.

Rancière, Jacques (1996), »Demokratie und Postdemokratie«, in: ders. und Alain Badiou, *Politik der Wahrheit*, Wien: Turia + Kant (S. 119-156).
–, (2011), *Der Hass der Demokratie*, Berlin: August Verlag.
Raschke, Joachim (2001), *Die Zukunft der Grünen. So kann man nicht regieren*, Frankfurt am Main: Campus Verlag.
Ricœur, Paul (1984), »The political paradox«, in: *Legitimacy and the State*, herausgegeben von William E. Connolly, Oxford: Basil Blackwell (S. 250-272).
Richter, Emanuel (2006), »Das Analysemuster *Postdemokratie*. Konzeptionelle Probleme und strategische Funktionen«, in: *Forschungsjournal Neue Soziale Bewegungen* 19/4 (S. 23-37).
Richter, Saskia/Michael Schlieben/Franz Walter (2007), »Das rot-grüne Projekt – Rückblick auf eine kraftlose Koalition«, in: *Grünes Gedächtnis 2007*, herausgegeben von der Heinrich-Böll-Stiftung, Berlin (S. 11-25).
Ritzer, Georg/James Murphy (2007), »Festigkeit in einer Welt der Flüssigkeit: Die Beständigkeit der Moderne in einer zunehmend postmodernen Welt?«, in: *Soziologie zwischen Postmoderne, Ethik und Gegenwartsdiagnose*, herausgegeben von Matthias Junge und Thomas Kron, Wiesbaden: VS Verlag für Sozialwissenschaften (S. 53-74).
Rohkrämer, Thomas (1999), *Eine andere Moderne? Zivilisationskritik, Natur und Technik in Deutschland 1880-1933*, Paderborn: Schöningh.
Roller, Edeltraut (2005), *The Performance of Democracies. Political Institutions and Public Policies*. Oxford: Oxford University Press.
Rose, Richard/William Mishler (1996), »Testing the Churchill Hypothesis: Popular support for democracy and its alternatives«, in: *Journal of Public Policy* 16 (S. 29-58).
Roth, Roland (2003), »Die dunklen Seiten der Zivilgesellschaft. Grenzen einer zivilgesellschaftlichen Fundierung der Demokratie«, in: *Forschungsjournal Neue Soziale Bewegungen* 16 (S. 59-73).
Roth, Dieter/Birgit Hoffmann-Jaberg (1994), »Die Nichtwähler. Politische Normalität oder wachsende Distanz zu den Parteien?«, in: *Das Superwahljahr*, herausgegeben von Wilhelm Bürklin und Dieter Roth, Köln: Bund-Verlag (S. 132-159).

Sanders, Lynn M. (1997), »Against deliberation«, in: *Political Theory* 25/3 (S. 347-376).
Sarcinelli, Ulrich (2005), *Politische Kommunikation in Deutschland. Zur Politikvermittlung im demokratischen System*, Wiesbaden: VS Verlag für Sozialwissenschaften.

–, (2011), »Repräsentation und Präsentation. Zur Legitimation von Macht in der Vormoderne und im zivildemokratischen Republikanismus«, in: *Krise und Reform politischer Repräsentation* (S. 75-94).
Sarrazin, Thilo (2010), *Deutschland schafft sich ab. Wie wir unser Land aufs Spiel setzen*, Berlin: Deutsche Verlags-Anstalt.
Sartori, Giovanni (1975), »Will democracy kill democracy? Decision making by majorities and by committees«, in: *Government and Opposition* 10/2 (S. 131-158).
–, (1992), *Demokratietheorie*, Darmstadt: Wissenschaftliche Buchgesellschaft.
Saward, Michael (2006a), »The representative claim«, in: *Contemporary Political Theory* 2006/5 (S. 297-318).
–, (2006b), »Representation«, in: *Political Theory and the Ecological Challenge*, herausgegeben von Andrew Dobson und Robyn Eckersley, Cambridge: Cambridge University Press (S. 183-199).
–, (2010), *The Representative Claim*, Oxford: Oxford University Press.
Schaal, Gary (2010), »Postdemokratie. Tatsächlich?«, in: *Magazin Erwachsenenbildung.at* 11, online verfügbar unter: {http://erwachsenenbildung.at/magazin/10-11/meb10-11_02_schaal.pdf} (Stand: Januar 2013).
Schäfer, Armin (2009), »Alles halb so schlimm? Warum eine sinkende Wahlbeteiligung der Demokratie schadet«, in: *MPIfG Jahrbuch 2009-2010*, Köln: Max-Planck-Institut für Gesellschaftsforschung (S. 5-10).
–, (2010) »Die Folgen sozialer Ungleichheit für die Demokratie in Westeuropa«, in: *Zeitschrift für vergleichende Politikwissenschaft* 4 (S. 131-156).
Scharpf, Fritz W. (1970), *Demokratietheorie zwischen Utopie und Anpassung*, Konstanz: Universitätsverlag Konstanz.
–, (1999), *Regieren in Europa. Effektiv und demokratisch?*, Frankfurt am Main: Campus Verlag.
–, (2004), »Legitimationskonzepte jenseits des Nationalstaats«, MPIfG Working Paper 04/6, online verfügbar unter: {http://www.mpifg.de/pu/workpap/wp04-6/wp04-6.html} (Stand: Januar 2013).
Schattschneider, Elmer E. (1960), *The Semi-Sovereign People. A Realist's View of Democracy in America*, New York: Holt, Rinehart and Winston.
Schlosberg, David/Sara Rinfret (2008), »Ecological modernisation, American style«, in: *Environmental Politics* 17 (S. 254-275).
Schluchter, Wolfgang (1980), *Rationalismus der Weltbeherrschung. Studien zu Max Weber*, Frankfurt am Main: Suhrkamp Verlag.
Schmidt, Manfred G. (2002), »Political performance and types of democracy. Findings from comparative research«, in: *European Journal of Political Research* 41 (S. 147-163).

–, (2003), »Zur Leistungsfähigkeit von Demokratien«, in: *Demokratien in Europa – Der Einfluss der europäischen Integration auf Institutionswandel und neue Konturen des demokratischen Verfassungsstaates*, herausgegeben von Ines Katenhusen und Wolfram Lamping, Opladen: Leske + Budrich.
–, (2004), »Sind Demokratien zukunftsfähig?«, in: *Demokratietheorie und Demokratieentwicklung. Festschrift für Peter Graf Kielmansegg*, herausgegeben von André Kaiser und Thomas Zittel, Wiesbaden: VS Verlag für Sozialwissenschaften (S. 377-390).
–, (2005), »Zur Zukunftsfähigkeit der Demokratie – Befunde des internationalen Vergleichs«, in: *Demokratie – Chancen und Herausforderungen im 21. Jahrhundert*, herausgegeben von André Kaiser und Wolfgang Leidhold, Münster: LIT Verlag (S. 70-91).
–, (2006), »Die Zukunft der Demokratie«, in: *Zeitschrift für Parlamentsfragen* 37 (S. 812-822).
–, (2008), »Zur Leistungsfähigkeit von Demokratien – Befunde neuerer vergleichender Analysen«, in: *Bedrohungen der Demokratie*, herausgegeben von André Brodocz, Marcus Llanque und Gary S. Schaal, Wiesbaden: VS Verlag für Sozialwissenschaften (S. 29-41).
Schmitter, Philippe C. (2003), »Wie könnte eine *postliberale* Demokratie aussehen? Skizzenhafte Vermutungen und Vorschläge«, in: *Demokratisierung der Demokratie* (S. 152-165).
Schneider, Steffen/Frank Nullmeier/Roland Lhotta/Zuzana Krell-Laluhová/Achim Hurrelmann (2006), »Legitimationskrise nationalstaatlicher Demokratien?«, in: *Transformationen des Staates?*, herausgegeben von Stefan Leibfried und Michael Zürn, Frankfurt am Main: Suhrkamp Verlag (S. 197-229).
Schumacher, Ernst F. (1973), *Small is Beautiful*, London: Vintage Books.
Schumpeter, Joseph (2005/1947), *Kapitalismus, Sozialismus und Demokratie*, Tübingen: UTB.
Sennett, Richard (1998), *The Corrosion of Character*, New York: W. W. Norton & Company.
–, (2006), *Der flexible Mensch*, Berlin: btb.
Serloth, Barbara (2009), *Entpolitisierung der Politik? Nationalstaatliche Demokratie zwischen Selbstentmachtung, Globalisierung und ungebrochener Lenkungsmacht*, Innsbruck: Studienverlag.
Shapiro, Ian (1999), »Enough of deliberation: Politics is about interests and power«, in: *Deliberative Politics. Essays on Democracy and Disagreement*, herausgegeben von Stephen Macedo, Oxford: Oxford University Press (S. 28-38).
Shell (Shell Deutschland Holding) (Hg.) (2010), *16. Shell Jugendstudie Jugend 2010*, Frankfurt am Main: Fischer Taschenbuch Verlag.

Shearman, David J. C./Joseph W. Smith (2007), *The Climate Change Challenge and the Failure of Democracy*, Westport, CT: Praeger.

Sieferle, Rolf P. (1984), *Fortschrittsfeinde? Opposition gegen Technik und Industrie von der Romantik bis zur Gegenwart*, München: C. H. Beck.

Siefken, Sven T. (2007), *Expertenkommissionen im politischen Prozess: Eine Bilanz zur rot-grünen Bundesregierung 1998-2005*, Wiesbaden: VS-Verlag für Sozialwissenschaften.

Sinus (2011), *Die Sinus-Milieus in Deutschland 2011*, online verfügbar unter: {http://www.sinus-institut.de/} (Stand: Januar 2013).

Skelcher, Chris (2000), »Changing images of the state: Overloaded, hollowed-out, congested«, in: *Public Policy and Administration* 15/3 (S. 3-19).

Smith, Graham (2009), *Democratic Innovations. Designing Institutions for Citizen Participation*, Cambridge: Cambridge University Press.

Soper, Kate (2007), »Re-thinking the good life. The citizenship dimension of consumer disaffection with consumerism«, in: *Journal of Consumer Culture* 7/2 (S. 205-229).

–, (2008), »Alternative hedonism, cultural theory and the role of aesthetic revisioning«, in: *Cultural Studies* 22/5 (S. 567-87).

Steffani, Winfried (1973), »Parlamentarische Demokratie. Zur Problematik von Effizienz, Transparenz und Partizipation«, in: *Parlamentarismus ohne Transparenz*, herausgegeben von dems., Wiesbaden: Westdeutscher Verlag (S. 17-47).

Steffek, Jens (2008), »Zähmt zivilgesellschaftliche Partizipation die internationale Politik?«, in: *Leviathan* 36 (S. 105-122).

Stengel, Rick (2011), »Person of the Year Introduction«, online verfügbar unter: {http://www.time.com/time/specials/packages/article/0,28804,2101745_2102139_2102380,00.html} (Stand: Januar 2013).

Stoker, Gerry (2006), *Why Politics Matters. Making Democracy Work*, Basingstoke/New York: Palgrave Macmillan.

Stolle, Dietlind/Marc Hooghe/Michele Micheletti (2005), »Politics in the supermarket: Political consumerism as a form of political participation«, in: *International Political Science Review* 26/3 (S. 245-269).

Strohmeier, Gerd (2003), »Zwischen Gewaltenteilung und Reformstau: Wie viele Vetospieler braucht das Land?«, in: *Aus Politik und Zeitgeschichte* B 51 (S. 17-22).

Strøm, Kaare/Wolfgang C. Müller/Torbjörn Bergman (Hg.) (2003), *Delegation and Accountability in Parliamentary Democracies*, Oxford: Oxford University Press.

Stürmer, Stefan (2011), »Soziale Repräsentation von Bürgerprotesten: Die Wutbürger – soziale Realität, Feuilleton-Chimäre oder politischer Kampfbegriff?«, in: *Politische Psychologie* 1/1 (S. 9-18).

Swyngedouw, Erik (2005), »Governance innovation and the citizen: The janus face of governance-beyond-the-state«, in: *Urban Studies* 42/11 (S. 1991-2006).

Tarrow, Sidney (2005), *The New Transnational Activism*, Cambridge: Cambridge University Press.

Thaa, Winfried (2007), »Informalisierung und Kognitivierung politischer Repräsentation in deliberativen Demokratietheorien«, in: ders., *Inklusion durch Repräsentation*, Baden-Baden: Nomos (S. 85-108).

–, (2008), »Kritik und Neubewertung politischer Repräsentation: Vom Hindernis zur Möglichkeitsbedingung politischer Freiheit«, in: *Politische Vierteljahresschrift* 49/4 (S. 618-640).

–, (2009), »Das ungelöste Inklusionsproblem in den partizipatorischen Neubewertungen politischer Repräsentation«, in: *Die politische Repräsentation von Fremden und Armen* (S. 61-78).

Thatcher, Mark/Alec S. Sweet (2002), »Theory and practice of delegation to non-majoritarian institutions«, in: *West European Politics* 25/1 (S. 1-22).

Tocqueville, Alexis de (1976), *Über die Demokratie in Amerika*, München: Deutscher Taschenbuch Verlag.

Unfried, Peter (2008), *Öko. Al Gore, der neue Kühlschrank und Ich*, Köln: Dumont.

Urbinati, Nadia (2006), *Representative Democracy. Principles and Genealogy*, Chicago: Chicago University Press.

–, (2010), »Unpolitical democracy«, in: *Political Theory* 38/1 (S. 65-92).

Vester, Michael (2009), »Soziale Milieus und die Schieflagen politischer Repräsentation«, in: *Die politische Repräsentation von Fremden und Armen* (S. 21-59).

Vilmar, Fritz (1973), *Strategien der Demokratisierung*, Neuwied: Luchterhand.

Waterman, Peter (2001), *Globalization, Social Movements and the New Internationalism*, London/New York: Continuum.

Weber, Max (1976), *Wirtschaft und Gesellschaft. Grundriß der verstehenden Soziologie*, Tübingen: J. C. B. Mohr.

–, (1984), *Zur Politik im Weltkrieg. Schriften und Reden 1914-1918*, in: *Studienausgabe der Max-Weber-Gesamtausgabe*, Abt. 1, *Schriften und Reden*, Bd. 15, herausgegeben von Wolfgang J. Mommsen und Gangolf Hübinger, Tübingen: J. C. B. Mohr.

–, (1992), *Wissenschaft als Beruf 1917/1919 – Politik als Beruf 1919*, in: *Studienausgabe der Max-Weber-Gesamtausgabe*, Abt. 1, *Schriften und*

Reden, Bd. 17, herausgegeben von Wolfgang J. Mommsen und Wolfgang Schluchter, Tübingen: J. C. B. Mohr.
Welsch, Wolfgang (1987), *Unsere postmoderne Moderne*, Weinheim: Acta Humaniora.
Weßels, Bernhard (2009), »Bürgervertrauen ist parteiisch«, in: *WZB-Mitteilungen* 124 (S. 9-12).
Westra, Laura (1998), *Living in Integrity: A Global Ethic to Restore a Fragmented Earth*, Lanham, MA: Rowman & Littlefield.
Weizsäcker, Ernst Ulrich von/Amory Lovins/L. Hunter Lovins (1995), *Faktor Vier. Doppelter Wohlstand, halbierter Naturverbrauch*, München: Knaur.
Weizsäcker, Ernst Ulrich von/Karlson Hargroves/Michael Smith (2010), *Faktor 5: Die Formel für nachhaltiges Wachstum*, München: Droemer.
Wiesendahl, Elmar (2006), *Mitgliederparteien am Ende? Eine Kritik der Niedergangsdiskussion*, Wiesbaden: VS Verlag für Sozialwissenschaften.
Wieczorek, Thomas (2011), *Die Rebellische Republik. Warum wir uns nicht mehr für dumm verkaufen lassen*, München: Knaur.
Wolin, Sheldon S. (2008), *Democracy Incorporated: Managed Democracy and the Specter of Inverted Totalitarianism*, Princeton: Princeton University Press.
–, (2001), *Tocqueville Between Two Worlds. The Making of a Political and Theoretical Life*, Princeton: Princeton University Press.

Young, Iris M. (1990), *Justice and the Politics of Difference*, Princeton: Princeton University Press.
–, (1997), »Deferring group representation«, in: *Ethnicity and Group Rights*, herausgegeben von Ian Shapiro und Will Kymlicka, New York: NYU Press (S. 349-376).
–, (2000), *Inclusion and Democracy*, Oxford: Oxford University Press.
–, (2001), »Activist challenges to deliberative democracy«, in: *Political Theory* 29/5 (S. 670-690).

Zakaria, Fareed (2007), *Das Ende der Freiheit? Wieviel Demokratie verträgt der Mensch?*, München: Deutscher Taschenbuch Verlag.
Zittel, Thomas/Dieter Fuchs (Hg.) (2007), *Participatory Democracy and Political Participation. Can Participatory Engineering Bring Citizens Back in?*, London: Routledge.
Žižek, Slavoj (2007), »Resistance is surrender«, in: *London Review of Books*, online verfügar unter: {http://www.lrb.co.uk/v29/n22/slavoj-zizek/resistance-is-surrender} (Stand: Januar 2013).
–, (2010), *Die Tücke des Subjekts*, Frankfurt am Main: Suhrkamp Verlag.

Zolo, Danilo (1992), *Democracy and Complexity. A Realist Approach*, Cambridge: Polity.
–, (1997), *Die demokratische Fürstenherrschaft. Für eine realistische Theorie der Politik*, Göttingen: Steidl Verlag.
Zürn, Michael (1998), *Regieren jenseits des Nationalstaates*, Frankfurt am Main: Suhrkamp Verlag.
–, (2003), »Global Governance in der Legitimationskrise«, in: *Demokratisierung der Demokratie. Diagnosen und Reformvorschläge* (S. 232-256).
–, (2004), »Global governance and legitimacy problems«, in: *Government and Opposition* 39/2 (S. 260-287).
–, (2009), »Das demokratische Paradox«, in: *Der Tagesspiegel*, Sonderbeilage 40 Jahre WZB (17. Februar) (B7).